Germanwatch (Hg.)

Christoph Bals · Horst Hamm ·
Ilona Jerger · Klaus Milke

Die Welt am Scheideweg: Wie retten wir das Klima?

Mit einem Vorwort von Arved Fuchs

Rowohlt

1. Auflage Juni 2008
Copyright © 2008 by Rowohlt Verlag GmbH,
Reinbek bei Hamburg
Lektorat Bernd Gottwald
Illustrationen BECK, www.schneeschnee.de
Satz aus der Concorde und Frutiger PostScript
bei hanseatenSatz-bremen, Bremen
Gesamtherstellung CPI – Clausen & Bosse, Leck
Printed in Germany
ISBN 978 3 498 00653 2

Inhalt

Vorwort von Arved Fuchs

Einleitung

**Bali 2007 – dramatisches Ringen um die Zukunft
Eine Reportage**

Die zweite Vertreibung aus dem Paradies
Kipp-Elemente des Systems Erde 35
  Das arktische Meereseis droht zu schmelzen 41
  Grönland gerät ins Rutschen 46
  Die Westantarktis verliert Eis 55
  Der Meeresspiegel steigt 60
  Der «Golfstrom» könnte versiegen 61
  Die Permafrostböden beginnen zu tauen 67
  Der Monsun wird unberechenbar 69
  Die Gletscherschmelze bedroht Asien 74
  Die Sahel-Zone wandelt sich 78
  Der Regenwald versteppt 81
  El Niño wird intensiver 86
  Die Weltmeere versauern 90
  Zwei Grad Celsius – ein Fazit 96

Welche Zukunft wollen wir? 100
  Zukunftswelt A: Unkontrolliertes Großexperiment mit der Menschheit 101
  Zukunftswelt B: Klima-Apartheid 104
  Zukunftswelt C: Globale Klimaschutzpartnerschaft 107

Zukunftswelt D: Der Planet Erde an der Herz-Lungen-Maschine 117
Der globale Klimapakt für unsere Zukunft 122
«Wir brauchen eine dritte Industrielle Revolution» –
Ein Interview 123

Politische Lösungen
Auftriebskräfte im Klimastrudel 131
Finanzströme und Klimaschutz – long, loud, legal 147
«Es sind noch keine Beschlüsse gefasst» –
Ein Interview 151
Klimaschutz-Index 157
Deutschland – einäugiger König 161
EU – Energie- und Klima-Union 165
Entwicklungsländer: Hauptbetroffene des Klimawandels 171
Der Druck im Kessel steigt 179
Klimawandel als Herausforderung für die Demokratie 186
«Der Klimawandel ist keine Ökokrise» –
Ein Interview 199

Der Weg ins Solarzeitalter
Negawatt statt Megawatt 206
Contracting 207
Kraft-Wärme-Kopplung 208
Windkraft 211
Wasserkraft 214
Geothermie 217
Photovoltaik 220
Biomasse 223
Das virtuelle Kraftwerk 225
Biosprit 226
Sonnenstrom aus der Wüste 230

100 Prozent Ökostrom für Europa 236
CO_2-Lagerung 243
Atomkraft 247

Lebensstile für die Zukunft
Klimaschutz und Gesellschaft 251
Bauen und Wohnen 255
Technik im Haus 267
Grüner Strom 275
Mobilität 280
Geldanlage 294
Ernährung 296

Schlusswort

Anhang 303
Die wichtigsten Akteure 303
Literaturhinweise 311
Dank 315

Vorläufig sterben wir
seelenruhig
in unseren Liegestühlen
Dann sehen wir weiter

Hans Magnus Enzensberger
(Gedankenflucht)

Vorwort von Arved Fuchs

Spätestens der letzte Report des Weltklimarates IPCC der Vereinten Nationen im Jahr 2007 lässt keine Zweifel mehr zu: Das Klima ändert sich, und mit natürlichen Klimaschwankungen ist das nicht zu erklären. Die derzeitige Entwicklung haben wir Menschen zu verantworten. Selbst jene Länder, denen diese Erkenntnis nicht ins politische Konzept passte, mussten auf der Klimakonferenz auf Bali den Tatsachen in die Augen blicken und sich letztlich dem internationalen Druck beugen. Das ist der Erfolg von Bali, den ich persönlich als einen kleinen Etappensieg empfunden habe. Eine Art Morgendämmerung – so schien es mir – war aufgezogen.

Dass sich die Natur durch das Eingreifen des Menschen nachhaltig verändern könnte, hätte ich mir vor 30 Jahren nicht vorstellen können. Wer sind wir denn, dass wir meinen, das Klima verändern zu können? Aber gerodete Regenwälder, schmelzende Polkappen, Ozonloch, Smog und immer mehr Stürme sprechen eine andere Sprache. Wir können es nicht nur – wir haben es bereits getan.

Als wir im Jahre 2002 mit unserem Segelschiff die so genannte Nordostpassage, jenen Seeweg entlang der Nordküste Sibiriens bewältigten, hatten wir eine Aufgabe erfüllt, an der wir zuvor dreimal gescheitert waren. Zwölf Jahre lang waren wir immer wieder in Sibirien vorstellig geworden, aber das Eis war ein übermächtiger Gegner. Zwischenzeitlich hatten wir, wenn auch mit großen Schwierigkeiten, das Pendant zum «Nördlichen Seeweg» – die kanadische Nordwestpassage – erfolgreich befahren. In der Nordostpassage war es jedoch anders. Stets war das Eis allgegenwärtig und stärker gewesen. Als uns schließlich 2002 die Passage gelang, dann nicht etwa deshalb, weil wir plötzlich eine Rezeptur gegen das Eis gefunden hätten – es gab ganz einfach keine nennenswerten Eisfelder mehr. Wir hatten freie Fahrt. Eine Laune der Natur, wie damals noch viele Experten meinten? Aufgrund unserer eigenen Erfahrungen waren wir skeptisch geworden. Die Frage, die sich mir stellte, war: «Ist es möglich, dass sich das Klima in so kurzer Zeit so nachhaltig und augenscheinlich ändern kann? Oder handelt es sich dabei tatsächlich nur um einen ungewöhnlich milden arktischen Sommer?»

Die Jahre 2003 und 2004, die wir erneut in der kanadischen Arktis verbrachten, bestärkten uns fast in dieser Annahme. Es gab viel Eis sowie einen kurzen, kalten und stürmischen Sommer. Die erneute Fahrt durch die Nordwestpassage scheiterte im ersten Anlauf. Erst im Frühling konnten wir unsere Fahrt fortsetzen. Also alles beim Alten? Wären da nicht die Eiskarten gewesen, die eine andere Sprache sprachen. Wären dort nicht die Begegnungen mit den Ureinwohnern Alaskas gewesen, die anderes zu erzählen hatten, und hätten wir nicht mit eigenen Augen die unterspülten Küstendörfer gesehen, deren Fundamente aus Permafrost auftauten und sich zu einem zähen, glitschigen Brei verwandelt hatten. Unvergessen die verzweifelten Bemühungen der Menschen, sich mit Sandsäcken gegen das anstürmende Meer zu wehren – eine Maßnahme, an die 1993 bei meinem ersten Besuch noch keiner im Traum gedacht hätte, wären nicht die Berichte der Jäger gewesen, die immer weitere und gefährlichere Reisen unternehmen müssen, um auf Wild zu treffen. Die Erzählungen der Tschuktschen von Reisen über dünnes, brüchiges Eis, über Fische, die sie plötzlich fangen, aber für die ihre Sprache nicht einmal einen Namen kennt, die Statistiken der Coast Guard, die vermehrt Rettungseinsätze fliegen muss, um Jäger zu bergen, denen der Rückweg zum Land abgeschnitten wurde, denn das arktische Meer friert später zu und bricht früher wieder auf. Nicht nur die Eisausdehnung nimmt ab, sondern offenbar auch die Stärke des Packeises.

Der kühle Sommer und der eiskalte Winter, den wir 2003/04 in der Nordwestpassage verbrachten, konnten über die alarmierende Entwicklung nicht hinwegtäuschen. Der Rest der Arktis bewegte sich auch in diesem Zeitraum bereits abseits der Norm. 2005 zog sich das Eis auch in der Nordwestpassage langsam zurück. 2006 war sie relativ leicht passierbar, und im Sommer 2007 öffnete sich die Passage erstmals seit Menschengedenken vollständig. Selbst Schiffe ohne die geringste Eisverstärkung konnten problemlos passieren. Ein Mythos war entzaubert und die schwierigste Passage der Welt zur Banalität geschrumpft. Man mag das beklagen, aber darum geht es nicht wirklich.

Ich bin kein Wissenschaftler. Ich war vor 30 Jahren aufgebrochen als jemand, der fasziniert war von der weitgehend unberührten arktischen Natur. Ich wollte ihre Schönheit dokumentieren und versuchte dabei, mit einfachsten Mitteln und ohne Netz und doppelten Boden in diesen Landschaften zu leben. Ohne klimatisierte Kabinen, motorisierte Fahrzeuge und dergleichen mehr. So etwas gelingt nur, wenn man ein guter Beobachter ist. Ich muss die Signale in der Natur erkennen und sie zu deuten wissen – wie die indigenen Völker. Aber ähnlich wie die Ureinwohner, von denen ich viele zu meinen Freunden zähle, fiel es mir immer schwerer, die Situation richtig einzuschätzen. Die Veränderungen liefen schneller ab, als ich Schritt halten konnte. Ich kehrte zurück als Betroffener.

Diese Erlebnisse haben mich geprägt und gleichzeitig verändert. Das Gefühl der Unbefangenheit auf meinen Expeditionen im Umgang mit der Natur ist mir abhandengekommen. Einmal sensibilisiert, suchte ich nach weiteren Anzeichen für den Klimawandel und wurde nahezu überall fündig: Das Eis befindet sich im gesamten arktischen Raum auf dem Rückzug.

Und dann die Diskussionen zu Hause: «Alles halb so schlimm, der Mensch ist schon mit ganz anderen Problemen fertig geworden.» Ist er das wirklich? Die Arktis gilt als eine Art Frühwarnsystem. Sie erwärmt sich derzeit doppelt so schnell wie der Rest der Welt. Aber mit der entsprechenden Verzögerung wird dieses Phänomen auch die übrigen Länder und Erdteile erreichen. Ein größeres Problem als den Klimawandel hat es in der Menschheitsgeschichte schlichtweg nicht gegeben.

Als Bundeskanzlerin Angela Merkel im vergangenen Sommer eine Stippvisite nach Grönland unternahm, wurde dies als populistisches Gebaren kritisiert. Ich sehe das anders und würde sogar noch einen Schritt weiter gehen: Ich würde gerne politische wie wirtschaftliche Entscheidungsträger auf eine Rundreise durch die betroffenen Gebiete schicken. Dann würde manch einem die Dringlichkeit des Handelns vor Augen geführt.

Zugegeben: Für jemanden, der nicht so tief in der Thematik steckt wie ein Wissenschaftler oder ein Zeitzeuge wie ich, mag die Problematik schwer nachvollziehbar sein. Was kann an einer Temperaturerhöhung um zwei oder fünf Grad schon so Schlimmes sein? Der Nordpol als eisfreie Schifffahrtsstraße mit Zugang zu Bodenschätzen – bietet das nicht nur Vorteile? Es mag vielleicht kurzfristige Gewinner geben – langfristig gibt es ganz sicher nur Verlierer.

Das vorliegende Buch betrachtet das Problem nicht ideologisch verbrämt, sondern liefert einen sachlich orientierten Zugang. Es zeigt dabei: Nur wenn wir zu zögerlich reagieren, kann es zu katastrophalen Verhältnissen kommen. Denn die gute Nachricht des IPCC-Reports lautet: Wir können die Wende schaffen. Aber die Zeit drängt! Die Zeit des Kokettierens, ob der Klimawandel menschengemacht ist oder nicht, ist beendet. Wir Menschen haben ein Problem geschaffen – daran gibt es keinen Zweifel mehr. Aber es gibt Lösungsmöglichkeiten. Doch damit sie realisiert werden können, bedarf es einer kollektiven Anstrengung aller gesellschaftlichen, politischen und wirtschaftlichen Instanzen.

Expeditionen lassen sich nur mit einer gewissen Form des Pioniergeistes bewältigen. Ich wünsche mir persönlich und den Autoren dieses Buches, dass von dem darin spürbar enthaltenen Pioniergeist möglichst viel auf die Leserschaft übergeht.

Arved Fuchs, Januar 2008

Einleitung

Wir alle sind Teilnehmer am größten Experiment, das die Menschheit je durchgeführt hat: dem Klimaexperiment. Und gleichzeitig nehmen wir wahr, welche unkalkulierbaren Risiken damit einhergehen: Wenn der weltweite Ausstoß von Treibhausgasen so weitergeht wie bisher, drohen Ökosysteme zusammenzubrechen und ganze Kontinente ihr Gesicht zu verändern. Wo es nicht gelingt, sich an die Herausforderungen anzupassen, könnten viele Millionen Menschen in den kommenden Jahrzehnten zu Umweltflüchtlingen werden, weil das Leben in ihrer Heimat unerträglich wird. Kofi Annan, der frühere Generalsekretär der Vereinten Nationen, hat deshalb an alle Nationen appelliert, ihre Energieversorgung umzustellen.

In diesem Buch wollen wir die enormen Risiken für die Menschheit umreißen, die sie mit dem Verbrennen von Kohle, Öl und Gas eingeht. Aber wir wollen auch zeigen, dass der Klimawandel, der dadurch angestoßen wird, nicht einfach wie ein Gewitter über unsere Köpfe hinwegzieht. Wir verursachen den Klimawandel sehenden Auges, und es liegt an unserer Generation, für die nachfolgenden die Weichen stellen.

Wir möchten möglichst viele zum Umdenken motivieren, denn die Erderwärmung fordert alle heraus: Bürger, Politiker und Wirtschaft gleichermaßen. Und sie erfordert einen demokratischen Umgang der Staaten untereinander: Ausgerechnet diejenigen, die am wenigsten zum Klimawandel beigetragen haben – die

Entwicklungsländer mit den geringsten Treibhausgasemissionen – ausgerechnet sie bekommen schon heute die Folgen am stärksten zu spüren. Sie haben aber im Vergleich zu den Industrie- und den großen Schwellenländern kaum Einfluss darauf, was die Weltgemeinschaft letztendlich beschließen wird.

Wir wollen jeden Einzelnen dazu ermutigen, sich mit Leidenschaft und Augenmaß zu engagieren, den notwendigen Umbau unseres Energie- und Mobilitätssystems voranzutreiben und als Bürger mit dem Stimmzettel und als Konsument mit der Scheckkarte für den Klimaschutz abzustimmen. Das vorliegende Buch zeigt, was notwendig ist, um die Wende hin zu einer solaren Weltwirtschaft einzuleiten – politisch, gesellschaftlich, wirtschaftlich und technisch. Je mehr Menschen mitmachen, desto schneller wird der Wandel kommen und desto geringer sind die Risiken, die die Erwärmung der Erde mit sich bringt.

Die Autoren, Mai 2008

Bali 2007 – dramatisches Ringen um die Zukunft

Eine Reportage

Der Klimagipfel in Bali hätte eigentlich gestern, Freitag, den 14. Dezember 2007, um die Mittagszeit zu Ende gehen sollen. Doch davon kann keine Rede sein. Noch heute, am frühen Samstagmittag, droht sein Scheitern. Und von Stunde zu Stunde verzögert sich die Weiterführung der Konferenz – obwohl das ganze Bündel an Beschlüssen doch noch diskutiert und beschlossen werden muss.

An den beiden vergangenen Tagen hatte Rachmat Witoelar, der Präsident des Klimagipfels und Umweltminister des Gastgeberlandes Indonesien, einen oft genutzten diplomatischen Trick angewandt, um die Chancen für die Verabschiedung des Bali-Aktionsplans zu erhöhen. Nicht mehr die Delegationsleitungen der 187 Staaten sollten weiterverhandeln, sondern zunächst nur 40 der angereisten Minister – sorgfältig nach Länder- und Interessengruppen ausgewählt. Diese waren in die Gruppe der «Freunde des Präsidenten» berufen worden: Ihre Aufgabe sollte es sein, die entscheidenden und historischen Kompromisse für das Verhandlungspaket zu schnüren, das die Wende im internationalen Klimaschutz einleiten soll.

Bis zum übernächsten Klimagipfel, der im Dezember 2009 in Kopenhagen stattfindet, soll dieses Verhandlungspaket zu einem neuen globalen, internationalen Klimaschutzabkommen führen. Dieses soll das Kyoto-Protokoll, dessen erste Verpflichtungsperiode 2012 ausläuft, weiterführen bzw. ersetzen. Der Klimagipfel von Bali soll dazu beitragen, dass bis 2009 folgende Fragen beantwortet werden: Welche Treibhausgas-Reduktionsziele werden die

Industrieländer, die außer den USA alle das Kyoto-Protokoll akzeptiert haben, in der zweiten Verpflichtungsperiode bis 2020 übernehmen? Wird auch eine künftige US-Regierung entsprechende Ziele akzeptieren? Welche Art von Verpflichtungen werden die großen Schwellenländer – allen voran China, Indien, Brasilien, Südafrika und Mexiko –, die derzeit das größte Wachstum der Emissionen zu verzeichnen haben, akzeptieren? Werden auch für den internationalen Flug- und Schiffsverkehr sowie den Schutz der Regenwälder, die im Kyoto-Protokoll bislang ausgeklammert wurden, Regelungen vereinbart? Werden sich die Industrieländer bereit erklären, die besonders betroffenen ärmeren Entwicklungsländer und Inselstaaten bei der Anpassung an den Klimawandel zu unterstützen? Werden sie jährlich Geld in einer Größenordnung von 100 Milliarden Euro auf den Tisch legen – auch für den Technologietransfer und den Wälderschutz?

In Bali münden all diese einzelnen Fragen in die eine große Frage: Ist jetzt nach dem «Klimajahr 2007» endlich die politische Bereitschaft da, einen ernsthaften Verhandlungsprozess zu starten? Nach einem Jahr, in dem der Weltklimarat IPCC mit seinem jüngsten Bericht den *wissenschaftlichen* Kenntnisstand neu untermauert hat. Nach einem Jahr, in dem sowohl der G8-Gipfel unter Leitung von Angela Merkel als auch die UN-Generalversammlung *politischen* Handlungsdruck erzeugt haben. Nach einem Jahr, in dem der Report des britischen Ökonomen Nicholas Stern die *wirtschaftliche* Notwendigkeit des Handelns aufgezeigt hat: Ein «weiter so» – mit immer mehr Schäden – würde demnach fünf- bis 20-mal teurer kommen als eine ernsthafte Klimaschutzstrategie. Und nicht zuletzt nach einem Jahr, in dem der Oscar-prämierte Film «Eine unbequeme Wahrheit» von Al Gore Millionen Zuschauer auf der ganzen Welt wachgerüttelt hat.

Heute, gegen vier Uhr morgens, haben die «Freunde des Präsidenten» endlich einen vorläufigen Kompromiss ausgehandelt. Jeder Minister, der nach dieser Nachtsitzung aus dem Tagungszimmer kam, wurde von Journalisten und Beobachtern umringt. Auch der deutsche Umweltminister Sigmar Gabriel stand mitten in einer dichten Menschentraube. und kommentierte: «Angesichts der Situation, dass einige Staaten wie die USA und Russland hier tagelang blockiert haben, ist das ein guter Kompromiss. Wenn man es mit den Notwendigkeiten vergleicht, ist es immer noch deutlich zu wenig.»

Um 4.30 Uhr begannen dann etwa 40 Vertreter der Nichtregierungsorganisationen (non governmental organisations, NGO) aus aller Welt, das Kompromiss-Dokument auszuwerten. Alden Meyer, der seit vielen Jahren die Union of Concerned Scientists in den USA bei allen internationalen Klimaverhandlungen vertritt, war einer von ihnen. Und Jennifer Morgan, eine der erfahrenen und einflussreichsten NGO-Vertreterinnen, früher Chefin der internationalen WWF-Klimaabteilung und heute Direktorin bei der britischen Organisation E3G (Third Generation Environmentalism). Bill Hare, der seit fast 20 Jahren die zentrale Persönlichkeit für den internationalen Klimaschutz bei Greenpeace International ist. Hans Verolme, der das einflussreiche internationale Team des WWF leitet. Neben ihm sitzt Athena Ronquillo, eine charismatische Vertreterin von Greenpeace Philippinen, die eine wichtige Rolle gespielt hat, den Einstieg des Landes in die Nutzung und den Abbau von Kohle zu verhindern. Von der deutschen NGO Germanwatch, dem Herausgeber dieses Buches, sind fünf Personen vor Ort. Bei dieser Besprechung schälte sich heraus, dass es noch zu früh war, den Kompromiss abschließend zu bewerten. Man hielt sich also noch zurück, denn jedem war bewusst, dass die Einschätzung der NGO den internationalen Pressetenor maßgeblich beeinflussen würde. Zu sehr kam es auf die Nuancen des Abschlusspapieres an, um die in den darauf folgenden Stunden erst noch gerungen werden musste. Die Vertreter der Nichtregierungsorganisationen einigten sich, am Tag nach dem Ende der Verhandlungen, zu einem weiteren Treffen zusammenzukommen.

Dort sollte die gemeinsame Bewertung vereinbart werden, mit der man an die internationale Öffentlichkeit treten würde. Um fünf Uhr ging es zurück ins Hotel. Eine gute Stunde Schlaf, denn um 8 Uhr sollte es weitergehen. Dann war das Plenum wieder dran, um mit allen 187 Staaten den von den «Freunden des Präsidenten» vorgelegten Kompromiss zu diskutieren und zu akzeptieren.

Kurz vor 8 Uhr hatten sich viele TV-Journalisten schon am Eingang zum Konferenzraum platziert. Sie wollten vor allem ihren jeweiligen Minister nicht verpassen. Doch manche warteten vergebens. Denn es stellte sich bald heraus, dass das Plenum verschoben werden musste: Zu diesem Zeitpunkt hatten noch nicht alle Ländergruppen ihre frühmorgendlichen internen Beratungen über den Kompromisstext abgeschlossen. Ein Delegierter aus Südafrika erzählte, dass der Außenminister der gastgebenden indonesischen Regierung noch mit Ministern der Entwicklungsländer das vorläufige Einigungspapier diskutiere. Allmählich füllte sich der Plenarsaal. Rund 800 Teilnehmer waren inzwischen anwesend, als um fünf vor neun Gipfel-Präsident Rachmat Witoelar die Abschlusssitzung eröffnete. Schnell zeigte sich, dass er den Überblick verloren hatte. Heftige Proteste von Entwicklungsländer-Delegationen machten darauf aufmerksam, dass die vom indonesischen Außenminister moderierte Gruppe ihre Beratungen noch nicht abgeschlossen hatte. Ein Fehler, der nach einer durchverhandelten Nacht passieren kann.

Zwei Stunden später aber unterläuft Witoelar der gleiche Fehler noch einmal: Wiederum eröffnet er das Plenum, obwohl die Beratungen der Minister aus Entwicklungs- und Schwellenländern noch immer nicht zu Ende sind. Viele Delegierte sind konsterniert. Die Verhandlungen werden nach entsprechenden Protesten – vor allem von China – wieder unterbrochen.

Unten im Raum steht eine Gruppe der wichtigsten EU-Verhandler zusammen. Einer zeigt mit der Hand auf eine der zentralen Größen der US-Delegation. «Habt ihr James Connaughton gesehen, wie er mit breitem Grinsen dahinten auf- und abschreitet?», raunt er seinen Kollegen zu. «Wenn das jetzt hier scheitert, hat er alle seine Ziele erreicht. Er kann zeigen, dass verbindlicher Klimaschutz durch die UN nicht funktioniert. Und die US-Regierung hat noch nicht einmal den Schwarzen Peter dafür in der Hand.» Tatsächlich war die Verhandlungsstrategie der US-Delegation in Bali vom Versuch geprägt, Sand ins Getriebe zu streuen, Regierungen der Schwellenländer mit offensichtlich inakzeptablen Vorschlägen zu provozieren, damit diese und nicht die USA als Blockierer dastehen.

Bereits in der Nacht zum Freitag hatten die Russen die «Schmutzarbeit» des Bremsers übernommen. «Die US-Delegation kann sich entspannt zurücklehnen, die Russen blockieren alle ernsthaften Fortschritte», hatte ein sichtlich frustrierter Sigmar Gabriel in einer kurzen Verhandlungspause gegenüber zwei NGO-Vertretern kommentiert. Russland hat in den letzten Jahren, seit die US-Regierung aus dem Kyoto-Prozess ausgestiegen war, immer wieder den internationalen Verhandlungsprozess blockiert. Beim Klimagipfel in Montreal, vor zwei Jahren, hatte erst ein Anruf aus dem Außenministerium den russischen Verhandlungsleiter zum Einlenken bewegt. Kurios damals: Der Verhandlungsleiter hatte sein Handy – absichtlich oder unabsichtlich – ausgeschaltet. Das russische Außenministerium hatte nach Interventionen von anderen Regierungs- und Staatschefs deshalb bei der UN-Verhandlungsleitung angerufen und den entscheidenden Zettel zum russischen Verhandlungsleiter bringen lassen. Das Interesse der russischen Regierung an verkauftem Öl und Gas scheint größer zu sein als an Klimaschutz. Zumal ein Teil der russischen Klimawissenschaftler die Hoffnung nährt, dass Russland zu den Gewinnern einer globalen Erwärmung zählen könnte – weil sich möglicherweise die landwirtschaftlichen Bedingungen verbessern. Russland könnte also zum großen Bremsklotz für die künftigen Verhandlungen werden. Jetzt am Samstagmittag sieht sich die US-Delegation in einer komfortablen Lage. Immer mehr spricht für ein Scheitern des Klimagipfels. Die Entwicklungsländer scheinen nicht zu einer einheitlichen Position zu finden, der überforderte Präsident des Gipfels begeht faustdicke handwerkliche Fehler. Und die US-Regierung hat in keiner Weise öffentlich den Abschlussprozess blockieren müssen. John Ashton vom britischen Außenministerium, einer der zentralen Architekten der europäischen Klimapolitik, ist sich der kritischen Situation bewusst. «Jetzt muss UN-Generalsekretär Ban Ki-Moon eine Rede halten – und dann brauchen wir eine Friss-oder-Stirb-Entscheidung über den Text.» So redet er auf einige Kollegen aus der EU ein. Karsten Sach, der strategische Kopf der deutschen Delegation und eine der Schlüsselpersonen für die internationalen Verhandlungen, überragt auch dank seiner körperlichen Größe wie ein Turm die meisten anderen Verhandler. «Die Initiative für eine Rede von Ban Ki-Moon darf nicht von den Europäern ausgehen. Das muss von den Entwicklungsländern, von der indonesischen Präsidentschaft kommen. Die Schwellenländer haben doch jetzt schon den Eindruck, man habe sie hier verschaukeln wollen. Eine Initiative der Europäer würde den Eindruck nur verstärken», gibt er zu bedenken. Eine halbe Stunde später geht es tatsächlich weiter. Doch die Stimmung ist äußerst gereizt. Direkt nach der Neueröffnung protestiert der chinesische Delegationsleiter sehr scharf und polemisch. Wohl deshalb, weil er den indonesischen Umweltminister und Präsidenten des Klimagipfels – einen Kollegen aus der eigenen Gruppe der Entwicklungs- und Schwellenländer – nicht attackieren will, wirft er Yvo de Boer, dem niederländischen Chef des UN-Klimasekretariats vor, die Entwicklungsländer hintergehen zu wollen. «Warum sonst wurden die Verhandlungen wieder eröffnet, obwohl wichtige Minister der Entwicklungsländer noch in einer vom indonesischen Außenminister moderierten Gruppe tagen?» Das könne doch kein Fehler sein – das passiere in böser Absicht. Er drängt auf eine Entschuldigung. Und Yvo de Boer, der sonst eher das Image des abgebrühten Diplomaten hat, offenbart das menschliche Gesicht des Gipfels. Fast einen Tag nach dem angepeilten Ende ist der Klimagipfel immer noch nicht zu Ende – ja er steht jetzt vor dem Scheitern. Und jetzt bekommt er die Rolle des Sündenbocks für die Fehler der indonesischen Präsidentschaft zugeschoben. Mit stockender Stimme ringt er sich eine Entschuldigung ab. Dann kann er die Tränen nicht mehr zurückhalten. Er springt auf und verlässt, mit den Händen das Gesicht verdeckend, den Raum. Die Klimaverhandlungen gehen zunächst ohne ihren UN-Steuermann und mit einem sichtlich verunsicherten Präsidenten des Klimagipfels weiter. Nur gut, dass jetzt Richard Kinley, der erfahrene Stellvertreter von Ivo de Boer, dem Indonesier immer wieder Hinweise ins Ohr flüstert. Dieser entschuldigt sich für seine Fehler des Vormittags – und er wird diese Entschuldigung im Lauf der Verhandlungen noch mehrmals wiederholen. Und dann kündigt er zwei außergewöhnliche Reden an. Zunächst springt der indonesische Präsident Susilo Bambang Yudhoyono im Laufschritt zum Podium. In seiner kurzen Ansprache erinnert dieser daran, dass alle Staaten trotz der Unterschiedlichkeit ihrer Verantwortung eine gemeinsame Verpflichtung haben, zum Erfolg des Klimaschutzes und des Klimagipfels beizutragen. Dann folgt ein eindringlicher Appell von UN-Generalsekretär Ban Ki-Moon, den Gipfel nicht scheitern zu lassen. Mit ernster Miene erinnert er die Verhandler an den Auftrag der Regierungschefs der Welt anlässlich der UN-Generalversammlung im September, in Bali den erfolgreichen Start für ein bis 2009 auszuhandelndes Klimaschutzabkommen zu erreichen. Wird der Schub dieser beiden Reden ausreichen, um jetzt doch noch den Knoten der Verhandlungen durchzuschlagen?

Indien erhält als Nächstes das Wort. Ein indischer Minister schlägt für die Entwicklungs- und Schwellenländer eine Veränderung am Kompromisstext der letzten Nacht vor. Es sei nicht einzusehen, dass die bislang unverbindlichen Verpflichtungen der

Schwellenländer zur Klimapolitik nun in mess- und verifizierbare Verpflichtungen überführt werden sollen, wenn dasselbe nicht auch für die ebenfalls bislang unverbindlichen Finanz- und Technologiezusagen der Industrieländer gelten sollte. Sind doch die bereits in der Klimarahmenkonvention auf dem Erdgipfel in Rio de Janeiro im Jahr 1992 eingegangenen entsprechenden Verpflichtungen der Industrieländer nur tröpfchenweise erfüllt worden. Wie ein roter Faden zieht sich durch die Verhandlungen die Befürchtung der Schwellenländer, dass ihnen – ohne entsprechende technologische und finanzielle Unterstützung – Verpflichtungen abgerungen werden sollen, die ihre wirtschaftliche und soziale Entwicklung einschränken könnten. Noch 2006 beim Klimagipfel in Nairobi hatte die chinesische Delegation Verhandlungen über eigene politische Verpflichtungen kategorisch abgelehnt. Und Indien hatte sich gar geweigert, auch nur Gespräche über solche Verpflichtungen zu führen.

Auf der anderen Seite hatten die Industrieländer Schritte zu mehr Verbindlichkeit ihrer Unterstützungsleistungen abgeblockt – denn das kann sehr teuer werden. Wie werden sie jetzt reagieren? Die portugiesische EU-Präsidentschaft meldet sich für die EU zu Wort. Wird die EU als internationaler Vorreiter im Klimaschutz auch hier ein neues Signal der Ernsthaftigkeit aussenden? Ja, die EU erklärt, den Vorschlag der Schwellen- und Entwicklungsländer akzeptieren zu können. Und sie erntet dafür minutenlang Beifall. Delegierte aus Afrika, China und den kleinen Inselstaaten werden nachher sagen, dies könne sich als Geburtsstunde für eine weitreichende und konstruktive Zusammenarbeit zwischen der EU und den Entwicklungsländern herausstellen. Aber wie werden die anderen Industrieländer reagieren – allen voran die US-Delegation? Schon ergreift die Leiterin der US-Delegation, Paula Dobriansky, das Wort. Der letzte Satz ihres Statements ist der Entscheidende: «Wir akzeptieren das nicht!» Eine kurze Schrecksekunde – und dann beginnt, was bei UN-Verhandlungen ganz, ganz selten passiert: Zunächst von hinten, wo die meisten NGO-Vertreter sitzen, bahnt sich ein lang gezogenes «Buhuh ...» den Weg durch den Raum. Vertreter der kleinen Inselstaaten formen jetzt die Hände zum Sprachrohr, um Ärger und Frustration mit diesem Buh in den Raum hineinzuschleudern. Immer mehr Delegierte stehen auf, um ihr Missfallen auch optisch zum Ausdruck zu bringen. Der ganze Raum ist jetzt erfüllt von Buhrufen. Die Kamera ist noch immer auf die konsterniert schauende US-Delegationsleiterin gerichtet. Alle Delegierten können das Erstarren ihres Gesichtes auf der großen Leinwand mitverfolgen. In den folgenden Minuten geht dann ein Hagel von Kritik auf die US-Delegation nieder. Besonders eindrucksvoll der Beitrag von Martinus van Schalkwyk aus Südafrika. Er geißelt ohne jede diplomatische Verrenkung die US-Position als «höchst unwillkommen und ohne jede Basis». Noch leidenschaftlicher wird der Delegierte Kevin Conrad von Papua Neuguinea. «Wir bitten um Führung. Und es gibt bei uns einen alten Spruch: ‹Wenn Du nicht bereit bist zu führen, dann gehe aus dem Weg!› Und ich möchte die Vereinigten Staaten fragen: Wir wünschen uns Ihre Führung. Wir suchen Ihre Führung. Aber wenn Sie aus irgendeinem Grund nicht bereit dazu sind zu führen, dann überlassen sie dem Rest von uns die Angelegenheit. Bitte, gehen Sie aus dem Weg!»

Und wieder erheben sich fast alle Delegierte, und es gibt lang anhaltende «Standing Ovations» für Kevin Conrad. Sein Statement war nicht nur das richtige Wort zur richtigen Zeit in dieser Debatte. Viele Delegierte wissen, es war zugleich eine direkte Antwort auf ein zwei Tage altes Statement von James Connaughton, dem Vorsitzenden von Präsident Bushs Rat für Umweltqualität, das dieser zur Entrüstung bzw. Erheiterung vieler Delegierter abgegeben hatte: «Die Vereinigten Staaten werden führen. Und wir werden weiterhin führen. Aber zur Führung gehört auch, dass die anderen sich einreihen und folgen.» Der jetzt aufgebrandete Beifallssturm verdeutlicht, wie die Delegierten die angebliche «Führungsrolle» der US-Regierung nach Jahren der Behinderung einer internationalen Klimapolitik durch die Bush-Regierung einschätzen.

Nur wenige Delegationen bleiben sitzen. Dazu gehört die Delegation des Verhandlungsteams von Saudi-Arabien. Die Mienen der drei Saudi-Delegierten sind versteinert. Der Delegationsleiter reibt sich mechanisch immer wieder über den Mund. Keine andere Delegation hat in den letzten 15 Jahren mehr getan als die aus dem ölreichen Königreich, um mit einer ganzen Gruppe von Rechtsanwälten und gewieften Diplomaten die Klimaverhandlungen zu verzögern, die Ergebnisse möglichst unbedeutend zu halten – und die Interessen der eigenen Ölexportindustrie zu verteidigen. Doch bei diesem Gipfel sind die nach wie vor zu den Entwicklungsländern gezählten Saudis immer stärker in die Isolation geraten. Denn die Gruppe der Entwicklungsländer hat so konstruktiv wie noch nie verhandelt. Auch angesichts der versteinerten Gesichter der Saudis ist jetzt klar: Die allermeisten Staaten wollen den Erfolg dieses Klimagipfels. Und bisher hat sich kein Land zu Wort gemeldet, um den angepeilten Kompromiss zu blockieren, außer den USA. Damit ist auch klar: Ein Teil der US-Strategie scheint doch nicht aufzugehen. Denn wenn der Klimagipfel jetzt noch scheitert, dann wird der Schwarze Peter weitgehend bei der US-Regierung liegen. Jetzt wird es spannend, wie sich jene Staaten verhalten werden, die bei den bisherigen Verhandlungen in Bali den Bremserkurs der US-Delegation mit unterstützt haben.

Die neue australische Regierung signalisiert, dass sie dem Konsens nicht im Wege stehen wird. Der Präsident des Klimagipfels zählt auf, wer sich noch alles zu Wort gemeldet hat. Kanada und Russland sind nicht dabei – sie scheinen kein Veto einzulegen – und das ist entscheidend. Aber Japan meldet sich zu Wort. Wird jetzt die US-Regierung Rückendeckung für ihre Blockade erhalten? Doch der japanische Beitrag ist sehr allgemein gehalten, er geht mit keinem Wort auf den Text ein und unterstützt nicht die Blockade der US-Regierung. Nicht nur im Germanwatch-Team wird geflüstert, um sich zu vergewissern, bei den offenbar belanglosen Worten des japanischen Delegierten nichts überhört zu haben. Aber es bleibt dabei: Die US-Regierung steht jetzt isoliert da. Niemand sonst blockiert den Kompromiss für ein Verhandlungspaket. Damit spitzt sich nun alles auf die Frage zu: Werden die USA doch noch nachgeben? Denn ohne ein «Ja» der US-Regierung kann es nicht den notwendigen Konsens geben. Sigmar Gabriel wird später erzählen, dass er in diesem Moment eine SMS an Angela Merkel formulierte – dies sei der Zeitpunkt, dass die deutsche Kanzlerin bei US-Präsident Bush intervenieren müsse. Der Gipfel drohe am US-Veto zu scheitern.

Doch die SMS ist noch nicht zu Ende geschrieben, da ergreift die US-Delegationsleiterin Paula Dobriansky wieder das Wort. Sollte sich jetzt auszahlen, dass sie, Undersecretary of State, in den Tagen vor Bali durchgesetzt hatte, dass sie alleine und nicht etwa gemeinsam mit James Connaughton, Bushs Umweltberater im Weißen Haus, die US-Delegation leitet? Zwischen Connaughton und ihr hatte es in den Wochen vor Bali bereits eine heftige Auseinandersetzung gegeben. Connaughton wollte die von Präsident Bush angekündigte Serie von US-initiierten Konferenzen als Alternative zum UN-Verhandlungsprozess durchsetzen. Auf diesen Konferenzen sollten die großen Industrie- und Schwellenländer, die am meisten CO_2 emittierenden Staaten, sich selbst freiwillige Klimaziele setzen, die damit international nicht verbindlich sind. Die US-Regierung hatte gehofft, auf diese Weise China, Indien und die anderen Schwellenländer auf ihre Seite ziehen zu können. Doch schon bei der ersten Konferenz der hoch emittierenden Staaten im September 2007 in Washington konnte die US-Regierung kaum Partner dafür gewinnen. Gerade die großen Schwellenländer hatten deutlich gemacht, dass sie einen UN-Prozess mit verbindlichen Reduktionszielen für die Industrieländer wünschten. Und dass sie nur in einem solchen UN-Prozess bereit seien, sich für eigene Klimaschutzaktivitäten international zu verpflichten. Ein US-Delegierter, der anonym bleiben will, erzählt einem Germanwatch-Mitarbeiter, Paula Dobriansky habe die Vorstellungen aus dem Weißen Haus, weiter auf Gegenkonferenzen mit unverbindlichen Zielen zu setzen, die als Alternative zum UN-Verhandlungsprozess aufgebaut seien, als «komplett verrückt» («this is frankly nuts») zurückgewiesen. Die US-initiierten Konferenzen müssten als Teil des UN-Prozesses, nicht als Ersatz angelegt werden. Und Bali wolle sie nutzen, um das Signal auszusenden, dass auch die US-Regierung bereit sei, über verpflichtende Maßnahmen zu verhandeln. «Dies aber wurde lautstark unterbunden», erzählt der Delegierte. «Sie ist sehr frustriert, sehr verärgert.»

Wird sich Paula Dobriansky jetzt doch vorwärtsbewegen? Wieder verpackt sie nach kurzer Vorrede die Kernbotschaft in nur einen Satz: «Wir werden vorangehen und uns in den Konsens einreihen.» Ihr Gesicht ist in Großaufnahme auf dem Monitor zu sehen – ein leichtes Zittern der einen Wange scheint Ausdruck der Anspannung zu sein. Damit ist klar: Die US-Regierung erklärt hier in Bali zwar nicht ihre Bereitschaft zur Übernahme verbindlicher Reduktionsziele, aber alle Optionen liegen bei den Verhandlungen der nächsten zwei Jahre auf dem Tisch – auch verbindliche Reduktionsziele für die USA. Darüber hinaus wird über mess- und verifizierbare Technologie- und Finanzzusagen der Industrie- an die Schwellenländer verhandelt werden. Beifall brandet auf. Immer mehr Delegierte stehen auf und klatschen der US-Delegationsleitung zu, die sie kurz vorher noch ausgebuht haben. Diese Geste zeigt, dass die Buh-Rufe nicht einem einfachen Anti-Amerikanismus, sondern der Empörung über die bremsende US-Klimapolitik geschuldet waren. Ein und dieselben Delegierten stehen jetzt da und applaudieren Paula Dobriansky. Ein Lächeln zeichnet sich auf ihrem Gesicht ab. Manche meinen, sie sei in diesem Moment den Tränen nahe gewesen. Als sie einige Minuten später zusammenbricht und auf einer Trage hinaustransportiert wird, fragen sich viele, ob die Aufregung zu groß war; oder ob das Gerücht stimme, dass das Weiße Haus verstimmt darüber war, dass sie die Kursänderung durchgesetzt habe? Die negative Kommentierung des Abschlusses von Bali durch das Weiße Haus, das bereits Stunden später «ernsthafte Besorgnis» zum Ausdruck bringt, wird diesem Gerücht neue Nahrung geben. Andererseits wird aus der US-Delegation berichtet, dass sie während der Abschlussverhandlungen «minütlich» mit dem Weißen Haus in Verbindung gestanden habe. Das spricht gegen eine einsame Entscheidung. Wie dem auch sei, auch ein «besorgter» Kommentar aus dem Weißen Haus kann nichts mehr daran ändern: Ein wesentlicher Teil dessen, was in den nächsten zwei Jahren verhandelt werden soll, ist festgelegt. Jetzt besteht immerhin die Chance, dass im Dezember des Jahres 2009 ein ambitioniertes internationales Klimaschutzabkommen verabschiedet werden kann.

Fast alle Pressevertreter verlassen zu diesem Zeitpunkt den Raum. Über die Presseagenturen läuft bereits die Nachricht, es habe einen Kompromiss in Bali gegeben. Es sei aber nicht gelungen, im Verhandlungstext zu verankern, in welcher Größenordnung man Reduktionsziele für Industrie- und Schwellenländer bis 2020 und 2050 anstrebe. «Doch wie so oft lohnt es sich, nicht nur auf die Ergebnisse zu achten, die auf dem Pferd unter allgemeiner Beobachtung durchs Hauptportal eingeritten kommen, sondern auch auf die, die auf dem Esel durch den Seiteneingang ankommen» – so Michael Zammit Cutajar, der maltesische Verhandlungschef und einer der beiden Leiter der Klimaverhandlungen bis Kopenhagen. Die Pressevertreter, die im nahegelegenen Pressezentrum ihre Berichte in die Tasten hauen bzw. in die Mikrophone sprechen, verpassen einen weiteren Höhepunkt der Klimadiplomatie. Denn um die Frage, ob ein Hinweis auf die Größe der angestrebten Reduktionsziele in den Text mit aufgenommen wird, wird nicht nur im gerade verabschiedeten, sondern auch noch in einem zweiten Text gerungen. Etwa die Hälfte der Delegierten und Beobachter hat jedoch den Saal bereits verlassen. Nun geht es aber um das Verhandlungspaket, das bis 2009 den Beitrag der Kyoto-Staaten festlegen soll. Und an diesem Text dürfen die USA – da sie das Kyoto-Protokoll nicht völkerrechtlich akzeptiert haben – nicht aktiv mitverhandeln. Werden nun Russland, Kanada, Japan, Australien bis zum Abschluss auf der Bremse bleiben? In den Tagen zuvor hatten sie auch in diesem Text abgeblockt, was der Weltklimarat IPCC für notwendig hält, um einen gefährlichen Klimawandel zu vermeiden. Oder wird die Arbeit der NGOs Wirkung zeigen, die in den vergangenen Tagen die Pressevertreter dieser Länder darauf vorbereitet hat, jetzt genau darauf zu achten, ob ihre Regierungen auch ohne Rückendeckung der USA im öffentlichen Plenum blockieren. Erfreulich ist bereits, dass nur Russland Bedenken am entsprechenden Text anmeldet. Weder von Japan noch von Kanada gibt es eine Wortmeldung, die auf eine Blockade hindeuten würde. Der russische Delegationsleiter aber hatte in den beiden letzten Tagen immer wieder gesagt, dass Russland entsprechenden Formulierungen nicht zustimmen könne. Als er sich jetzt zu Wort meldet, hat er seine Kritik deutlich heruntergeschraubt – sei es aufgrund des Drucks der inzwischen äußerst erwartungsvollen Stimmung im Saal oder durch eine neue Weisung aus Moskau. Jetzt will Russland nur noch eine kleine Umformulierung und zwei unbedeutende Fußnoten im Text hinzufügen. Erleichterung macht sich breit.

Das Ergebnis von Bali steht nun endlich, am Samstagabend gegen 18 Uhr, fest. Im Abschlussdokument für die Kyoto-Staaten ist verankert, wie hoch die wissenschaftliche Klimaschutzmesslatte für die nun beginnenden zweijährigen internationalen Klimaschutzverhandlungen liegt: Die Industrieländer müssen demnach ihre Emissionen bis 2020 um 25 bis 40 Prozent gegenüber 1990 reduzieren, die globalen Emissionen müssen in den nächsten 10 bis 15 Jahren ihren Höhepunkt erreichen und bis 2050 auf deutlich weniger als die Hälfte gegenüber dem Jahr 2000 sinken. Damit wird immerhin in einem der beiden zentralen Abschlusspapiere – wenn auch noch ohne US-Zustimmung – klar festgehalten, was der wissenschaftliche Anspruch an die Verhandlungen ist. Allerdings ist dies noch keine rechtlich verbindliche Festlegung dieser Ziele. Dies soll erst beim Klimagipfel Ende 2009 in Kopenhagen geschehen. Und dort müssen die daraus resultierenden Pflichten zwischen den Industrie-, Schwellen- und Entwicklungsländern fair verteilt werden.

Nach dem Verhandlungsablauf war kaum zu erwarten gewesen, dass dies trotz der zögerlichen Haltung der Russen, Japaner und Kanadier zu erreichen sei.

Warum aber ist in Bali so viel ernsthafter verhandelt worden als ein Jahr zuvor? Welche neuen Erkenntnisse sind so dramatisch, dass sogar der UN-Generalsekretär einfliegt, um dem Klimagipfel in Bali zum Durchbruch zu verhelfen? Das folgende Kapitel soll dies im Detail zeigen.

Die zweite Vertreibung aus dem Paradies

Kipp-Elemente des Systems Erde

Seit der letzten Eiszeit ist die Menschheit im Wesentlichen von größeren Temperaturschwankungen verschont geblieben. Als sie vor etwa 10.000 Jahren zu Ende ging, erwärmte sich die Erde um rund drei Grad Celsius. Anders als in den 90.000 Jahren zuvor blieben diese Temperaturen im Wesentlichen stabil und schufen den weitgehend paradiesischen Zustand eines stabilen Klimas auf der Erde.

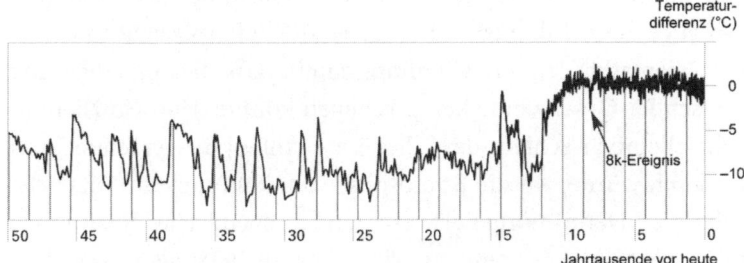

Abrupte Temperaturänderungen auf Grönland

Die Grafik zeigt die Temperatur in Grönland der letzten 50 000 Jahre auf der Basis von Messungen des Sauerstoffisotops 18 im Eis. Die stabile Warmphase der letzten 10 000 Jahre ist das Holozän, nur unterbrochen durch das 8k-Ereignis (siehe Kapitel «Golfstrom»). Die instabile Kaltphase davor ist die zweite Hälfte der letzten großen Eiszeit. Amerikanische Forscher zeigten, dass es sich nicht um lokale Temperaturschwankungen handelt. Die Ablagerungen aus der Tiefsee, zum Teil tausende Kilometer von Grönland entfernt, verzeichnen Zacken für Zacken dieselben Klimaereignisse.

Quelle: Germanwatch verändert nach Rahmstorf 2003 / Grootes 1993

Sie machten es den steinzeitlichen Jägern möglich, Ackerbau und Viehzucht zu entwickeln und sesshaft zu werden. Das war eine wesentliche Voraussetzung, dass zunächst im Vorderen Orient und in Asien, später in Europa Hochkulturen entstehen konnten: Sumerer, Ägypter, Perser, Chinesen, Griechen und Römer, später auch die Völker in Nord- und Mitteleuropa – sie alle haben von einem relativ stabilen Klima profitiert.

Dass in der Natur jedoch sprunghafte Veränderungen möglich sind, hat unsere Generation in den 80er Jahren am Beispiel des Ozonlochs sehr anschaulich erfahren müssen. Als ein Mitarbeiter von Dow Chemical in den 30er Jahren des letzten Jahrhunderts die damals neue Verbindung FCKW der Weltöffentlichkeit präsentierte, atmete der Erfinder das Gas ein und über einer Kerzenflamme wieder aus. Seine griffige Botschaft: Dieses Gas ist weder explosiv noch giftig. Doch 1970 zeigte der spätere Nobelpreisträger Paul Crutzen, dass FCKW die Ozonschicht in der Stratosphäre – also etwa zehn Kilometer über unseren Köpfen – schädigen können. Niemand rechnete allerdings damit, dass dies plötzlich und in rasender Geschwindigkeit geschehen könnte. Und gänzlich unwahrscheinlich schien, dass dies im Frühling ausgerechnet dort passieren würde, wo die Stratosphäre am kältesten ist – über der Antarktis. Denn normalerweise laufen chemische Reaktionen umso träger ab, je kälter es wird. Dass FCKW also ausgerechnet über dem ewigen Eis die Ozonschicht ausdünnen sollten, wurde für so unwahrscheinlich gehalten, dass die Computer der NASA die Satellitenmessungen über Jahre hinweg automatisch als Messfehler «korrigierten». Jedenfalls bis 1985. In diesem Jahr veröffentlichte Joe Farman seine Messdaten, die er vor der Küste der Westantarktis in der Station «Halley Bay» gesammelt hatte – vom Land aus und mit dem scheinbar antiquierten Dobson-Spektrometer. Die Daten zeigten ein großes Loch in der Ozonschicht über der Antarktis, das sich erst nach einigen Wochen wieder schloss. Die Ergebnisse deuteten auf eine Kettenreaktion als Ursache hin. Mancherorts lösten sich in nur wenigen Tagen 90 Prozent der Ozonschicht auf, die die gefährliche UV-B-Strahlung von der Erde abhält. Erst als die NASA-Wissenschaftler daraufhin ihre Daten neu auswerteten, stellten sie fest, dass ihre Computer das Anwachsen des Ozonlochs längst registriert hatten, dass es aber eben korrigiert worden war. 1987 bereits wurde nach Alarmrufen der Wissenschaft und internationalen Verhandlungen das Montreal-Protokoll verabschiedet, das nach verschiedenen Nachbesserungen dazu führt, dass die FCKW-Konzentration in der Stratosphäre allmählich sinkt. Ende dieses Jahrhunderts könnte die Ozonschicht wieder intakt sein.

Obwohl Wissenschaftler am Beispiel der Ozonzerstörung gerade gesehen hatten, dass es abrupt zu Veränderungen in der Natur kommen kann, haben die Klimaforscher, die die Konsequenzen der menschgemachten Erwärmung erforschen, in ihren Modellen lange Zeit fast ausschließlich kontinuierliche Prozesse angenommen. Dafür gibt es drei Gründe. Erstens legten die bisherigen Beobachtungen vergleichsweise kontinuierliche, allmähliche Veränderungen nahe. Zweitens boten auch die leistungsfähigsten Computer keine Möglichkeit, die verschiedenen Rückkopplungsprozesse zu berücksichtigen. Und drittens hatten die meisten Klimawissenschaftler begründete Angst, als Panikmacher diffamiert zu werden. Bei hochkomplexen Prozessen, wie der Entwicklung des Klimas, können die meisten Aussagen über die Zukunft nur mit einer gewissen Wahrscheinlichkeit, nicht aber mit letzter Sicherheit gemacht werden.

Seit 2006 ist das anders geworden. Immer mehr Forscher weisen darauf hin, dass die Menschen in den nächsten Jahrzehnten aus dem Paradies eines stabilen Klimas vertrieben werden könnten. Denn immer deutlicher sehen die Forscher, dass das Klimasystem der Erde Gesetzmäßigkeiten unterliegt, die alles andere als linear sind. Sie verweisen auf verschiedene Kipp-Punkte – im Fachjargon werden sie als «tipping points» bezeichnet –, jenseits derer ein Prozess angestoßen wird, der nicht mehr gestoppt und in den meisten Fällen nicht mehr rückgängig gemacht werden kann, sobald er einmal in Gang gesetzt ist. Das bedeutet: Sobald ein bestimmter Schwellenwert überschritten wird, kippt ein System – manchmal in eher kürzerer Zeit, manchmal in Jahrhunderten in ein in ein gänzlich anderes Gleichgewicht um.

Die Gletscher Grönlands beispielsweise drohen, viel schneller zu schmelzen, als bislang angenommen wurde. Damit würde der Meeresspiegel schneller ansteigen. Die Regenwälder am Amazonas wiederum könnten weitgehend zur Steppe werden, wenn wir so weitermachen wie bisher und Unmengen Kohlenstoff freisetzen.

Das Klima-System Erde funktioniert ähnlich wie der menschliche Körper. Ein Temperaturanstieg von 37 auf 38 Grad C ist normal. Jenseits von 41 Grad Celsius steigt aber mit jedem Zehntel Grad die Wahrscheinlichkeit stark an, dass der ganze Körper unumkehrbar kollabiert. In der Folge versagen Herz und Lunge. Im Erdsystem sind Meere, Kontinente, Biosphäre und Atmosphäre funktionell eng miteinander verknüpft. Den Kipp-Elementen kommt in diesen Öko-Systemen eine ähnliche Funktion zu wie den lebenswichtigen Organen innerhalb des menschlichen Körpers. Sie sind die «Achillesfersen unseres Planeten». Denn so wie ein Organversagen bei einem Menschen zu dessen Tod führt, kann das «Umkippen» eines einzelnen dieser Kipp-Elemente das über Jahrtausende anhaltende natürliche Gleichgewicht unseres Klimasystems vollkommen verändern. Zugleich kann es zu starken Rückkopplungen mit anderen Teilsystemen der Erde kommen, so wie beim Menschen eine Kettenreaktion ausgelöst wird, wenn beispielsweise die Nieren versagen. Ganze Subkontinente und Meeresbecken können stark umgestaltet werden, und schließlich könnte sogar ein «galoppierender Treibhauseffekt» ausgelöst werden, ein so genannter «Run-away Climate Change», wie die Forscher sagen. In der bisher besten wissenschaftlichen Zusammenfassung zum abrupten

Klimawandel unterscheidet Anfang 2008 eine Gruppe von Wissenschaftlern um den britischen Forscher Timothy Lenton und Hans Joachim Schellnhuber, Direktor des Potsdam-Instituts für Klimafolgenforschung, zwischen Kipp-Elementen und Kipp-Punkten.

In diesem Kapitel werden die wichtigsten Kipp-Elemente gezeigt, die entweder direkte und große Folgen für die Menschheit haben oder den Treibhauseffekt deutlich verstärken können – oder sogar beides. Die folgende Karte zeigt sie schematisch in der Übersicht:

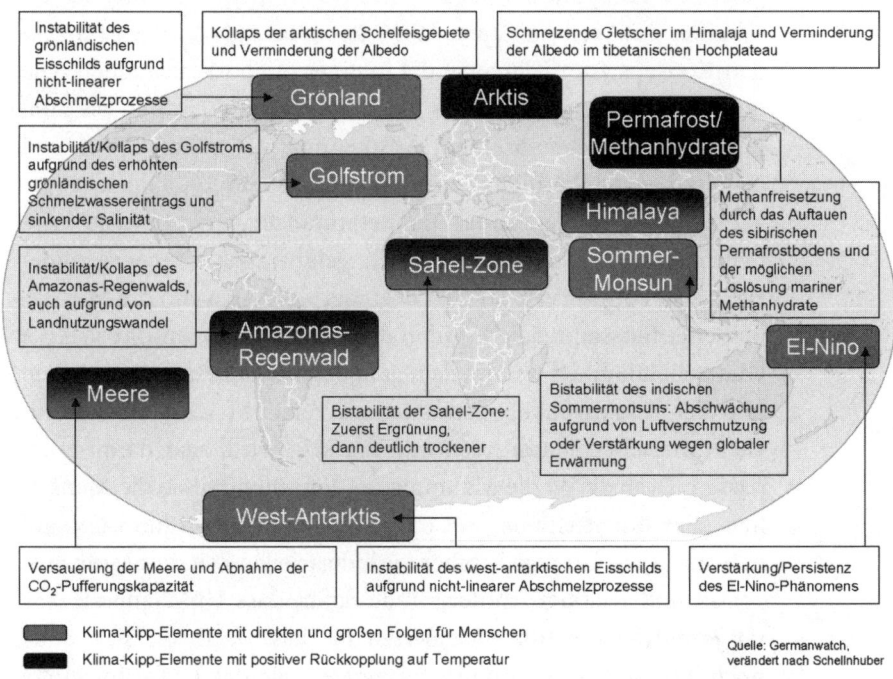

An bestimmten Kipp-Punkten kann es auf der Erde zu plötzlichen und tiefgreifenden Änderungen kommen, selbst dann, wenn die wichtigsten Triebkräfte des Klimawandels – die Treibhausgasemissionen, die von Menschen verursacht werden – sich nur langsam und stetig verändern. Immer deutlicher weisen Forscher und Klimamodelle darauf hin, dass selbst kleinste Veränderungen bei Überschreitung bestimmter Schwellenwerte plötzlich die Lebensbedingungen ganzer Kontinente verändern können. Oder wie der amerikanische Klimatologe Wallace Broecker es formulierte: «Das Klima ist kein träges Faultier, sondern gleicht eher einem wilden Biest.»

Durch den Klimawandel kam es bislang vor allem zu langsamen und linearen Veränderungen. Die weltweite Durchschnittstemperatur ist dabei zwischen 1906 und 2005 um 0,7 Grad Celsius gestiegen. Alle fünf bis sieben Jahre fassen mehr als 1000 Wissenschaftler des Weltklimarates IPCC in einem aufwändigen Prozess den Konsens zum Klimawandel in einem Report zusammen. Die neuesten Klimaszenarien des IPCC-Reports 2007 gehen bis zum Jahr 2100 bereits von einem Anstieg aus, der zwischen 1,1 und 6,4 Grad gegenüber dem Zeitraum von 1980 bis 1999 liegt.

Die Geschwindigkeit des Temperaturanstiegs nimmt also in jedem Fall zu – er kann aber auf ungefähr zwei Grad gegenüber 1860, also vorindustrieller Zeit begrenzt werden, wenn die Menschheit entschlossen reagiert. Wenn dies nicht gelingt, erhöht sich die Wahrscheinlichkeit enorm, dass ganze Systeme zusammenbrechen und der Klimawandel so dramatisch verstärkt wird, dass es für viele Menschen kaum noch möglich sein wird, sich daran anzupassen. Deshalb, so die Mahnung der Forscher, müsse die Menschheit alles unternehmen, um den globalen Temperaturanstieg auf maximal zwei Grad gegenüber vorindustrieller Zeit zu begrenzen.

Das sind wichtige Hintergründe dafür, dass UN-Generalsekretär Ban Ki-Moon die Delegierten in Bali beschwor, sich doch noch auf einen Kompromiss zu einigen, als der UN-Klimagipfel am 18. Dezember 2007 kurz vor dem Scheitern stand: «Die Situation ist so verzweifelt ernst, dass jede Verzögerung uns über den Kipp-Punkt treiben könnte, hinter dem ökologische, finanzielle und menschliche Kosten dramatisch steigen würden.»

Wir stellen im Folgenden verschiedene Kipp-Elemente vor. Wir beginnen dort, wo die Szenarien die stärkste Erwärmung erwarten lassen: an den beiden Polen. Beim Verlust des arktischen Meereseises stehen wir vielleicht schon jenseits, beim Schmelzprozess auf Grönland kurz vor einem entscheidenden Kipp-Punkt.

Das arktische Meereseis droht zu schmelzen

Mitte Mai 2006 schlugen Wissenschaftler des US-amerikanischen Schnee- und Eis-Daten-Zentrums (NSIDC) Alarm: Das Jahr 2005 hatte der Arktis einen neuen Rekord beschert. Von den 7,7 Millionen Quadratkilometern Fläche «ewigen Eises», die zwischen 1979 und 2005 im Schnitt gemessen wurden, blieben im Sommer 2005 lediglich 5,32 Millionen Quadratkilometer übrig – ein Eisverlust von 30 Prozent. In einem Interview im britischen *Guardian* befürchtete Walt Meier vom NSIDC, es bestehe nun eine «gute Chance», dass der Arktis-Kipp-Punkt erreicht sei, jener Punkt also, an dem die Erwärmung dazu führt, dass der Schmelzprozess des Arktiseises sich selbst beschleunigt.

Blieb diese Einschätzung damals noch sehr umstritten, so gingen im Jahr 2007 immer mehr Wissenschaftler davon aus, dass der Kipp-Punkt tatsächlich überschritten worden sei. Mindestens einmal pro Monat gab es Hinweise auf neue Negativrekorde. Ungewöhnlich hohe Temperaturen und ein fast dauerhaft wolkenfreier Himmel über der Arktis führten bereits im Juni dazu, dass die verbleibende Meereseisfläche erstmals unter fünf Millionen Quadratkilometer sank. Anfang August sprachen Forscher vom Zentrum für Marine und Atmosphärische Wissenschaften an der Uni Hamburg dann schon von einer verbleibenden Eisfläche von 3,5 Millionen Quadratkilometern. Aufgrund der dramatischen Entwicklung beschlossen die Wissenschaftler des NSIDC, während der Sommermonate im Abstand von wenigen Tagen über die weitere Entwicklung zu berichten. Am 3. September schließlich meldete Leif Toudal Pedersen, Meteorologe an der TU Kopenhagen, einen «Tiefstwert für die Eisdecke»: Ihre Fläche war erstmals unter drei Millionen Quadratkilometer gesunken. Das Forscherteam um Timothy Lenton und Hans Joachim Schellnhuber geht davon aus, dass der Kipp-Punkt im Fall des arktischen Meereises bei einer Temperaturerhöhung von 0,5 bis 2 Grad Celsius über dem durchschnittlichen Niveau der beiden letzten Jahrzehnte des zwanzigsten Jahrhunderts liegt. Weil die Temperatur in der Arktis schon viel mehr angestiegen ist als in der restlichen Welt, ist er «vielleicht schon überschritten».

Was geschieht derzeit am Nordpol? Eis reflektiert die Sonnenstrahlung wesentlich stärker als Wasser. Das Eis wirft die Sonnenstrahlung zurück – und zwar bis zu 90 Prozent. Die starke Reflexion ist zu einem großen Teil für die geringen Temperaturen in den hohen Breiten verantwortlich. Wenn nun aber im Sommer die Eismasse kleiner wird, nimmt das eisfreie Wasser 70 bis 80 Prozent des Sonnenlichts auf. Je mehr Wasser von den vormals eisbedeckten Packeisflächen freigelegt wird, desto schneller erwärmt sich das Meer. Wärmeres Wasser wiederum bedeutet noch weniger Eis. Die Klimaforscher sprechen von der «positiven Meereseis-Albedo-Rückkopplung». Albedo ist der Fachbegriff für das Verhältnis des zurückgestrahlten zum einfallenden Licht. Bislang war das auch im Sommer nicht schmelzende Eis der Arktis als «ewiges» Eis bekannt. Doch jetzt – wo das Eis weit schneller schmilzt, als bislang alle Computermodelle angenommen haben, lautet die Frage nur noch: Wie schnell geht die Ewigkeit zu Ende?

Lange kamen Modellsimulationen zu dem Ergebnis, dass der arktische Ozean frühestens Ende dieses Jahrhunderts für Schiffe befahrbar sein würde. Doch die vorhergesagte Restzeit für das ewige Eis schrumpfte im gleichen Ausmaß wie die Eisfläche. Zunächst prognostizierten nur wenige Forscher das Jahr 2080. 2006 korrigierten sich erste Wissenschaftler bereits und nannten 2040 als erstes eisfreies Jahr. Sie erwähnten einen möglichen Kipp-Punkt, jenseits dessen das arktische Eis abrupt und enorm beschleunigt schmelzen könnte. Inzwischen haben mehr als die Hälfte der großen Modellsimulationen die Existenz eines solchen Kipp-Punktes berücksichtigt und prognostizieren eine irreversible Eisschmelze – wird er erst einmal überschritten. Manche Forscher halten es inzwischen schon für möglich, dass das gesamte arktische Meer bereits im Jahr 2020 während der Sommermonate komplett eisfrei sein könnte, einzelne verweisen sogar darauf, dass dies noch früher möglich sei. Ein derart eisfreies Nordmeer wäre einmalig in der Geschichte der Menschheit. Und der rapide Verlust des *ewigen* Eises in der Arktis ist ein Symbol dafür, wie schnell sich Klimabedingungen unter dem Einfluss des Menschen wandeln können, die bislang als stabil galten.

Das Eis verliert jedoch nicht nur an Fläche, sondern wird von Jahr zu Jahr auch immer dünner. Bis vor kurzem geheim gehaltene Echolotmessungen von U-Booten zeigen, dass das Eis heute im Durchschnitt nur noch 1,8 Meter dick ist. Vor 50 Jahren war es 3,1 Meter mächtig. Das entspricht einem Verlust von 43 Prozent. Elektromagnetische Induktionsdaten zwischen dem Nordpol und Spitzbergen, die von Hubschraubern aus ermittelt worden sind, bestätigen diesen Trend: Dort hat die Eisdicke allein in den letzten zehn Jahren von 2,5 auf 1,9 Meter abgenommen. Die Entwicklung ist also eindeutig: Auch die Dicke des verbliebenen Polareises nimmt zügig ab.

Die russische Regierung, die in der Klimapolitik nicht gerade für schnelles Handeln bekannt ist, reagierte blitzschnell. Im Sommer 2007 versenkten russische U-Boote eine rostfreie Staatsflagge aus Titan am nördlichsten Punkt der Erde. Sie markiert jetzt in 4261 Meter Eismeertiefe die Botschaft: Rund um den Nordpol lässt sich ohne Russlands Zustimmung nichts entscheiden. «Ob sie eine Metallflagge oder ein Bettlaken hinterlassen», spottete ein Sprecher des US-amerikanischen Außenministeriums, «hat keine rechtliche Bedeutung.» Kanadas Außenminister Peter MacKay verglich Russlands Aktion mit den eher barbarischen Landnahmen des 15. Jahrhunderts. Dänemark schickte eine eigene geologische Expedition los. Der Wettlauf um die Ressourcen, die lange vom ewigen Eis abgeschirmt schienen, hat begonnen. Der Abbau strategisch wichtiger Rohstoffe wie Wolfram und Uran könnte sich bei hohen Marktpreisen lohnen.

Auch andere reagieren auf die dramatischen Neuigkeiten. Bill Hare hat nicht nur als Wissenschaftler einen guten Namen. Schon 1992 – beim Erdgipfel in Rio de Janeiro – war er für die internationale Klimapolitik von Greenpeace verantwortlich. Im September 2007 – nachdem die neuen Daten über die Arktis vorlagen – schrieb er eine E-Mail an Kollegen im internationalen NGO-Netzwerk: «Das ist außergewöhnlich, das ist besorgniserregend, und es wird sehr, sehr schwer werden, es unseren Kindern zu erklären. Als wir begonnen haben, an diesem Problem zu arbeiten, waren viele von uns optimistisch, dass wir verhindern können, dass das je geschieht. Und jetzt sehen wir, dass es passiert. Und zwar Jahrzehnte früher, als es passieren sollte. Wir müssen jetzt unsere Anstrengungen verdoppeln, und wir müssen erfolgreich sein.»

Was aber bedeutet das Abschmelzen der arktischen Polkappe? In der Arktis leben zahlreiche indigene Völker mit rund vier Millionen Menschen. Landwirtschaft, also Ackerbau und Viehzucht, ist auf dem Millionen Quadratkilometer großen Gebiet der Tundren und eisigen Küsten nicht möglich. Inuit, Jakuten, Samen, und auch die Skandinavier, Russen und Nordamerikaner dort leben deshalb traditionell von der Jagd, vom Fischfang und Fallenstellen. Kälte und Eis bestimmen ihren Alltag, und sie nehmen die Auswirkungen des Klimawandels bereits sehr bewusst in ihrem täglichen Leben wahr. Veränderungen der Schneequalität, das Schmelzen von immer größeren Teilen des Meereseises und die dünner werdende Eisdicke erschweren zunehmend ihre Fortbewegung, das Jagen und den Transport wichtiger Güter. Da das

Meereseis im Frühjahr immer stärker schmilzt, wird der Zugang zu Jagd- und Fischlagern mühsam und gefährlich oder ganz unmöglich. Außerdem schrumpft die Anzahl der Beutetiere. In der Tat steht die gesamte Tier- und Pflanzenwelt der Arktis vor einem vollkommenen Umbruch.

So hat der Verlust des arktischen Eises unmittelbare Folgen für das Leben von Walrossen und Seehunden. Die Tiere brauchen das Eis zum Ausruhen, zum Sonnen und als Kinderstube für den Nachwuchs. Der Eisbär, der an der Spitze der Nahrungskette des arktischen Meeres steht, ist geradezu zum Sinnbild der Pol-Region in Zeiten des Klimawandels geworden. Die Weibchen überwintern entlang der Küsten Nordkanadas, Spitzbergens, Alaskas und Russlands in einer Schneehöhle und bringen dort im Dezember zumeist ein oder zwei Jungtiere zur Welt. Mit dem Ende der Polarnacht gehen sie auf Jagd nach ihrer Lieblingsspeise, den Ringelrobben. Im Sommer folgen Eisbären dem zurückweichenden Packeis, denn dort leben die Robben. Ihr Fett hilft den Bären, selbst Fett anzusetzen und den arktischen Winter zu überstehen. Je weiter nun das arktische Meereseis zurückweicht, desto schwieriger wird die Jagd und desto mehr schrumpft der Lebensraum der Eisbären.

Für den Meeresspiegel ist das Abschmelzen der arktischen Polkappe auf den ersten Blick nicht relevant. Das Eis schwimmt auf dem Meerwasser, und wenn es taut, verändert sich deshalb der Flüssigkeitspegel nicht – wie bei einem Eiswürfel, der in einem Whiskyglas schmilzt. Viel dramatischer könnten allerdings die Konsequenzen für den Nordatlantikstrom und die indirekten Auswirkungen auf den Meeresspiegel sein. Ein wärmeres Polarmeer wird aller Voraussicht nach dazu führen, dass die vor Grönland liegenden Gletscherzungen schneller tauen und damit das Abrutschen der Grönlandgletscher verstärken. Mit dieser Dynamik beschäftigt sich das folgende Kapitel.

Grönland gerät ins Rutschen

Auf dem Jakobshavn-Gletscher in Grönland trifft die US-amerikanische Wissenschaftsjournalistin Elizabeth Kolbert den NASA-Experten Jay Zwally. Die NASA verfolgt seit längerem die Veränderung der Eisdecke per Satellitenaufnahmen. Kolbert berichtet in ihrem 2006 erschienenen Buch «Vor uns die Sintflut», wie Zwally vor gut zehn Jahren die Idee hatte, in der Umgebung der Forschungsstation Swiss Camp GPS-Sender zu installieren. Eigentlich wollte Zwally die Veränderung der Mächtigkeit des Eisschildes messen. Aber das Ergebnis seiner Messungen war viel bedeutsamer. Zwallys Daten zeigten, dass sich die Geschwindigkeit beschleunigte, mit der der Gletscher sich auf das Meer zubewegte. Und er fand auch eine Erklärung für diese Beschleunigung, die er in der Wissenschaftszeitschrift *Science* als «Mechanismus für rasche, weit reichende, dynamische Reaktionen des Eisschilds auf die Klimaerwärmung» bezeichnete.

Immer größere Seen mit Tauwasser haben sich in den letzten zehn Jahren im südlichen Grönland gebildet. Einige haben schon einen Durchmesser von sechs Kilometern. Sie dehnen sich immer weiter aus, bis sie auf einen Spalt stoßen und sich in diesen ergießen, wobei riesige Eistunnel entstehen. Al Gore hat in seinem Film «Eine unbequeme Wahrheit» beeindruckende Bilder solcher Gletschermühlen gezeigt. Messungen belegen, dass sich in der Folge im Sommer der Eisschild um 15 Zentimeter anhob, manchmal sogar um einen halben Meter oder mehr. Das Schmelzwasser war zum Felsuntergrund durchgedrungen und wirkte nun wie ein Gleitmittel. Auf einem «Wasserkissen» trieben die Gletscher dem Meer zu – weit schneller, als dies natürlicherweise passiert. Zwally zeigte auch, dass die Gletscher im Sommer schneller gleiten, wenn mehr Wasser taut und sich in die Gletschermühlen ergießt, im Herbst mit der Rückkehr des Frostes aber zum Stillstand kommen.

Die Entdeckung war für Gletscherwissenschaftler eine Sensation. Bisher waren die Forscher von einem sehr langsamen und über mehrere tausend Jahre währenden Schmelzprozess des grönländischen Eisschilds ausgegangen – vergleichbar einem Eiswürfel, der auf dem Tisch liegt und allmählich schmilzt. Noch im jüngsten Bericht des Weltklimarates von 2007 wird ausgehend von älteren Modellen geschätzt, dass es mindestens tausend Jahre dauern würde, bis der Grönland-Eisschild völlig kollabiert – selbst wenn ein Kipp-Punkt schon in diesem Jahrhundert überschritten würde. Doch jetzt zeigte sich, dass es viel schneller gehen kann. «Früher dachten wir, es dauert 10.000 Jahre, bis das Eis von der Oberfläche bis zum Felsgrund abgeschmolzen ist», erklärt Richard Alley, Klimaforscher an der amerikanischen Pennsylvania State University. «Wenn sich jedoch auf der Oberfläche ein See bildet, ein Spalt auftut und das Wasser in eine Spalte abfließt, dann dauert es keine 10.000 Jahre mehr, sondern zehn Sekunden. Von einer langen Karenzzeit können wir also nicht mehr ausgehen.» Könnte auch hier die Ewigkeit schneller als gedacht zu Ende gehen?

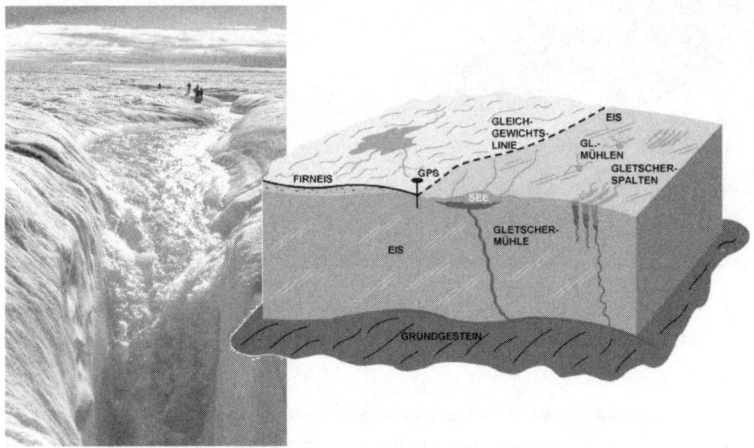

Schmelzwasserprozess auf dem grönländischen Eisschild.
Quelle: Foto: Roger J. Braithwaite, The University of Manchester, UK
Graphik: verändert nach NASA / Zwally et al. 2002

Die Temperaturen kletterten zumindest über Teilen Grönlands viermal schneller als in der restlichen Welt. Im Südosten beträgt der Anstieg bereits drei Grad. Dieser Temperatursprung wurde vor ein paar Jahren nicht für möglich gehalten. Möglicherweise unterstützen hier natürliche Fluktuationen den globalen Klimawandel. Mit den höheren Temperaturen steigt die so genannte Gleichgewichtslinie, bis zu der zusätzlicher Schneefall den Eisverlust ausgleicht. Die Fläche, auf der im Sommer Tauprozesse stattfinden, hat dementsprechend seit den ersten Messungen im Jahr 1979 um 25 Prozent zugenommen. Das bedeutet: Immer mehr Seen und Gletschermühlen können sich bilden.

Der Vergleich der Jahre 1992 und 2005: Auf einer wesentlich größeren Fläche schmilzt das Eis. Quelle: Steffen, K. und Huff, R.

Schmelzprozess und ablaufendes Wasser bedeuten aber auch, dass sich mit der Zeit die Höhe der Eisberge verringert. Mit sinkender Höhe nimmt – wie im Gebirge – die Temperatur zu, mehr Eis schmilzt. Damit kommt ab einem bestimmten Schwellenwert ein Rückkopplungsprozess in Gang, der den grönländischen Eisschild radikal schrumpfen oder gar ganz verschwinden lassen könnte.

Anfang 2006 schlug NASA-Direktor Jim Hansen Alarm. Gegen den ausdrücklichen Willen der US-Regierung präsentierte der oberste Klimaforscher in Diensten von Präsident George W. Bush eine Satellitenstudie über den Eisschild Grönlands: «Die Studie zeigt, dass Grönland mindestens 200 Kubikkilometer Eis im Jahr zu verlieren scheint.» Allein in der Zeit zwischen 2002 und 2006 verlor Grönland dreimal mehr Eis als in den Jahren zuvor. Diese Menge reicht aus, um den Meeresspiegel bereits jedes Jahr zwischen 0,4 und 0,7 Millimeter ansteigen zu lassen. Doch das ist erst der Anfang: «Wenn ein Eisschild sich aufzulösen beginnt, dann kann es einen Kipp-Punkt geben, jenseits dessen der Schmelzprozess explosiv schnell abläuft», so der NASA-Direktor weiter.

Ein Klimawissenschaftler mit Rückgrat

Jim Hansen ist der oberste Klimachef der NASA und war damit in den letzten Jahren einer der wichtigsten wissenschaftlichen Berater der Regierung Bush. Seine Kollegen beschreiben ihn als bescheiden und anspruchslos. Doch wenn es drauf ankommt, macht er den Mund auf. Sieben Tage vor der Präsidentenwahl 2004 begann er einen Vortrag mit den Worten: «Ein hochrangiger Regierungsmitarbeiter hat mir gesagt, ich solle nicht über die schweren Eingriffe des Menschen in das Klima sprechen, da wir nicht wissen, welchen Anteil wir an der Veränderung des Weltklimas haben oder wie gefährlich die Veränderung ist. Dabei wissen wir bereits eine ganze Menge darüber.»

Und dann präsentierte er den Kenntnisstand. Forscherkollegen fürchteten zunächst, er verliere nun seinen Job, und fragten sich in der Folge, warum das nicht geschah: «Ihn retten seine wissenschaftlichen Kenntnisse. Er ist einfach zu gut, um entlassen zu werden. Außerdem ist er beliebt. Er hat keine Feinde. Wenn er Hilfe bräuchte, würde sich eine Menge Leute unaufgefordert für ihn einsetzen.»
Doch damit nicht genug. Er hatte angekündigt, nach einer Vorlesung Anfang Januar 2006 mit Journalisten über brisante, neue Erkenntnisse reden zu wollen: die oben angesprochenen neuen Erkenntnisse über den Schmelzprozess in Grönland und seine Auswirkungen auf den Meeresspiegelanstieg. Doch dies sollte verhindert werden. Er sei von der Abteilung für öffentliche Angelegenheiten unter Druck gesetzt worden, schrieb er wenige Wochen später in der *New York Times*. Das NASA-Hauptquartier habe angeordnet, sowohl seine geplanten Veröffentlichungen und Vorlesungen als auch Einträge auf der Website des NASA Goddard Institutes zu begutachten. Interviewanfragen von Journalisten müssten abgesegnet werden. «Sie halten es für ihre Aufgabe, die an die Öffentlichkeit gehenden Informationen zu zensieren», erklärte Hansen der Zeitung. Die *New York Times* berichtete, ihr liege ein Papier vor, in dem dem Wissenschaftler angedroht worden sei, ihn bei öffentlichen Auftritten zu ersetzen.
Dean Acosta, ein Koordinator des Öffentlichkeitsbüros der NASA, widersprach umgehend. Es gebe keinerlei Bestrebungen, Hansen mundtot zu machen. Allerdings sollten politische Statements Politikern und ihren Sprechern überlassen werden. Letztlich gehe es aber nicht um Einzelthemen wie Erderwärmung, sondern um die «Koordination» von Informationen.

> Jim Hansen konterte postwendend. Solche Maßnahmen hätten schon zuvor verhindert, dass die Öffentlichkeit in vollem Ausmaß die Risiken des aktuellen Klimawandels erfassen könnte. «Kommunikation mit der Öffentlichkeit ist wesentlich.» Empört reagierte er darauf, dass er hier wohl aus Rücksicht auf wirtschaftliche Interessen den wissenschaftlichen Sachstand nicht darstellen dürfe. «Die öffentliche Besorgnis ist vielleicht das Einzige, was die Durchsetzung von Einzelinteressen in dieser Sache verhindern kann.»
> Im Februar 2006 legte er im britischen *Independent* nach: «Vor ein paar Wochen versuchte ich nach einer Vorlesung, in der ich die sofortige Reduktion von Treibhausgasen forderte, mit den Medien über diese Dinge zu sprechen. Das NASA Public Affairs-Team, dessen Mitarbeiter nach politischen Kriterien von der Bush-Administration ausgewählt sind, versuchte dies zu verhindern.» Den Mund lasse er sich nicht verbieten. «Denn es ist das oberste Leitmotiv der NASA-Missionen, diesen Planeten zu verstehen und zu schützen.»

Neben Schmelzwasser als Gleitmittel wird ein zweiter Rückkopplungsmechanismus für den beschleunigten Gletscherabfluss verantwortlich gemacht. Wie im Kapitel über die Arktis bereits gezeigt, erwärmt sich das Meerwasser in der Nordpolregion: durch die globale Erwärmung, durch mögliche natürliche zyklische Einflüsse und seit mehr als einem Jahrzehnt in erster Linie, weil immer weniger Sonnenstrahlung reflektiert wird. Die Erwärmung des Wassers lässt die Gletscher Grönlands nicht kalt. Wo sie ins Meer kalben, treffen sie heute auf deutlich wärmeres Wasser. Die schwimmenden Gletscherzungen werden destabilisiert, brechen ab und weichen immer weiter zurück. Das lässt sich am besten mit einer liegenden Flasche vergleichen: Zieht man den Korken, hält den Inhalt nichts mehr zurück – er fließt einfach davon. Genauso wird das Abfließen eines Gletschers beschleunigt: Das Endstück bricht ab, schnell rutschen die dahinterliegenden Eismassen nach. Kein Gegendruck kann sie daran mehr hindern.

Durch diese Dynamik wird auch möglich, was spätestens seit den Zeiten der Satellitenbeobachtung längst vorbei schien: die Chance, neue Inseln zu entdecken. Im April 2007 wurde bekannt, dass ein amerikanischer Entdeckerveteran, der 60-jährige Dennis Schmitt, eine «neue» Insel vor Grönland, die wie drei Finger einer Hand geformt ist, entdeckt hatte. Er nannte sie «Warming Island» oder in der Sprache der Inuit, die er fließend spricht, «Uunartoq Qeqertoq». Die Gletscherbrücke zu Grönland, die sie bisher verdeckt hatte, war einfach verschwunden. Der US Geological Survey bestätigte die Existenz mit Satellitenfotos: 1985 erscheint die Insel noch als Teil Grönlands. 2002 ist die Insel noch durch eine kleine Eisbrücke mit Grönland verbunden. Drei Jahre später liegt «Warming Island» völlig losgelöst da.

Grönland ist im Wandel. Das Eis fließt immer schneller vom Zentrum des Eispanzers im Landesinneren nach außen. Und es ist der etwa sechseinhalb Kilometer breite und fast 1000 Meter mächtige Jakobshavn-Gletscher an der grönländischen Westküste, der besonders viel Eis verloren hat, zehn Kubikkilometer: Seine Abflussgeschwindigkeit verdoppelte sich innerhalb von nur fünf Jahren (1997–2002) auf 13,5 Kilometer im Jahr – der Jakobshavn-Gletscher ist damit zum schnellsten Gletscher der Welt geworden. Sein Fließen lässt sich mittlerweile mit bloßem Auge beobachten: Pro Tag wandert der Gletscher 37 Meter und damit jede Minute 2,5 Zentimeter.

Grönland ist 2,1 Millionen Quadratkilometer groß. Das entspricht der vierfachen Fläche Frankreichs. Ein Eispanzer, der an seiner höchsten Stelle 3200 Meter über dem Meeresspiegel liegt, bedeckt 80 Prozent des Landes. Er speichert 2,6 Millionen Kubikkilometer gefrorenes Wasser auf einer Fläche von 1,7 Millionen Quadratkilometer. Diese enorme Eismenge umfasst mehr als acht Prozent des gesamten Süßwassers unseres Planeten. Wenn dieses Eis schmilzt oder abfließt, steigt der Meeresspiegel um sieben Meter.

Während der 1990er Jahre war der Eispanzer Grönlands nahezu im Gleichgewicht. Noch im Jahr 2000 hat der gesamte grönländische Eispanzer nur etwa 80 Kubikkilometer Eis verloren, etwa die Hälfte davon ging auf das Konto dynamischer Eisabflussprozesse. Aber fünf Jahre später kippten die Gletscher schon doppelt so viel Eis ins Meer. Dies kann, anders als in den letzten Jahrzehnten, nicht mehr durch die – auch treibhausbedingt – steigenden Schneefälle im Inneren des Landes ausgeglichen werden. Seit der Jahrtausendwende nimmt die Gesamteismasse auf Grönland ab – und dieser Trend beschleunigt sich.

Die vom Weltklimarat gegebene Einschätzung, dass selbst beim Überschreiten eines Kipp-Punktes mit einem tausendjährigen Schmelzprozess auf Grönland zu rechnen sei, beruht auf älteren Modellen, die nicht in der Lage sind, die nun beobachteten Beschleunigungen des Eisverlustes abzubilden. Der Weltklimarat räumt das ein, aber mangels besserer Modelle bleibt den Wissenschaftlern nichts anderes übrig, als derzeit ganz auf Computersimulationen zu verzichten oder die alten weiter zu nutzen. Diese Modelle sind auch nicht in der Lage, die rapide Abnahme von kontinentalem Eis am Ende der letzten Eiszeit zu erklären.

Angesichts versagender Modelle suchen verschiedene Wissenschaftler nach Vergleichen in der Erdgeschichte. Hansen weist darauf hin, dass vor 14.000 Jahren der Meeresspiegel um 20 Meter in 400 Jahren angestiegen war. Er räumt ein: «Das war am Ende der letzten Eiszeit, also gab es damals mehr Eis als heute.» Aber er gibt auch zu bedenken: «Auf der anderen Seite haben sich die Temperaturen nicht so schnell erhöht wie heute.» Andere weisen darauf hin, dass es in der letzten Zwischeneiszeit eine Erwärmung Grönlands um etwa 3,5 Grad Celsius gegeben habe. Der Meeresspiegel sei um vier bis sechs Meter höher als heute gewesen, wovon 1,9 bis drei Meter auf den Eisverlust Grönlands zurückgeführt werden. Allerdings kollabierte dabei nicht der gesamte grönländische Eisschild.

Eine zunehmende Zahl von Wissenschaftlern hält die bereits 2005 von Hansen in einem wissenschaftlichen Aufsatz im Magazin *Climate Change* gegebene Einschätzung für plausibel: Der völlige oder weitgehende Kollaps des Grönland-Eisschildes könne sich schlimmstenfalls in den nächsten 300 Jahren abspielen. Demnach wäre aber in nur 300 Jahren ein Meeresspiegelanstieg um bis zu sieben Meter alleine durch die Gletscherschmelze auf Grönland möglich.

Wo aber liegt der Kipp-Punkt, an dem ein irreversibler rapider oder gar totaler Verlust des grönländischen Eisschildes angestoßen wird? Es besteht ein recht breiter Konsens, dass dieser Kipp-Punkt bei etwa drei Grad lokaler Temperaturerhöhung besteht. Wesentlich größer sind die Unsicherheiten, welcher globale Temperaturanstieg dazu notwendig ist. Der Weltklimarat hatte hier eine große Bandbreite mit 1,9 bis 4,6 Grad angegeben. Es ist aber die Frage, ob diese Spanne nicht zu hoch angesetzt ist. Lenton und Schellnhuber erwarten den globalen Schwellenwert aufgrund des neuen Kenntnisstandes bei nur ein bis zwei Grad gegenüber heutiger Temperatur. Dies aber würde bedeuten, dass wir ganz knapp davorstehen, die globale Temperatur über diesen Kipp-Punkt zu treiben. Gegenüber vorindustrieller Zeit hat die durchschnittliche Temperatur bereits um 0,7 Grad zugenommen. Weitere 0,7 Grad sind nicht mehr vermeidbar, aufgrund der Menge der Treibhausgase, die bereits in der Atmosphäre ist.

Die Westantarktis verliert Eis

Anfang März 2002. Innerhalb von nur drei Tagen verändert sich die Landkarte dramatisch. Das Larsen-B-Schelfeis vor der Ostküste der Westantarktischen Halbinsel hatte zumindest seit 12.000 Jahren, dem Ende der letzten Eiszeit, die Landschaft geprägt. Jetzt zerspringt es auf spektakuläre Weise in Tausende riesiger Eisberge. Innerhalb von nur drei Tagen löst sich eine 200 Meter mächtige Eisfläche von der Größe des Saarlandes auf. Dabei stürzen nahezu 500 Millionen Tonnen Eis in den Ozean. Nicht alles kam überraschend. Die Wissenschaftler hatten gewusst, dass bereits seit den 60er Jahren Luft- und Wassertemperaturen bei der Westantarktischen Halbinsel gestiegen waren. Und zwar stärker als im weltweiten Durchschnitt. Warme Meeresströmungen hatten begonnen, von unten am Schelfeis zu nagen, auf der Oberfläche waren im Sommer Schmelzwassertümpel sichtbar. 1994 hatten sich an der Oberfläche erste Risse gezeigt, 1998 war gar ein Stück am Rand abgebrochen. Auf einen solchen Abbruch von einzelnen großen Eisbergen waren die Gletscherwissenschaftler durchaus vorbereitet. Nicht aber darauf, wie Christina Hulbe von der Portland State University in Oregon berichtet, dass «auf der gesamten Breite des Schelfs auf einen Schlag unzählige Eisberge» entstanden. Bei der fieberhaften Ursachensuche nach dem plötzlichen Kollaps erkannten die Wissenschaftler, dass nicht in erster Linie das Abschmelzen direkt, sondern die mechanischen Kräfte des freigesetzten Schmelzwassers Larsen-B zerstört hatten: Wasser ist dichter als Eis. Sobald Schmelzwasser in Eisspalten gelangt, erzeugt es wie ein hineingetriebener Keil Druck, durch den sich die Spalten immer weiter öffnen. Im Jahr 2002 haben Rekordtemperaturen eines langen antarktischen Sommers viel des im Winter gefallenen Schnees tauen lassen. Ende Januar zeigten Satellitenfotos dunkle Streifen. Wie man heute weiß, handelte es sich nur bei einem Teil davon – wie seinerzeit vermutet – um

Seen, bei einem anderen Teil aber bereits um mit Wasser gefüllte Spalten.

Auf den Meeresspiegel hat der Zusammenbruch von Schelfeis, das auf dem Meer schwimmt, keine *direkten* Folgen. Aber wie sieht es hier mit den *indirekten* Auswirkungen aus, etwa mit dem «Kork-aus-der-Flasche-Effekt», den wir schon für die Gletscher Grönlands beschrieben haben? Tatsächlich haben sich die Fließgeschwindigkeiten der Festland-Gletscher hinter dem einstigen Larsen-B-Eisschelf inzwischen kräftig beschleunigt, sie laufen mittlerweile achtmal so schnell ins Meer wie noch vor dem Zusammenbruch des Eisschelfes.

Dies passiert auch anderswo in der West-Antarktis. Weil auch dort Schelfeisplatten ausdünnen, legen die Gletscher an Geschwindigkeit zu, dadurch geht mehr Eis verloren, als durch Schneefall über dem Kontinent hinzukommt. «Die noch im 3. Bericht des Weltklimarates von 2001 formulierte Hoffnung, die Eismasse der Antarktis könne durch zusätzliche Schneefälle aufgrund des Klimawandels anwachsen und damit den Meeresspiegelanstieg bremsen, scheint sich bislang leider nicht zu erfüllen», kommentierte Stefan Rahmstorf im Spätjahr 2007, einer jener Wissenschaftler vom Potsdam-Institut für Klimafolgenforschung, die den Weltruhm dieses Instituts begründen.

Am 13. Januar 2008 stellt ein internationales Wissenschaftlerteam die Ergebnisse einer Satellitenauswertung vor. Demnach hat der jährliche Nettoeisverlust der Antarktis zwischen 1996 und 2006 um 60 Prozent – von 83 auf 132 Milliarden Tonnen zugenommen. Die Eismasse ist schwer zu messen, daher sind die Zahlen unsicher. Dennoch zeigen immer mehr unterschiedliche Messungen, dass in den letzten zehn Jahren nicht nur der Eisschild in Grönland, sondern auch der auf der Antarktis an Masse verliert – und das, obwohl es in der Antarktis in letzter Zeit deutlich mehr schneit. Der Grund: beschleunigter Gletscherabfluss. Jonathan Bamber von der Universität Bristol, einer der Autoren der Studie: «Die bisherigen

Computermodelle des künftigen Meeresspiegelanstiegs haben das nicht wirklich mit einbezogen.» Und der französische Ko-Autor Eric Rignot ergänzt, dass der registrierte Eisverlust überwiegend, wenn nicht sogar ganz, auf die Gletscherbeschleunigung zurückzuführen sei. Ein direktes Schmelzen spiele hingegen in absehbarer Zeit kaum eine Rolle. Denn die lokale Temperatur in der Westantarktis müsste um acht, die über den großen Schelfeisschilden um fünf Grad Celsius steigen, damit die direkten Tauprozesse wirklich relevant würden.

Die Forscher vor Ort beschäftigen sich zunehmend mit anderen Fragen. Eine davon lautet: Führen wärmeres Meer- und Tauwasser in warmen Sommern dazu, dass weitere Eis-Schelfe verschwinden? Larsen-A hatte sich bereits vor Larsen-B in den 80er Jahren des letzten Jahrhunderts aufgelöst. Larsen-C liegt direkt im Süden von Larsen-B und scheint bereits angegriffen zu sein. Und wird danach das noch weiter südlich gelegene Ronne-Schelfeis, das am Beginn der Westantarktischen Halbinsel liegt, vom Schmelzprozess erfasst? Oder das Ross-Schelfeis auf der anderen Seite der Antarktis?

«Das Ross-Schelfeis könnte auseinanderbrechen und in der Folge einen dramatischen Meeresspiegelanstieg auslösen» – so warnte Ende November 2006 ein Wissenschaftlerteam aus Neuseeland. Die Bohrungen des Teams hatten das Ziel, wesentliche Einschnitte der regionalen Klimageschichte der letzten drei Millionen Jahre im Umfeld des Ross-Schelfeises zu entschlüsseln. Sie zeigten, dass das Ross-Schelfeis bereits in der Vergangenheit einmal kollabiert war, und zwar wahrscheinlich ähnlich wie Larsen B sehr plötzlich. Dies könnte einen Hinweis darauf geben, wie sich das Eisschelf bei ungebremstem Klimawandel verhält. «Wenn die Vergangenheit einen Hinweis auf die Zukunft gibt, dann wird das Schelfeis kollabieren», betont Tim Naish, einer der führenden Wissenschaftler des Teams. Die Frage, die die Forscher antreibt: Ab welchem Schwellenwert droht eine Destabilisierung großer Teile des westantarktischen Eisschildes?

Schon 1978 warnte John Mercer, der in den 60er Jahren den Begriff «Treibhauseffekt» geprägt hatte, in einem Artikel in der Wissenschaftszeitschrift *nature:* Sollte eines der beiden Schelfeise zusammenbrechen, könnte sich der gesamte Eisschild lösen und zu driften beginnen. Wieder kommt eine gefährliche Rückkopplung ins Spiel. Vom Meer könnte dann Wasser unter den Gletscher drängen, das den Gletscher anheben könnte. Ozeanwasser würde das Eisschild unterspülen und eine Ablösung vom Grundgestein einleiten. Als Warnzeichen für den Beginn eines solch gefährlichen Rückkopplungsprozesses bezeichnete Mercer das Zusammenbrechen von Schelfeis. Der Zusammenbruch von Larsen-B war ein solches Alarmsignal.

Was folgen könnte, zeigt sich in der Pine Island Bay, einem großen Meeresarm der Amundsensee westlich der Antarktis. Die Bucht ist das Abflussgebiet von zwei der fünf wichtigsten Gletscher der Antarktis, des Pine- und des Thwaites-Gletschers. Als das in die Bucht hineinragende Schelfeis wegen des wärmer werdenden Wassers zunehmend abgeschmolzen war, zeigte sich auch hier der in Bezug auf Grönland beschriebene Kork-aus-der-Flasche-Effekt. So nahm der Pine-Gletscher schon in den 90ern deutlich an Schnelligkeit zu. Der Thwaites floss zwar mit konstanter Geschwindigkeit, verdoppelte aber Breite und Durchfluss. Die in die Amundsensee mündenden Gletscher verlieren inzwischen 60 Prozent mehr Eis, als sie durch Schneefall dazugewinnen – und tragen deshalb zum Meeresspiegelanstieg bei. Bis 200 Kilometer ins Innere des Kontinentes und bis ins Netz der Gletschernebenarme hinein machte sich das Abschmelzen an der Küste bemerkbar. Wenn diese beiden Gletscher ganz abfließen, würde das Meer um 1,3 Meter ansteigen. Da der Thwaites-Gletscher direkt von den riesigen Eisreservoiren im Zentrum des Eisschilds gespeist wird, könnte die Frage, ob er diese Gletscher bei seinem Abfluss mitziehen wird, sogar entscheidend für die Stabilität des gesamten westantarktischen Eisschildes sein. Im Extremfall würde es innerhalb von drei Jahrhunderten abfließen und das Meer um fünf Meter steigen.

Untersuchungen zeigen, dass das Schelfeis am Pine-Island-Gletscher beschleunigt abschmilzt. Und hier hat tatsächlich auch der zweite Rückkopplungsprozess eingesetzt. Die Aufsetzlinie des Gletschers weicht um zwei Kilometer pro Jahr zurück, Wasser dringt unter das Eis. Wenn dies einmal begonnen hat, ist es «theoretisch ein sich selbst perpetuierender Prozess, ungeachtet des Antriebs durch das Klima» – so der NASA-Forscher Eric Rignot. Das Wörtchen «theoretisch» markiert die verbleibende Hoffnung. Wenn das Wasser unter dem Eis nicht genügend Wärme mitbringt, könnte es gefrieren und den Prozess stoppen.

Neben Grönland ist die Westantarktis die zweite große Unbekannte für den künftigen weltweiten Meeresspiegelanstieg. Modelle, die die sichtbaren, hoch komplexen Entwicklungen angemessen erfassen, gibt es noch nicht. Zwei neue Studien fragen deshalb: Wie hat die Westantarktis auf einen vergleichbaren Temperaturanstieg in der Vergangenheit reagiert? Sie vergleichen den gegenwärtigen Zustand mit dem einer ähnlichen Warmzeit – der Eemwarmzeit vor etwa 125.000 Jahren. Damals lagen die Temperaturen ungefähr drei Grad höher als heute – bei ungebremstem Klimawandel könnten sie Ende des 21. Jahrhunderts sogar deutlich höher liegen. Damals lag der Meeresspiegel etwa vier bis sechs Meter über dem heutigen Niveau. Ihr überraschendes Ergebnis: Die Antarktis muss an diesem Meeresspiegelanstieg beteiligt gewesen sein.

Wo aber liegt der Schwellenwert dafür, dass auch der westantarktische Eisschild instabil werden könnte? Der neueste Bericht des Weltklimarates hat aufgrund fehlender Modelle keinen Schwellenwert angegeben. Die internationale Wissenschaftlergruppe um Lenton und Schellnhuber hingegen fasst zusammen, dass ab einem globalen Temperaturanstieg von drei bis fünf Grad über dem Niveau der letzten beiden Jahrzehnte der Destabilisierungsprozess innerhalb von 300 Jahren oder mehr ablaufen könne. Damit stufen die Forscher den Schwellenwert höher ein als im Fall von Grönland. Andererseits halten sie das Risiko für einen sehr starken Meeresspiegelanstieg im Fall der Westantarktis für größer: «Mit größerer Wahrscheinlichkeit wird ein rapider Meeresspiegelanstieg mit mehr als einem Meter pro Jahrhundert vom Westantarktischen Eisschild als vom Grönländischen Eisschild kommen.»

Der Meeresspiegel steigt

Vor 20.000 Jahren war es zwischen vier und sieben Grad kälter als heute, und der Meeresspiegel war 120 Meter niedriger. Im Pliozän, vor drei Millionen Jahren, war das Klima nur zwei bis drei Grad wärmer als heute – der Meeresspiegel war aber 25 bis 35 Meter höher. Zwei Extreme, die zeigen, dass der Meeresspiegel nicht unveränderlich ist, ganz im Gegenteil: Er unterliegt starken Schwankungen. In den letzten Monaten haben die Belege dafür stark zugenommen, dass – anders als noch im jüngsten Bericht des Weltklimarates angenommen – die sich beschleunigenden Schmelzprozesse in Grönland und der Westantarktis schon jetzt den Meeresspiegel ansteigen lassen. Zugleich zeigen die inzwischen von Stefan Rahmstorf ausgewerteten Beobachtungsdaten, dass der Meeresspiegel sowohl seit 1961 als auch seit 1990 um jeweils 50 Prozent schneller ansteigt, als die gegenwärtig benutzten Modelle des Weltklimarates erwarten lassen. Schreibt man diesen Trend fort, dann ist mit einem Meeresspiegelanstieg zwischen 50 bis 140 Zentimetern in diesem Jahrhundert zu rechnen. Stefan Rahmstorf hat eine hochsignifikante Korrelation entdeckt: Demnach steigt bisher der Meeresspiegel pro Grad Erwärmung um etwa 3,4 Millimeter im Jahr. Würde dieser Zusammenhang in Zukunft bestehen bleiben, würde bei vier Grad Temperaturanstieg bis 2100 der Meeresspiegel um mehr als 1,3 Meter steigen.

Ende Januar 2008 veröffentlichte ein internationales Forscherteam ein weiteres Ergebnis, das aufhorchen ließ. Während der letzten Warmphase vor etwa 120.000 Jahren stieg der Meeresspiegel um durchschnittlich 1,6 Meter pro Jahrhundert. Damals war die Temperatur zwei Grad höher als heute – ein Wert, den wir nur dann nicht überschreiten, wenn wir sehr ernsthaften Klimaschutz betreiben. Die Wissenschaftler rekonstruierten für die vergangene Warmzeit den Anstieg des Wasserspiegels im Roten Meer. Eelco Rohling vom National Oceanography Center aus Southampton kommentierte: «Unsere Ergebnisse sind starke Argumente dafür, dass die sich aus Modellrechnungen ergebenden Daten und damit die Prognosen, die im IPCC-Bericht zum Klimawandel stehen, zu niedrig sind.» An einem normalen, ruhigen Tag, wäre selbst ein Anstieg von mehr als einem Meter für die meisten Regionen nichts Dramatisches. Was aber passiert, wenn Sturmfluten oder Wirbelstürme hinzukommen? Die NASA hat am Beispiel New Yorks vorgerechnet, dass mit einer Jahrhundertflut dann alle drei Jahre zu rechnen wäre.

Ganz besonders gefährdet sind die tief liegenden Flussdeltagebiete – etwa das Ganges-Delta in Indien oder das Nildelta in Ägypten. Bereits der Anstieg um einen Meter würde in Bangladesch und Vietnam ohne neue Küstenschutzmaßnahmen rund drei Millionen Hektar Landfläche überfluten. In Bangladesch würden 15 bis 20 Millionen Menschen vertrieben, in Vietnam etwa halb so viele.

Der «Golfstrom» könnte versiegen

Am 27. Oktober 2006 berichtete die britische Zeitung *Guardian*, dass zwei Jahre zuvor, im November 2004, ein Teil des Nordatlantikstroms, der der verlängerte Arm des Golfstroms ist und deshalb fälschlicherweise oft als Golfstrom bezeichnet wird und quasi die

Zentralheizung Nord- und Mitteleuropas darstellt, zu einem Stillstand gekommen sei. Harry Bryden vom National Oceanography Center hatte die Ergebnisse auf einer Konferenz in Birmingham zum Thema «plötzlicher Klimawandel» präsentiert. «Wir haben so etwas nie vorher gesehen, und wir verstehen es nicht. Wir wissen nicht, wie es passieren konnte.» Zehn Tage lang war demnach der gewaltige Wasserstrom nicht nachzuweisen. Lloyd Keigwin, ein US-Wissenschaftler von der Woods Hole Oceanographic Institution, beschrieb diesen Stillstand als den bisher «plötzlichsten Abbruch in unseren Klimadaten». Und er fügte hinzu: «Er dauerte nur zehn Tage. Aber stellen Sie sich vor, er hätte 30 oder 60 Tage gedauert. Wann würden Sie den Premierminister anrufen und sagen: Wir sollten beginnen, Kraftstoffvorräte anzulegen. Wie können wir sicher sein, dass es nächstes Jahr nicht eine längere Unterbrechung geben wird?» Sollte der plötzliche Stillstand ein Vorspiel der «unangenehmen Überraschung im Treibhaus» sein, vor der der amerikanische Klimaforscher Wallace Broecker schon vor 20 Jahren in einem Aufsehen erregenden Artikel in der Zeitschrift *nature* gewarnt hatte: Der Mensch könne noch in diesem Jahrhundert durch seinen Treibhausgasausstoß die Atlantikströmung zum Erliegen bringen?

Ein halbes Jahr später, Anfang März 2007, präsentierte das Leibniz-Institut für Meereswissenschaften in Kiel eigene, umfassende Messergebnisse, die darauf hindeuten, dass es bisher keine Abschwächungserscheinungen des Nordatlantikstroms gibt. Bei den Messungen, die allerdings erst 1996 begannen, zeigten sich im Nordatlantik lediglich starke natürliche Schwankungen. Zusammen mit Bremer und Hamburger Meereswissenschaftlern arbeiten die Kieler Forscher am Aufbau eines «Frühwarnsystems» für Änderungen des Golfstrom-Systems. Bisher spricht demnach nichts dafür, dass der überraschende Stillstand von 2004 tatsächlich bereits ein Anzeichen für einen sich ankündigenden plötzlichen Zusammenbruch des weltweiten Strömungssystems gewesen sein könnte.

Der nördliche Nordatlantik gilt allerdings als eine Schlüsselregion für das Weltklima. Das Absinken gewaltiger Wassermassen in große Tiefen ist eine sehr empfindliche Stellschraube im Klimasystem und war in der Vergangenheit schon für rasche und einschneidende globale Klimaänderungen verantwortlich. Sie beeinflusst maßgeblich unser Klima in Nord- und Mitteleuropa.

Der Unterschied ist frappierend. Vor der Ostküste Kanadas wird es selbst im Sommer nicht richtig warm, die Winter sind bitterkalt. «Wir hatten dieses Jahr einen warmen Sommer mit drei Tagen über 20 Grad. Und während ich das schreibe, treiben vor meinem Haus Eisberge vorbei», schrieb eine Meeresbiologin aus St. Johns im kanadischen Neufundland an das Magazin *natur+kosmos*. Dabei liegt St. Johns genau wie Freiburg im Breisgau oder München auf dem 48. Breitengrad. Mit dem Unterschied: Hierzulande ist es durchschnittlich fünf Grad wärmer.

Die Ursache dieser angenehmeren Lebensbedingungen ist der Nordatlantikstrom. Sein Entdecker, Wallace Broecker, hat ihn als das «große Förderband der Meere» bezeichnet. Wissenschaftler nennen es jedoch nach seinen wichtigsten Antriebsfaktoren, Temperatur und Salzgehalt, «Thermohaline Zirkulation (THC)». Vergleichbar einer Zentralheizung befördert der Nordatlantikstrom die Wärme der Tropen an die Küsten Europas und in den Nordatlantik. Dieses nimmermüde Förderband transportiert pro Sekunde fast 20 Millionen Kubikmeter Wasser – hundertmal mehr als der Amazonas. Die Wärmemenge, die dabei verfrachtet wird, ist gigantisch: 1.000.000.000.000.000 oder eine Billiarde Watt. Das entspricht dem Zweitausendfachen der gesamten europäischen Kernkraftwerksleistung und «ermöglicht den Europäern in Breitengraden Rosen zu züchten, in denen Kanadier Eisbären begegnen». So hat es der Klimawissenschaftler Richard Alley umschrieben.

Der Nordatlantikstrom, der an Europa vorbeifließt, ist Teil der großen Zirkulation. Er funktioniert als eine Art sich selbst erhaltendes System. Vereinfacht gesagt: Die Strömung fließt, weil das

Wasser salzig ist. Und das Wasser ist salzig, weil die Strömung fließt. Ein geschlossener und stabiler Kreislauf, wie es scheint. Doch die Umwälzmaschine in den Tiefen des Atlantiks hat einen Haken: Da die Strömung vom Salzgehalt abhängt, ist das System sehr anfällig gegenüber Veränderungen. Untersuchungen von Eisbohrkernen auf Grönland haben gezeigt, dass es allein im Verlauf der letzten Kaltzeit zu über 20 derart plötzlicher Klimaänderungen kam. Innerhalb weniger Jahre stieg die Temperatur auf Grönland um bis zu zwölf Grad, um dann wieder in den Keller zu sinken. Die Temperaturen machten eine wilde Achterbahnfahrt, deren Spitzen und Tiefen innerhalb kürzester Zeit erreicht wurden (s. Grafik Seite 33). Als Ursache vermuten viele Forscher eine Veränderung des Nordatlantikstroms. Fast alle machen seine Stabilität für die Beständigkeit des Klimas in den letzten 10.000 Jahren verantwortlich.

Mit einer Ausnahme allerdings. Vor ungefähr 8200 Jahren machte das Klima einen weiteren derartigen Sprung – also fast 2000 Jahre nach dem Ende der letzten Kaltzeit. Die steinzeitlichen Jäger konnten bereits die wärmeren Temperaturen genießen, in Nordamerika, Sibirien und Europa begannen die Gletscher zu schmelzen und wichen zurück. Dann brach wahrscheinlich in Nordamerika der Eisdamm eines Schmelzwassersees – des Agassiz-Sees – und dieser hat über die Hudson-Bay eine gewaltige Süßwasserflut in die Labradorsee strömen lassen. Vor Grönland stieg der Süßwasseranteil deutlich an, und als Konsequenz kollabierte der warme Atlantikstrom. Die Folge: Mitten in der Warmzeit fiel die Temperatur auf Grönland um acht Grad. Im gesamten Bereich des Nordatlantiks war es in dieser Zeit zwischen einem und drei Grad kälter. Die Gletscher begannen wieder anzuschwellen. Wissenschaftler sprechen vom «8k-Ereignis». Nach 200 Jahren endete diese bislang letzte große Klimaschwankung – die paradiesische Zeit eines stabilen Klimas begann.

Das Brisante an diesem Ereignis: Die Temperaturen waren damals vergleichbar mit denen von heute. Und auch die seit dem Ende der Eiszeit bereits deutlich geschmolzenen Eisschilde können mit den heutigen verglichen werden. Sollte ein beschleunigter Süßwasserzufluss in den Nordatlantik von den ins Meer wandernden Gletschern Grönlands und dem schwindenden Meereseis in der Arktis heute eine ähnliche Rolle spielen können wie die damalige Süßwasserflut? Alle Klimamodelle zeigen: Wenn genügend Süßwasser zuströmt, könnte der Nordatlantikstrom kollabieren.

Wo aber liegt der Kipp-Punkt dafür? Bei der Antwort auf diese Frage unterscheiden sich die verschiedenen Modelle erheblich. Manche gehen davon aus, dass pro Sekunde 500.000 Kubikmeter Frischwasser zufließen müssten, andere rechnen damit, dass 100.000 ausreichen würden – das entspricht einem Würfel mit einer Seitenlänge von 46 bis 47 Metern. Das Team um Timothy Lenton und Hans Joachim Schellnhuber hat errechnet, wie groß der Süßwasserzufluss derzeit ist. Die größte Menge kommt bisher vom schmelzenden Meereseis in der Arktis. Weil beim Gefriervorgang von Meerwasser die Salzionen vom wachsenden Eiskristall abgestoßen werden, ist das schmelzende Eis praktisch Süßwasser. Das Grönlandeis stellt die zweite, schnell wachsende Quelle dar. Hinzu kommen die Flüsse, vor allem die großen Ströme Sibiriens. Diese drei Quellen machen einen Süßwasserzufluss von 26.000 Kubikmetern pro Sekunde aus. Zusätzlicher Regen über den Ozeanen und der Beitrag aus den kanadischen Flüssen müssten noch hinzuaddiert werden. Da bislang deutlich weniger Wasser zuströmt, als selbst im sensibelsten Modell als Schwellenwert angesehen wird, rechnet niemand damit, dass das große Förderband der Meere heute schon kollabiert. Der Weltklimarat sieht deshalb höchstens ein Risiko von zehn Prozent, dass es in diesem Jahrhundert zu einem Zusammenbruch kommen könnte. Berücksichtigt man allerdings, wie die Gruppe um Lenton und Schellnhuber, den sehr dynamischen Frischwasserzustrom durch das schmelzende Grönlandeis, dann ist ein möglicherweise schrittweiser Kollaps des Nordatlantikstroms bei einem globalen Temperaturanstieg zwischen drei und fünf Grad möglich.

Was aber wären die Folgen davon, wenn er tatsächlich versiegen würde? Im Vordergrund der Befürchtungen steht meist, dass es dann in Europa kälter würde – bei seinem völligen Versiegen wohl um bis zu vier Grad. Da es dazu jedoch nur kommen könnte, wenn es aufgrund des Klimawandels auf der Erde drei bis fünf Grad wärmer geworden ist, würde Europa, rein rechnerisch, wieder in etwa auf heutigem Niveau landen.

Andere Konsequenzen sind weit dramatischer. Auch wenn der Nordatlantikstrom abreißen sollte – seine Wärme verschwindet nicht. In der relativ kurzen Kälteperiode der jüngeren Dryas (ca. 10.000 v. Chr.) etwa sammelte sich die meiste Wärme um den Äquator herum und auf der Südhalbkugel, wo das erwärmte Meer zu einem beschleunigten Abschmelzen der südlichen kontinentalen Gletscher sowie des antarktischen Eisschildes beitrug. Aber nicht nur auf diese Weise trüge das Versiegen des Nordatlantikstroms zum Meeresspiegelanstieg bei.

Stefan Rahmstorf weist auf die Faustformel hin, dass seine Abschwächung um ein Prozent den Meeresspiegel vor unseren deutschen Küsten einen zusätzlichen Zentimeter steigen ließe – und zwar lediglich aufgrund der veränderten Strömungsmuster. «Sollte der Nordatlantikstrom ganz abreißen, dann wäre mit bis zu einem Meter zusätzlichem Anstieg zu rechnen.» Wohl gemerkt, ohne dass mehr Wasser in die Ozeane kommt.

Weltweit würde es zu Wetteränderungen kommen. Weil auch nach dem Versiegen des Nordatlantikstroms der Golfstrom wohl weiter Richtung Pazifik fließen könnte, wäre ein Einfluss auf das El Niño-Phänomen sowie den Indischen und den Afrikanischen Monsun wahrscheinlich. Außerdem würde das gesamte Meeresleben direkt in Mitleidenschaft gezogen: Wenn dem Nordatlantik die Wärme aus den tropischen Gewässern fehlt, wird sich die Menge des Planktons halbieren. Heute gehören die nördlichen Meere dank der Wärmepumpe Nordatlantikstrom zu den fruchtbarsten Meeresregionen. Das hätte dann ein Ende.

Die Permafrostböden beginnen zu tauen

Anderthalb Millionen Quadratkilometer sind in Alaska dauerhaft gefroren, 5,7 Millionen kommen nochmals in Kanada hinzu und weitere elf in Russland, vor allem in Sibirien. Im Extremfall ist der Boden, wie an einzelnen Stellen in Sibirien, bis zu einer Tiefe von 1500 Metern ständig unter null Grad. Und jetzt beginnt es zu tauen. «Ich konnte es mit eigenen Augen sehen, als ich gen Osten flog», beschreibt Fred Pearce in seinem Buch «Das Wetter von morgen» die Situation. «Dabei erschien es mir wie eine gewaltige Rückkopplung, ähnlich wie beim beschleunigten Schmelzen des arktischen Eises. Die neue, aufgetaute Fläche war dunkler als die frühere, gefrorene, absorbierte mehr Wärme und trug so zu einer weiteren Erwärmung bei.» Der junge sibirische Ökologe Sergej Kirpotin stimmte dem zu: Es gebe wohl einen kritischen Schwellenwert, «über dem sich der Prozess der Erwärmung wesentlich und plötzlich ändert. Dann kommt es zu einer Art Kettenreaktion, der Prozess der Auflösung des Permafrosts stimuliert sich selbst und nimmt Fahrt auf.»

Kann das Methan, das in den Permafrostböden der Arktis eingelagert ist, tatsächlich ab einem bestimmten Schwellenwert den Erwärmungsprozess durch eine große Rückkopplung enorm verstärken? Immerhin ist eine Tonne Methan 23 mal treibhauswirksamer als die gleiche Menge Kohlendioxid. Aufgrund der niedrigen Temperaturen konnten Gräser, Moose und Flechten nicht wie in gemäßigten Breiten verrotten, sondern blieben einfach abgestorben liegen. Im folgenden Sommer wuchs darauf die nächste Pflanzenschicht. So entstanden in Sibirien Torfmoore mit einer Mächtigkeit von mehreren hundert Metern – und einem gigantischen Kohlenstoffgehalt. Forscher schätzen die Menge, die in den Permafrostböden der Nordhalbkugel gebunden ist, auf 450 bis 950 Milliarden Tonnen – das ist mehr, als in der gesamten Atmosphäre enthalten ist.

Im Vergleich zu den 80er Jahren ist nun die Temperatur der Böden in einer Tiefe zwischen zehn und 20 Metern bereits deutlich gestiegen. In Alaska zwischen zwei und drei Grad, in Kanada und Sibirien um ein bis zwei Grad. Droht sich jetzt der Kohlenstoffspeicher tatsächlich mit den steigenden Temperaturen zu entleeren? Es gibt einige besorgniserregende Hinweise. Schwedische Wissenschaftler haben fast 35 Jahre lang den Methanausstoß des Stordalen-Sumpfs in der Nähe der Stadt Abisko, 900 Kilometer nördlich von Stockholm, gemessen: Die freigesetzte Methanmenge erhöhte sich um bis zu 60 Prozent. Eine vergleichbare Entwicklung beobachten Wissenschaftler in Sibirien. Dort erwies sich der gegenwärtige Methanausstoß als fünf Mal höher, als bisher in Modellrechnungen angenommen wurde. Euan Nisbet vom Royal Holloway College in London schätzt, dass im westsibirischen Torfmoor täglich 100.000 Tonnen Methan freigesetzt werden. Dies trage stärker zur Erderwärmung bei als die CO_2-Emissionen der US-Amerikaner.

Selbst wenn der globale Temperaturanstieg auf zwei Grad begrenzt werden kann, wird es in den hohen Breiten der Nordhalbkugel drei bis fünf Grad wärmer werden, weil die schnee- und eisfreien Flächen mehr Sonnenstrahlen absorbieren. Die Permafrostzone wird sich dadurch deutlich nach Norden verschieben. Doch ist deshalb tatsächlich mit einer dramatischen Rückkopplung zu rechnen?

Der Wissenschaftlergruppe um Lenton und Schellnhuber fehlen bisher die harten Belege für mögliche starke Rückkopplungen. Zwar würden die Methanemissionen zur Erderwärmung beitragen, der Effekt sei jedoch als eher gering einzustufen. Bisher würde keine Studie überzeugend belegen, dass es sich hier um einen Kipp-Punkt handelt, der schon in diesem Jahrhundert zu einer echten Gefahr wird. Andere Forscher halten angesichts der Indizien nicht für ausgeschlossen, dass es solche Studien bald geben wird.

Der Monsun wird unberechenbar

Der Sommermonsun ist die Lebensader Indiens. In manchen Regionen bringt er 90 Prozent des jährlichen Regens. Doch im Jahr 2002 blieben die erhofften Niederschläge in weiten Teilen des Landes aus, im ganzen Land fiel etwa 20 Prozent weniger Regen. Drei Jahre später ertranken dann während der heftigsten Regenfälle seit 100 Jahren über 900 Menschen an der Westküste. 2007 war die Situation noch dramatischer: Im Nordosten des Landes starben über 3000 Menschen in den Fluten.

Im letzten Jahrhundert war der indische Sommermonsun außergewöhnlich stabil. Doch im 19. Jahrhundert gab es immer wieder Perioden, in denen der Monsun ausblieb. Die Gründe dafür sind umstritten. Als Folge jedenfalls litt der Subkontinent unter großen Hungersnöten. In den letzten Jahrzehnten mehren sich die Anzeichen dafür, dass dies wieder geschehen könnte. Und mitverantwortlich dafür ist der braungelbe Schleier, Indiens so genannter «brauner Dunst».

«Seit 20 Jahren reise ich immer wieder nach Indien. Nicht regelmäßig, doch oft genug, um zu bemerken, dass die Luft jedes Mal mehr von schwarzem Rauch und Abgasen geschwängert ist.» So beschreibt der Wissenschaftsjournalist Fred Pearce die zunehmende Luftverschmutzung auf dem Subkontinent. «In den Städten stammen sie zum Großteil aus den Auspuffen von Millionen heruntergekommener Busse mit Dieselmotoren und Zweitakter-Rikschas, die sich durch die verstopften Straßen quälen. Außerdem enthält der Dunst natürliches Meersalz und Mineralstaub, einen nicht unerheblichen Anteil Asche und Schwefeldioxid aus den indischen Kohlekraftwerken sowie riesige Mengen organisches Material und Ruß vom Land. Denn in Indiens Millionen Dörfern, in denen immer noch ein Großteil seiner über einer Milliarde zählenden Bevölkerung lebt, ist die Luft kaum besser als in den Städten. Tagtäglich zieht der Rauch von hundert Millionen Kochstellen, die mit Holz, getrocknetem Kuhdung und Pflanzenresten befeuert werden, über das Land.» Auf Satelliten-Bildern sieht man die braune Wolke, die sich vor dem Himalaja staut. Die Smogglocke reicht von Nepal über Indien und Pakistan bis zum Golf von Bengalen. Sie bedeckt den nördlichen Teil des Indischen Ozeans, während der südliche ohne Schleier zu sehen ist. Oft liegt eine Fläche von zehn Millionen Quadratkilometern unter der Wolke. Sie ist in den letzten 20 Jahren immer dichter geworden.

Die braune Wolke ist eine wesentliche Ursache dafür, dass Indiens Monsun auf der Kippe stehen könnte, denn sie reflektiert Sonnenstrahlen. Im Dunst der Abgase werden die Luftmassen über dem Subkontinent dadurch kühler. Der indische Sommermonsun wird aber angetrieben durch den Temperaturunterschied zwischen Land und Meer. Wenn die Wolke vor allem den Kontinent abkühlt, verringert sich dieser Unterschied. Die Folge: Die tropische Monsunzirkulation über Indien schwächt sich ab. Der Weltklimarat IPCC hat allerdings für dieses Jahrhundert die Möglichkeit des völligen Kollapses nicht diskutiert. Die Wissenschaftlergruppe um Timothy Lenton und Hans Joachim Schellnhuber kommt zu einer anderen Einschätzung. Sie weist darauf hin, dass es solche Schwellenwerte in der Vergangenheit gab und dass die Modelle des Weltklimarats die Kühlungseffekte durch die braune Dunstwolke und die Entwaldung zu wenig berücksichtigen. Die

Wissenschaftler kommen zu dem Schluss, dass sogar der völlige Kollaps des Monsuns möglich sei, wenn die Dunstwolke in den nächsten Jahrzehnten immer dicker wird. Und die Erdgeschichte belegt, dass es sich lohnt, genau hinzuschauen. Klimawissenschaftler haben rekonstruiert, dass es im Verlauf der letzten Eiszeit und auch noch danach eine Vielzahl plötzlicher und extremer Schwankungen der Monsunintensität gegeben hat, deren Ursachen noch unklar sind.

Die Inder leben mit der braunen Wolke, doch kaum jemand schert sich dort um derartige Modelle und Diskussionen. Der verspätete Monsunregen allerdings ist Gesprächsgegenstand. Bei mehr als 45 Grad Celsius im Schatten warten im Juni 2006 alle darauf, dass der Regen endlich die ersehnte Abkühlung bringt. Auf dem Land versucht die Entwicklungsorganisation «Alternative Development» Frauen in mehrmonatigen Kursen mit neuen Anbautechniken und Methoden vertraut zu machen, wie man Nahrungsmittel konserviert. «Die Regenfälle werden immer unregelmäßiger», sagt die Kursleiterin, «wir müssen uns darauf einstellen. Wenn wir uns nicht anpassen, bedeutet das für uns, weniger Essen zu haben.» Natürlich hatten die Frauen registriert, dass in ihrer Region der Regen in den letzten Jahren immer öfter ganz oder teilweise ausblieb. Auf die Frage allerdings, ob sie sich vorstellen könnten, dass die unregelmäßigen Regenfälle etwas mit den Abgasen aus Öfen, Autos und Kohlekraftwerken zu tun haben könnten, schauen sich die Frauen nur verstohlen an, einige kichern. Unsere Öfen als Ursache für verändertes Wetter?

Ortswechsel: Einige Wochen später, Ende August im westindischen Rajasthan. Dort haben in den letzten Jahren viele von Hand kleine Wasserspeicher angefertigt. Immer mehr Haushalte sammeln mit ihnen das selten fallende Regenwasser von den Dächern – wirkungsvoll und kostengünstig. Doch in diesem August ist alles anders. Heftiger Monsunregen und Überschwemmungen haben in dem Wüstenstaat binnen weniger Tage mindestens 130

Menschen das Leben gekostet. Große Teile der Wüste verschwanden unter Wassermassen, Zehntausende Bewohner mussten die nahe der pakistanischen Grenze gelegene Region Barmer verlassen. Das Fernsehen zeigt Bilder von Sanddünen, umgeben von mehr als fünf Meter tiefem Wasser.

Die Häufung solch extremer Regenereignisse kann ein Hinweis darauf sein, dass in einzelnen Regionen der Klimawandel schon stärker zum Tragen kommt als der abkühlende Effekt der braunen Wolke. Der globale Temperaturanstieg erwärmt Land und Meer. Das Land heizt sich allerdings schneller und stärker auf als der Indische Ozean – der Temperaturunterschied nimmt zu. Zudem verdunstet aus den wärmeren Meeren mehr Wasser, das für den Monsunregen zur Verfügung steht. Ohne die braune Dunstwolke würde der Monsun noch deutlich stärker ausfallen. Solange es sie gibt, gehen viele Klimawissenschaftler von folgendem Muster aus: Im Süden Indiens wird es eher weniger, im Norden eher mehr regnen. Deswegen waren die Klimawissenschaftler nicht überrascht, als im Sommer 2007 in Nordindien mehr als 2000 Dörfer und Städte sowie eine Ackerfläche von mehreren Hunderttausend Hektar unter Wasser standen und die gesamte Ernte vernichtet wurde. Das Innenministerium bezifferte die Schäden auf umgerechnet 1,9 Milliarden Euro.

Zwei starke und ganz unterschiedliche Kräfte beeinflussen das labile Gleichgewicht des Monsuns. Je nach Witterungsverlauf sowie Lage und Dichte der braunen Wolke kann sich im einen Jahr stärker der eine, im nächsten der andere Trend durchsetzen. Dies erklärt die starken Schwankungen der letzten Jahrzehnte. «Die Treibhausgase führen zur Erwärmung des Ozeans und zu mehr Regen. Die Schwebeteilchen weisen in die andere Richtung: kühlere Ozeane und weniger Regen», erklärt der in den USA forschende Inder V. Ramanathan. «Wir sehen mit Sorge, dass es in den kommenden Dekaden schwierig werden wird, sich auf den rapiden Wechsel von Jahr zu Jahr einzustellen.»

Einige indische Wissenschaftler meinen, die Konsequenzen der braunen Wolke würden übertrieben, und gehen sogar so weit, darin einen Trick der Industrieländer zu erkennen, den Wirtschaftsboom Indiens, der eine wachsende Zahl von Kohlekraftwerken und Autos mit sich bringt, durch die ökologische Hintertür abzublocken. Es würde ja gar nicht weniger regnen. Sie verweisen dabei immer wieder auf Statistiken, die zeigen, dass sich – was den Regen angehe – in Indien nicht viel getan habe. Doch 2006 erschien eine Studie in der Wissenschaftszeitschrift *Science*, die zeigt: Zwar sei die Regenmenge in Indien in den letzten 50 Jahren unterm Strich gleich geblieben und liege durchaus im Bereich des Normalen. Doch diese Gesamt-Niederschlagsbilanz verschleiere regionale Unterschiede ebenso wie die gleichzeitige Zunahme von Extremniederschlägen. Wenn es regne, seien das immer häufiger Starkniederschläge mit mehr als 100 Millimeter Wasser pro Tag. In den letzten 50 Jahren hätten diese pro Jahrzehnt um zehn Prozent zugenommen. Die extrem starken Monsunregen mit über 150 Milliliter Wasser hätten sich seither sogar verdoppelt. Gleichzeitig seien Tage, an denen es normal geregnet habe, deutlich zurückgegangen. Alles in allem bedeute dies mehr Überflutungen und dass das Wasser schneller abfließe und deshalb schwieriger zu nutzen sei.

Am 10. Oktober 2007 schrieb Sunita Narain, die Leiterin der indischen Umweltorganisation CSE, über die Zunahme der heftigen Regenfälle in Indien: «Gerade letzte Woche töteten sintflutartige Regenfälle in den Dörfern der Regionen Andhra Pradesh und Karnataka mehr als 30 Menschen. Wir wissen, dass die Klimawandelmodelle extreme Regenereignisse vorhersagen. Gibt es hier eine Verbindung?»

Weniger Regen – mehr Regen? Bei einem Workshop, den das Beratungs-Institut adelphi und Germanwatch Ende 2006 gemeinsam mit dem Potsdam Institut für Klimafolgenforschung durchführten, ging es um mögliche klimabedingte Sicherheitsrisiken in Indien. Wissenschaftlerin Brigitte Knopf hält dabei auch eine besonders unangenehme Entwicklung für möglich, eine Art Achterbahnszenario. Hintergrund: Indien plant in den kommenden Jahrzehnten, neue Kohlekraftwerke zu bauen und die Mobilität auf das Auto auszurichten. Die braune Dunstwolke könnte also noch wesentlich dichter werden und zu einem plötzlichen Zusammenbruch des Sommermonsuns führen. Jahre oder sogar Jahrzehnte könnte der Monsun völlig ausbleiben. Wassermangel und verheerende Dürren wären die Folge. Die indische Regierung würde dann sicherlich Himmel und Hölle in Bewegung setzen, damit die braune Dunstwolke verschwindet. Angesichts des weiter vorangeschrittenen globalen Temperaturanstiegs würde dann aber ein Monsun zurückkommen, der wesentlich stärker wäre als der bisher gekannte. Wie sollen sich die mehr als eine Milliarde Inder an eine solche Achterbahnfahrt zwischen Dürren und Überschwemmungen anpassen? Doch dies ist nicht die einzige Herausforderung des globalen – und in diesem Fall auch regionalen – Klimawandels für die Wasserversorgung von Indien.

Die Gletscherschmelze bedroht Asien

Die britische Außenministerin Margaret Beckett hielt am 26. Oktober 2006 in der britischen Botschaft in Berlin eine bemerkenswerte Grundsatzrede. «Auf der ganzen Welt ist der Zugang zu Süßwasser – die Sicherheit der Wasserversorgung – bereits ein Problem, das durch den Klimawandel noch verschärft werden wird. Eine Milliarde Menschen auf dem südasiatischen Subkontinent werden wahrscheinlich unter der Abnahme des Schmelzwasserzuflusses von den Himalaja-Gletschern sowie unter den Veränderungen im Monsunsystem zu leiden haben.» Unter anderem am Beispiel der Gletscherschmelze im Himalaja zeigte sie auf, wie sehr das Klimathema zur sicherheits- und außenpolitischen Herausforderung geworden ist. Wegen seiner zentralen Rolle als Süßwasserspeicher gilt der Himalaja als «Wasserturm Asiens». Dort bedecken die Gletscher eine Fläche von etwa drei Millionen Hektar. Das entspricht dem Achtfachen der Schweizer Alpen. Nach den polaren Eiskappen sind sie der größte Eiskörper auf der Erde mit mehr als 5000 Gletschern. Die sieben größten Flüsse Asiens haben hier ihren Ursprung. Darunter sind auch die drei größten Indiens, der Indus, der Ganges und der Brahmaputra, für China etwa der Huang Ho, der Mekong und der Yangtse.

Die Bauern in Kaschmir sind recht unbekümmert, was die Gletscherschmelze angeht. Der Name Himalaja bedeutet schließlich nicht umsonst auf Hindi «Haus des Schnees».

Sie empfinden es einerseits als angenehm, dass die Flüsse jetzt zahlreicher und früher voller Schmelzwasser sind. Und in der Tat, die Flüsse, die im indischen Teil des Himalaja entspringen, führen nun im Jahresdurchschnitt etwa vier Prozent mehr Wasser, auf der Nordwestseite in China sind es sogar 5,5 Prozent. Andererseits nehmen die Menschen wahr, dass es mehr Überflutungen, Bergrutsche und Gletscherseeausbrüche gibt. Die indische Umweltschützerin Sunita Narain fragt im Oktober 2007 in einem Leitartikel, ob das zusätzliche Schmelzwasser aus dem Himalaja die Ursache dafür war, dass die Wasserreservoirs bereits zu Beginn der Monsunsaison gefüllt waren? «Zwar gibt es noch keine letzten Beweise. Aber es ist sehr wahrscheinlich.» Im Jahr 2004 wurde das Sagamartha-Projekt durchgeführt, die bislang größte indische Studie zur Gletscherschmelze. Es betrachtete die drei größten Flüsse Indiens, die von tausenden Gletschern gespeist werden. Nach den Ergebnissen ist zu erwarten, dass die Wassermenge des Indus Ende des Jahrhunderts – je nach Temperaturanstieg – nur noch 10 bis 70 Prozent gegenüber heute betragen wird. Könnte Wassermangel im Indus, der erst durch Indien fließt und dann zum größten Fluss Pakistans wird, zu einem neuen Zankapfel zwischen den beiden Atommächten werden?

Für den Ganges ist damit zu rechnen, dass in den nächsten zwei Jahrzehnten 20 bis 33 Prozent mehr Wasser aus dem Himalaja herunterströmen werden. Schon 2050 soll dann aber nur noch die Hälfte des Wassers in der Pilgerstadt Uttharkashi am Fuß des Gebirges ankommen. Beim dritten großen Fluss Indiens, dem Brahmaputra, wird schon sehr bald eine generelle Abnahme der Wassermenge erwartet. Wie so oft verdecken auch bei dieser wichtigen Studie die Durchschnittszahlen die eigentliche Bedeutung des Gletscherwassers: Es reguliert den Wasserfluss dadurch, dass es ausgerechnet in der trockensten Zeit des Jahres die Flüsse füllt.

Fährt man durch die grünen Täler Kaschmirs nach Ladakh werden die Landschaften immer karger. Atemberaubende Blicke bieten sich auf Felsformationen und steil hinab in Hunderte Meter tieferliegende trockene Täler. Nach fast zwei Tagen Fahrt dann der Blick hinunter auf das buddhistische Kloster Lamayuru in gut 3400 Meter Höhe. Die tausend Jahre alte Anlage samt neuem Gästehaus ist auf den nackten Felsen gebaut. Dahinter nur bizarre Gebirgsformationen ohne jede Vegetation. Auch die privaten Häuser unter dem Kloster stehen mitten in der Steinwüste. Darunter ein Tal in üppigem Grün, gespeist von sorgfältig konstruierten Gewässeranlagen – zu kostbar, um Häuser hineinzubauen. Hier regnet es so selten wie in einer Wüste. Ohne das Gletscherwasser würde kein Halm wachsen. Wäre in Ladakh, wo 500.000 Menschen leben, ein Überleben ohne Gletscher überhaupt möglich?

Secmol, eine lokale NGO, bemüht sich um die Verbreitung der Solararchitektur in der Region. Auf die Frage, was sich in den letzten zehn Jahren in der Region geändert habe, ist sich die Studentengruppe einig: Es gibt mehr Touristen, und es ist wärmer geworden. Auch im Sommer 2006 liegen die Temperaturen zehn Grad über denen, die der Reiseführer für normal hält. Im chinesischen Teil des Himalaja hat die Analyse von Eisbohrkernen ergeben, dass die vergangenen 50 Jahre die wärmsten der letzten tausend Jahre waren – mit stark steigender Tendenz. Neue Modellsimulationen rechnen in der Himalaja-Region mit einem weiteren Temperaturanstieg von bis zu 3,6 Grad bis zum Ende dieses Jahrhunderts, einige Modelle kommen sogar auf bis zu sechs Grad.

Die Studenten beschäftigen sich auch mit dem Thema Klimawandel, sie kennen zum Beispiel einen Artikel von Syed Iqbal Hasnain, Indiens führendem Gletscherspezialisten und dem Vorsitzenden der Arbeitsgruppe Himalajaische Glaziologie. «Nirgendwo auf der Welt schmelzen die Gletscher schneller als im Himalaja», schreibt der Forscher, «und wenn der gegenwärtige Trend anhält, ist ein kompletter Verlust aller Himalaja-Gletscher noch in diesem Jahrhundert sehr wahrscheinlich.» Ganz besonders gefährdet seien die Gletscher im zentralen und östlichen Himalaja. Neuer Schnee, der die Gletscher vergrößern könnte, kommt dort nur während der Sommermonate hinzu. Dies ist aber zugleich die Zeit, in der es zunehmend taut. Wo diese Phänomene zusammenfallen, tauen die Gletscher besonders schnell. Weniger gefährdet sind sie im Karakorum-Gebirgszug im westlichen Himalaja. In Ladakh wird inzwischen der Vorschlag diskutiert, künstliche Gletscher anzulegen. Schmelzwasser auf der Südseite eines Berges soll auf die Nordseite geführt werden. Wegen der größeren Kälte würde das gestaute Wasser dort wieder gefrieren. Erste Versuche soll es demnächst geben.

Viele Gletscher schrumpfen schon seit drei Jahrhunderten. Aber in den letzten Jahren hat sich dieser Prozess beschleunigt – auf mindestens das dreifache Tempo. Allein in den vergangenen 25 Jahren ist das Volumen der 46.298 Gletscher Chinas um rund 5,5 Prozent geschrumpft – im Nordwesten der Volksrepublik sogar um 17 Prozent. Die dramatischsten Veränderungen sind dabei ausgerechnet in den Quellgebieten der beiden wichtigsten Flüsse des Landes, des Huang Ho und des Yangtse, zu beobachten. Der größte Gletscher an der Quelle des Yangtse hat sich allein in den letzten 25 Jahren um 500 Meter zurückgezogen, und die Gletscher des Huang Ho trifft es noch dramatischer.

Vergleichbares gibt es aus dem indischen Teil des Himalaja zu berichten. Am meisten beachten die Inder den Gangotri-Gletscher. Er speist den heiligen Fluss Ganges, der unter dem Namen Ganga als Göttin verehrt wird. In nur 15 Jahren bis 2001 ist der Gletscher um 368 Meter zurückgewichen. Der Gletscherforscher Hasnain bedauert, dass es – trotz der Bedeutung für Indien und die ganze Region – noch keine regelmäßigen Messungen der vielen Gletscher gibt. Deshalb sind Prognosen, denen zufolge die Gletscher im Himalaja möglicherweise schon in 50 oder 35 Jahren verschwunden sein könnten, noch mit Vorsicht zu genießen. Aber eines ist klar: Hier bahnt sich eine gigantische Herausforderung für alle umliegenden Staaten an.

Die Sahel-Zone wandelt sich

«Afrikas Wüsten gehen spektakulär zurück», meldete *New Scientist* bereits vor einigen Jahren. Das britische Wissenschaftsmagazin zitierte Forscher, die Satellitenbilder der vergangenen 20 Jahre studiert hatten. In Teilen der Südsahara – von Mauretanien am Atlantik bis nach Eritrea am Roten Meer – ist es grüner geworden. «Seit Anfang der 80er Jahre des vergangenen Jahrhunderts hat die Vegetation zugenommen», bestätigt Lennart Olsson, der als Direktor des Zentrums für Umweltstudien der schwedischen Lund-Universität an der Satellitenstudie beteiligt war: «Insbesondere im Norden Burkina Fasos und in Zentralmali sowie im Tschad und Westsudan.» Ein Trend, der bis heute anhält. Der Sommermonsun bescherte der ganzen Region in den Jahren 2003 und insbesondere 2005 überdurchschnittlich viel Regen – insgesamt waren die Niederschläge 60 Prozent höher als im Durchschnitt der Jahre 1971 bis 2000. Im Sommer 2007 kam es sogar zu verheerenden Niederschlägen, durch die Millionen Menschen obdachlos wurden.

Auch wenn es immer wieder zu viel regnet – allein durch die Tatsache, dass es regnet, zählt ein Teil der Sahelzone unterm Strich im Moment zu den Gewinnern des Klimawandels. Vor allem im Vergleich zu den 70er und 80er Jahren. Während die Region in der ersten Hälfte des 20. Jahrhunderts jahrzehntelang mit Regen verwöhnt wurde, änderte sich das 1968 schlagartig: Fast drei Jahrzehnte lang verringerte sich die Regenmenge im gesamten Gebiet zwischen 20 und 40 Prozent. Die Sahelzone erstreckt sich in einem mehrere hundert Kilometer breiten Streifen von der Westsahara am Atlantik bis nach Eritrea am Roten Meer. Die Hälfte dieses 6000 Kilometer langen Gebiets litt in dieser Zeit unter einer lang anhaltenden Dürre. In den Jahren 1968 und 1973 starben mehrere Hunderttausend Menschen und Millionen Tiere an den Folgen von Hunger und Wassermangel. Die traurigen Bilder gingen um die Welt.

Neueste Computersimulationen von Forschern, die am Weltklimarat beteiligt sind, zeigen, dass die Tragödie vor 40 Jahren bereits eine Folge des Klimawandels war. Ursache der damaligen Dürre waren höhere Temperaturen des Indischen Ozeans und ein größeres Temperaturgefälle zwischen Nord- und Südatlantik. Dadurch, dass das Oberflächenwasser im Indischen Ozean wärmer geworden war, verringerte sich der Temperatur- und Luftdruckgegensatz zwischen Ozean und Kontinent. Die Folge: Der Afrikanische Monsun wurde abgeschwächt, es gelangten weniger regenreiche Wolken vom Meer in die Sahelzone. Auf der anderen Seite Afrikas war die Situation gänzlich anders: Der Nordatlantik kühlte im Vergleich zum Südatlantik ab, weil die Atmosphäre mit vielen kleinen Abgaspartikeln belastet war, die von Autos, Fabriken und Kohlekraftwerken in die Luft geblasen wurden. Dadurch verlagerten sich die regenreichen Passatwinde weiter nach Süden und erreichten den Norden Afrikas – wenn überhaupt – nur abgeschwächt. Die Dürre selbst hat diese Entwicklung dann vermutlich noch verstärkt: Von den ausgetrockneten Böden gelangte viel Staub in die Atmosphäre, der wiederum dafür sorgte, dass weniger Sonnenlicht den Boden erreichte. Dadurch verringerten sich die Temperaturgegensätze zwischen hohen und tiefen Luftschichten. Ein weiterer Grund, der die Bildung neuer Wolken verhinderte.

Heute profitiert die Sahelzone davon, dass sich der Trend wieder umgekehrt hat. Europas Kraftwerke sind mit Filtertechnik ausgerüstet, die Autos mit Katalysatoren, schmutzige Industrien in Osteuropa sind schon Anfang der 90er Jahre zusammengebrochen und stillgelegt worden. Die Luft über der Nordhalbkugel ist daher heute erheblich sauberer, weshalb die Sonne den Nordatlantik wieder stärker erwärmen kann – was die Passatwinde wieder Richtung Nordafrika treibt. Diese extrem unterschiedlichen Entwicklungen in einer Region machen zwei Dinge deutlich: Das Klima der Sahelzone ist ein hoch komplexes System, das leicht in die eine oder andere Richtung kippen kann. Und die Saheldürre der 70er und 80er Jahre war wohl die erste Katastrophe, die auf den Klimawandel und den Einfluss des Menschen zurückzuführen ist.

Wie aber wird es weitergehen im Sahel? Die Modelle widersprechen sich. Einige deuten darauf hin, dass es mehr regnen und die Sahelzone sich in Richtung Norden bis weit in die Sahara hinein ausdehnen wird, möglicherweise sogar so weit, dass selbst die Sahara, wie vor 6000 Jahren, wieder zu einer grünen Oase werden könnte. Andere Studien erwarten dagegen in einer wärmeren Welt, dass es in der Sahelregion trockener wird. Die Computersimulation von J. F. B. Mitchell besagt, dass bei steigender CO_2-Konzentration der Südatlantik und der Indische Ozean sich deutlich stärker erwärmen werden als der Nordatlantik. Der Afrikanische Monsun würde wiederum nach Süden abgedrängt, und damit würde es trockener.

Aber es ist auch noch eine dritte Möglichkeit denkbar: ein Achterbahnszenario. Ein Team von Forschern um Isaac Held von der australischen Regierungsbehörde National Oceanic and Atmospheric Administration prognostiziert zunächst mehr Niederschläge für die Sahelzone, dann aber für die zweite Hälfte dieses Jahrhunderts enorm verringerte Regenfälle. Der Kipp-Punkt liegt nach diesem Modell bei einer Temperaturerhöhung zwischen drei und fünf Grad. Ab 2050 droht dann eine anhaltende Dürre – mit deutlich weniger Regen als bei der großen Saheldürre in den 60er und 70er Jahren des vergangenen Jahrhunderts. Aus den Gewinnern des Klimawandels würden schlagartig Verlierer. Als Isaac Held, ein ruhiger, zurückhaltender Forscher, die Ergebnisse bei einer Fachtagung in der Nähe von München vorstellt, spricht er mit leiser Stimme. «Ich weiß, dass die Ergebnisse anderen Modellen widersprechen. Aber weil wir alle sie nicht wollen, sollten wir sie nicht einfach wegwischen. Dies ist das Modell, das am besten die Veränderungen der Vergangenheit abbildet.» Mit anderen Worten: Ein Modell, das die bisherige Entwicklung am besten simulieren konnte, ist möglicherweise auch am besten in der Lage, die Zukunft zu projizieren.

Der Regenwald versteppt

«Die Abholzung am Amazonas schreitet so schnell voran wie nie zuvor.» Am 24. Januar 2008 präsentierte die brasilianische Umweltministerin Marina Silva neue Satellitenbilder und Zahlen. Zwischen August und Dezember 2007 wurden bis zu 7000 Quadratkilometer Wald geschlagen. Und das, nachdem in den beiden Jahren zuvor deutlich weniger Regenwald abgeholzt worden war.

Mit 3,7 Millionen Quadratkilometern bedeckt allein der brasilianische Teil des Amazonas eine Fläche, die der Größe Westeuropas entspricht. Weitere ausgedehnte Wälder befinden sich in den Nachbarländern Bolivien, Peru, Ecuador, Kolumbien, Venezuela, Guyana, Surinam und Französisch-Guayana. Etwa zehn Prozent der weltweiten Arten leben im Amazonas-Regenwald – das sind mehr als 400 Säugetier-, 1200 Vogel- und 3000 Fischarten sowie über eine Million unterschiedliche Insekten und mindestens 40.000 Pflanzenarten. Viele dieser Spezies kommen nur im Amazonas-Gebiet vor. Deshalb ist es umso erschreckender, wenn in nur drei Monaten die dreifache Fläche des Saarlandes abgeholzt wurde. Damit, so Marina Silva, habe sich das Abholztempo gegenüber demselben Quartal im Jahr 2004 vervierfacht.

Doch nicht nur die Abholzung setzt dem Regenwald zu, sondern zunehmend auch Dürre. Im Jahr 2005 litt der gesamte Amazonas-Regenwald unter der schwersten Trockenheit seit Menschengedenken. Während sonst in neun von zwölf Monaten mehr Regen fällt als verdunstet, regnete es 2005 praktisch das ganze Jahr nicht. Die Seitenarme des größten Stroms der Welt erlebten historische Tiefststände, einige Nebenflüsse waren völlig ausgetrocknet. Millionen Fische starben, Zehntausende Anwohner mussten über Hubschrauber mit Nahrungsmitteln versorgt werden. Wo der Wald trocken ist, steigt die Feuergefahr. Im September 2005 registrierten Satelliten 73.000 Brandherde gleichzeitig. Auch in der Vergangenheit gab es im Amazonas-Regenwald solche Dürreperioden und in der Folge Feuersbrünste – einmal in mehreren Hundert Jahren. Inzwischen sehen die Forscher, dass die Wälder bereits im Abstand von fünf bis 15 Jahren unter Trockenstress leiden und Feuer fangen.

Die große Trockenheit von 2005 hat es den Rodungskommandos ermöglicht, mit ihren Maschinen besser und schneller voranzukommen und somit mehr Wald abzuholzen. Hinzu kommt: Mit jedem Brand werden die Wälder anfälliger für das nächste Feuer, denn sobald die Urwaldriesen den Flammen zum Opfer fallen, gelangt mehr Sonnenlicht in die unteren Schichten und trocknet abgestorbene Blätter und Zweige am Boden aus – das Unterholz ist bei der nächsten Dürre leicht zu entflammen.

Doch damit nicht genug. Waldverlust durch Abholzung, Brandrodung und andere Waldfeuer führen dazu, dass es im Amazonasbecken insgesamt wesentlich trockener wird. Denn ein hoher Anteil des Regens ist dort quasi «hausgemacht». Die Blätter setzen Wasserdampf frei, wenn sie Sonnenenergie aufnehmen. Das führt zu Wolken und Regen. Durch die Abholzung wird es deshalb 20 bis 30 Prozent weniger Niederschläge geben, die Trockensaison wird sich verlängern, und die Sommertemperaturen werden steigen. Mehr Abholzung bedeutet letztlich mehr Dürreperioden.

Stärkerer Trockenstress kann aber auch das Baumsterben vorantreiben. Dies hat eine Gruppe um den Waldökologen Daniel Nepstad vom Woods Hole Research Center in Massachusetts in einem Experiment gezeigt. Die Gruppe veröffentlichte ihre Ergebnisse 2002 im *Journal of Geophysical Research*. Einen Hektar Regenwald haben die Forscher mit einem Dach aus transparenten Plastikscheiben abgedeckt. Diese lassen das Sonnenlicht durch, leiten aber das Regenwasser in Kanäle ab. So simulierten die Forscher Dürre. Das Ergebnis: Nach zwei Jahren hörten die Bäume wegen der Trockenheit auf zu wachsen, nach drei Jahren starben die ersten ab, wobei zunächst die großen Bäume fielen. Diese beschädigten den übrigen Bestand und machten den Weg frei für Erosion und Feuer.

Daniel Nepstad lebt seit mehr als 20 Jahren im Amazonasgebiet. Seiner Meinung nach droht ein Rückkopplungseffekt zwischen Dürre, Holzeinschlag und Feuer, der die einst feuerresistenten Urwälder zu leicht entflammbarem Unterholz degradiert. Entzündliche Gräser, Farne und Bambusse können sich in der Folge ansiedeln. Der Amazonasforscher warnte 2007 davor, dass ein ökologischer Kipp-Punkt erreicht werden könne, an dem ein Prozess rapider Austrocknung beginnt. Nepstad bezeichnet ihn als «Savannisierung». Wenn aus einem Teil des Regenwaldes erst einmal Savanne geworden ist, wird es immer unwahrscheinlicher, dass der Wald sich erholen kann, selbst wenn kein einziger Baum mehr gefällt wird. Die Region hätte dann ein neues, stabiles Gleichgewicht erreicht, aber auf völlig anderem Niveau. Der Verlust des Waldes verstärkt wiederum den globalen Klimawandel. Weltweit trägt die Entwaldung bereits mit etwa 20 Prozent zum Treibhausgasanstieg bei.

Nicht nur der Raubbau am Regenwald vor Ort, auch der globale Temperaturanstieg kann aber den Trend zu mehr Trockenheit verschärfen. Als Auslöser für die große Trockenheit 2005 verwies Nepstad auf die hohen Wassertemperaturen in der Karibik: Über dem aufgeheizten Wasser steigt die Luft auf – und verhindert die Wolkenbildung im benachbarten Amazonasbecken. Andere Wissenschaftler vermuten, dass das Klimaphänomen El Niño häufiger und heftiger werden wird (s. Seite 86). Dies würde das Trockenheitsrisiko über einem Großteil des Amazonas verschärfen. Allerdings erwarten nicht alle Modelle, dass der globale Klimawandel in diesem Ausmaß die Austrocknung vorantreibt. Einige rechnen sogar damit, dass zusätzliche Regenwolken über den Amazonas getrieben werden.

Es gibt noch andere Gründe für die Gefährdung des Amazonas: Jahr für Jahr transportieren gewaltige Sandstürme aus der Tschadregion große Mengen an Mineralien, Eisen und organischen Stoffen nach Westen – über den Atlantik hinweg bis zum Amazonasgebiet. Diese Nährstoffdusche aus der Tschadregion ist eine Grundbedingung für eine vitale Amazonasregion. «Man mag es kaum glauben, aber die trockene, unwirtliche Sahara befruchtet den Regenwald», erläuterte Hans Joachim Schellnhuber. «Seit Jahrtausenden ist diese Düngung ein wichtiger Grund dafür, dass das Amazonasbecken nur so vor Leben strotzt.» Vor 5500 Jahren bedeckte der Tschadsee die Zentralsahara auf einer riesigen Fläche. Weil es trockener wurde, schrumpfte der See immer mehr. Er ließ millionenfach Muschelschalen und Kieselalgen zurück. Diese sind die Grundlage für die fruchtbaren Sandstürme. Wie im vorherigen Kapitel gezeigt, deuten die meisten Modelle darauf hin, dass es – zumindest bis Mitte des Jahrhunderts – im Tschad feuchter werden wird. Schellnhuber spricht von den Ausschlägen eines Pendels. Wenn es in der Sahelzone trocken ist, wird der Amazonas gedüngt. Wird es in der Sahelzone feuchter, fällt die Düngung weg. Könnte dies der letzte Anstoß für einen endgültigen Kollaps des Regenwaldes sein?

Eine Forschergruppe um Britaldo Silveira Soares-Filho veröffentlichte 2006 eine Studie in der Zeitschrift *nature*, die Folgendes besagt: Wenn die Rodungen nicht gestoppt werden, kann der Regenwald schon bei einer globalen Erwärmung von zwei bis drei Grad versteppen. Bereits im Jahr 2050 könnten dann 40 Prozent des heutigen Amazonas-Regenwaldes abgestorben sein. Auch nach den Modellen vom Hadley Centre und vom Woods Hole Research Center müssten wir – wenn der Klimawandel ungebremst voranschreitet – bis zur Mitte dieses Jahrhunderts erste Anzeichen dafür sehen, dass der Amazonas-Regenwald kollabiert. Im Jahr 2100 könnte der Prozess weitgehend abgeschlossen sein: Die grüne Lunge der Erde wäre auf weniger als zehn Prozent ihrer ursprünglichen Fläche geschrumpft, wobei die Hälfte der entwaldeten Fläche einer Savannengraslandschaft, die andere Hälfte einer Wüste gleichen würde. Die Modelle zeigen, dass ein stark verringerter Treibhausgasausstoß diese Risiken deutlich verringert.

Eine vieldiskutierte Studie von Richard Betts aus dem Jahr 2004 rechnet für den Fall eines ungebremsten Klimawandels damit, dass sich schon bis zum Jahr 2050 die Einlagerung von Kohlenstoff in Bäumen um etwa 35 Milliarden Tonnen verringern würde. Aus den Böden aber könnte sogar die ungeheure Menge von 150 Milliarden Tonnen Kohlenstoff freigesetzt werden. Das ist rund zwanzigmal mehr als derzeit jedes Jahr durch fossile Energieträger in Form von CO_2 freigesetzt wird. Das reicht aus, um den ohnehin zu erwartenden Temperaturanstieg nochmals um mindestens 50 Prozent zu erhöhen.

Nicht alle Modelle erwarten bei einer Temperaturerhöhung zwischen drei und fünf Grad eine derart katastrophale Entwicklung für die Amazonasregion. Aber auszuschließen ist sie nicht. Diese unterschiedlichen Bewertungen liegen vor allen Dingen daran, dass die Modelle die Entwicklung des El-Niño-Phänomens und die Widerstandsfähigkeit des Waldes gegenüber Trockenheit unterschiedlich einschätzen und dass sich die Regenentwicklung sehr schwer modellieren lässt. Aber können wir das Risiko eingehen, dass der Regenwald kollabiert? In einem sind sich alle Forscher einig: Je besser es gelingt, Abholzung und Temperaturanstieg zu begrenzen, desto geringer ist diese Gefahr.

El Niño wird intensiver

Monatelang zogen 1997 und 1998 Rauchwolken über weite Teile des Planeten. Zeitweise war die Wolkenfront 3000 Kilometer lang und 5000 Kilometer breit. 20 Millionen Hektar Regenwald gingen in Rauch auf, mehr als die Hälfte davon in Indonesien. Allein auf der Insel Borneo brannte eine Fläche von fünf Millionen Hektar. Das entspricht ungefähr der Größe der Niederlande. Neuguinea verzeichnete die schlimmste Dürre seit 100 Jahren, Tausende Menschen verhungerten. Ostafrika erlebte Überschwemmungen wie seit 50 Jahren nicht mehr – und das in der Trockenzeit. Ursache für die Waldbrände und das weltweite Wetterchaos war das Wetterphänomen El Niño. Nach 1982/83 war dies bereits der zweite Jahrhundert-El-Niño. Er kostete 32.000 Menschen das Leben. 300 Millionen wurden obdachlos, die Schäden auf 33 Milliarden Dollar geschätzt.

Wie ist das zu erklären? Normalerweise steigt vor der Küste Perus kaltes Auftriebswasser auf, in dem wegen der zahlreichen Nährstoffe viele Fische gedeihen. Die mittlere Oberflächentemperatur der kühlen Humboldtströmung an der peruanischen Küste beträgt dann etwa 20 Grad Celsius. Von der Erdrotation und den westwärts wehenden Passatwinden angetrieben, erwärmt sich das Wasser auf seinem Weg nach Westen auf bis zu 29 Grad in den Gewässern um Indonesien. Warmes Oberflächenwasser sammelt sich vor den Küsten Australiens und den nördlich gelegenen Inseln an, vor Indonesien staut es sich. Das warme Wasser sorgt für eine hohe Verdunstung, tiefen Luftdruck und viel Regen zwischen Neuguinea und Sumatra. In der Höhe strömt diese Luft, nachdem sie ihre Feuchtigkeit abgeregnet hat, wieder nach Osten zurück, sinkt über dem Ostpazifik ab und bringt Südamerika ein stabiles Hochdruckgebiet und trockenes Wetter. Deshalb ist es normalerweise um den Äquator an der Westküste Südamerikas trocken und Tausende Kilometer weiter westlich über Indonesien sehr feucht. Im kalten Humboldtstrom vor der Küste Perus wimmelt es dann von einer Vielzahl von Fischen. Millionen Seevögel leben von diesem Reichtum, riesige Brutkolonien sind darauf angewiesen.

Peruanischen Fischern war schon lange aufgefallen, dass im Abstand von einigen Jahren jeweils um die Weihnachtszeit «Corriente del Niño», die «Strömung des Christkindes», diesen Normalzustand durcheinanderbringt. Das Oberflächenwasser vor Peru erwärmt sich – und damit bleiben die Fische aus. Heute wissen wir, dass sich dann nicht nur vor Peru, sondern im gesamten tropischen Pazifik die Wasseroberfläche erwärmt. In den Jahren 1997/98 entwickelte sich El Niño so schnell, dass die Temperatur des Meeres Monat für Monat einen neuen Rekord erreichte. Im Dezember 1997 füllte 28 bis 29 Grad warmes Wasser das gesamte äquatoriale Pazifikbecken. Damit kehrten sich die Meeres- und Windströme um. In Trockenregionen fiel Regen, während sonst feuchte Gebiete wie Indonesien unter Dürre litten.

Sobald eine El-Niño-Periode abgeklungen ist, springt das System oft übergangslos ins Gegenteil um. Dann gibt es in Indonesien und auf den Philippinen außergewöhnliche Regenfälle und weiter im Osten extreme Trockenheit. Diese Phasen werden La

Niña – das Mädchen – genannt. Die «Luftdruckschaukel», die sich über dem Pazifik bildet, wenn das Klima zwischen El Niño und La Niña hin und her «schwingt», wurde bereits in den 1920er Jahren von dem britischen Meteorologen Sir Gilbert Walker beschrieben. Nach ihm sind die «normalen» Zwischenphasen zwischen La Niña und El Niño als Walker-Zirkulation benannt.

1998 diskutierten Forscher erstmals die Frage, ob der Klimawandel das Jahrhundert-Ereignis verstärkt hat. Damals veröffentlichte Donald Rodbell vom Union College in Schenectady im Bundesstaat New York eine 12.000-Jahres-Chronik der auf El Niño zurückgeführten Hochwasserstände eines Sees im Süden Ecuadors. Das Ergebnis: Ausgelöst durch eine Veränderung des Neigungswinkels der Erdachse kam es etwa nach der Hälfte der Zeit zu einem veränderten Zyklus: El-Niño-Ereignisse traten nicht mehr alle 15 Jahre auf, sondern pendelten sich auf einen Sechs-Jahre-Rhythmus ein. Lonnie Thompson bestätigte das Ergebnis anhand von nahe gelegenen Gletschereiskernen. Eine Schlussfolgerung elektrisierte viele Wissenschaftler: Wenn es diesen Umbruch durch die Veränderung des Neigungswinkels der Erde gegeben hatte, dann kann prinzipiell auch der globale Klimawandel zu einem solchen Umschwung führen. Die Analyse eines 125.000 Jahre alten Korallenfundes ermöglichte es dem Harvard-Wissenschaftler Dan Schrag, die vom El Niño geprägten Jahresringe für 65 Jahre zu analysieren. Dabei konnte er den Nachweis führen, dass es auch damals schon einen sechsjährigen El-Niño-Zyklus gab.

Vor diesem Hintergrund sind die Ergebnisse der letzten Jahrzehnte umso bemerkenswerter: Seit 1976 ist die Dauer des El Niño außergewöhnlich lang, während La-Niña-Ereignisse an Intensität und Häufigkeit zurückgegangen sind. Ein Ungleichgewicht zwischen den Phasen wird auch mit der folgenden Graphik deutlich: Auf fünf El Niños kommen nur noch zwei La Niñas. Und er tritt nicht nur häufiger auf, seine Auswirkungen sind auch heftiger und anhaltender.

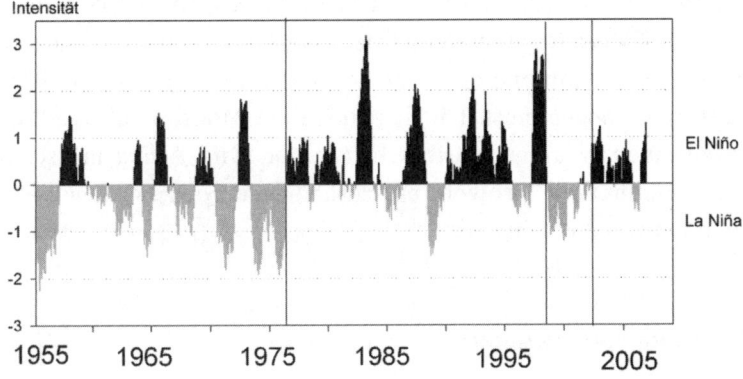

Der Multivariate ENSO-Index (Quelle Klaus Wolter, NOAA 2007)

Doch es gibt zumindest zwei unterschiedliche Theorien, wie sich die Luftdruckschaukel zwischen El Niños und La Niñas verändern kann: Eine 1997 in *Science* veröffentlichte Studie postulierte, der Westäquatorielle Pazifik würde sich stärker erwärmen als der östliche. Deshalb würde es verstärkt Ostwinde geben, die das kalte Wasser im Ostäquator-Pazifik aufsteigen lassen. Damit würden La Niñas zunehmen. Zwei Jahre später veröffentlichte eine Gruppe Wissenschaftler vom Max-Planck-Institut und dem Deutschen Klimarechenzentrum in «nature» die gegenteilige Annahme. Die verstärkte Erwärmung des Ozeans würde ein dauerhaftes Vordringen des wärmeren Wassers im Ostäquator-Pazifik bedeuten. Dies liefe aber auf häufigere und heftigere El-Niño-Ereignisse hinaus – was zu den Beobachtungen der letzten Jahrzehnte passt.

Die Forschungsgruppe um Lenton und Schellnhuber kommt zu dem Schluss, dass die realistischsten Modelle bei einem dauerhaft wärmeren Klima heftigere El Niño-Ereignisse erwarten lassen. Ob auch die Häufigkeit zunimmt, ist dabei weniger klar. Bei einem Temperaturanstieg zwischen drei und sechs Grad rechnen diese Wissenschaftler damit, dass mit hoher Wahrscheinlichkeit die El-Niño-Ereignisse heftiger werden. Wenn es so weit kommt, könnte das für den Amazonas-Regenwald den Todesstoß bedeuten. Die Hausbesitzer an der Küste Miamis könnten sich dagegen freuen, denn dort würde dann der Trend zu intensiveren Wirbelstürmen abgebremst. Für den Indischen Monsun gäbe es hingegen einen weiteren Unsicherheitsfaktor. Und Afrika müsste – je nach Jahreszeit – sowohl mit zusätzlichen Niederschlägen als auch Dürren rechnen.

Die Weltmeere versauern

Im Frühjahr 2007 verkündete ein internationales Forschungsteam, der südliche Ozean habe seit 1981 pro Jahrzehnt fünf bis 30 Prozent weniger Kohlendioxid als erwartet aufgenommen. An sich habe man damit gerechnet, dass sich die Aufnahmefähigkeit der Meere erhöhe, wenn die CO_2-Konzentration in der Atmosphäre steigt. Doch die von einem Dutzend Messstationen in der südlichen Hemisphäre ermittelten Daten zeigen das Gegenteil. Nach Erscheinen der Studie baten Germanwatch-Mitarbeiter verschiedene Experten um ihre Einschätzung. Diese mahnen zur Vorsicht: Diese Art der Studien sei extrem kompliziert. Noch ist unklar, ob sie Bestand haben. Sollte dies so sein, sind sie besorgniserregend. Bisher nehmen die Ozeane ein gutes Drittel des CO_2 auf, das der Mensch emittiert. Sonst wäre der Temperaturanstieg noch wesentlich stärker. Und etwa 60 Prozent dieser CO_2-Entsorgung übernehmen die südlichen Meere.

Die nächste Überraschung betrifft den Nordatlantik. Eine Forschergruppe der britischen Universität von East Anglia hatte Frachtschiffe mit automatischen Messapparaten ausgerüstet, die die Druckverhältnisse des Kohlendioxids untersuchen sollten. Zu erwarten war: Je mehr Kohlendioxid in der Atmosphäre ist, desto mehr Kohlendioxid wird vom Meerwasser aufgenommen – einfach dadurch, dass nach physikalischen Gesetzen ein Druckausgleich zwischen Kohlendioxid im Wasser und Kohlendioxid in der Luft stattfindet. Die Auswertung der mehr als 90.000 Messergebnisse in den zehn Jahren bis 2005 ergibt jedoch ein anderes Bild: Der CO_2-Druck im Wasser ist fast doppelt so schnell gestiegen wie in der Atmosphäre. In hohen Breitengraden gab es überhaupt keinen Unterschied mehr zwischen dem CO_2-Druck der Atmosphäre und dem im Wasser. Das bedeutet: Ohne Druckunterschied tendiert die CO_2-Aufnahme gegen null. Das Meer absorbiert kein weiteres Kohlendioxid.

Warum aber stieg der CO_2-Druck im Oberflächenwasser so stark an? Eine Ursache ist die Erwärmung. Es löst sich weniger CO_2, wenn die Wassertemperatur steigt. Doch dies kann nur einen Teil des Effektes erklären. Als weitere Ursache wird über veränderte Meeresströmungen diskutiert. Die Suche nach Gründen geht weiter. Entscheidend ist, dass diese Studie nachweisen konnte, dass – zumindest vorübergehend – die Fähigkeit des Nordatlantiks verringert ist, CO_2 aufzunehmen: Sie hat sich zwischen 2000 und 2005 im Vergleich zu den 90er Jahren halbiert.

Dazu der frühere Chef des Weltklimarates, Bob Watson: «Die Geschwindigkeit und die Größe des Wandels zeigen, dass wir die CO_2-Ozeansenke nicht einfach für gegeben annehmen dürfen. Vielleicht ist das eine natürliche Schwankung, aber vielleicht ist es auch eine Reaktion auf den starken Temperaturanstieg der letzten Zeit. In jedem Fall wissen wir jetzt, dass die Senkenfähigkeit sich schnell wandeln kann.» Wenn es tatsächlich so ist, dass die Ozeane demnächst weniger Kohlendioxid aufnehmen werden, würde das die CO_2-Konzentration in der Erdatmosphäre deutlich erhöhen – was im höchsten Maße besorgniserregend ist.

Am 22. Oktober 2007 stellt dann Chris Field von der australischen Carnegie Institution für Wissenschaft die Ergebnisse einer weiteren Untersuchung vor. Für die Periode von 1960 bis 2000 hatten die Modelle angenommen, der *Anteil* des emittierten CO_2, der in Senken – etwa in Wäldern und Ozeanen – gebunden wird, werde leicht zunehmen gegenüber dem, der in der Atmosphäre das Klima weiter aufheizt. Die Auswertung neuer Daten zeigt das Gegenteil, wie Pen Canadell, der führende Autor der Studie und Direktor des Global Carbon Projektes, erkärt: «Vor fünfzig Jahren wurden von jeder Tonne CO_2, die der Mensch freisetzte, 600 Kilogramm von natürlichen Senken beseitigt. Im Jahr 2006 waren es nur noch 550 Kilogramm – mit sinkender Tendenz.» Die australische Gruppe kommt zum Schluss, dass die verstärkende Rückkopplung im Kohlenstoff-Zyklus der realen Welt früher zu beginnen scheint als in der Modellwelt. Während die Senkentätigkeit der Landflächen seit 1960 im Wesentlichen stabil geblieben sei, habe die der Ozeane deutlich abgenommen. Hier allerdings weisen andere Wissenschaftler darauf hin, dass es noch Unsicherheiten gibt. Bis vor kurzem gingen selbst die negativsten Einschätzungen davon aus, dass erst bei einer atmosphärischen Konzentration von 450 ppm CO_2-Äquivalenten die Ozeane weniger Kohlendioxid aufnehmen können. Sollte ein solcher Kipp-Punkt schon jetzt, da die Konzentration bei 380 ppm liegt, erreicht sein? Noch 2006 schien dies unmöglich. Seit Herbst 2007 ist dies nicht mehr ausgeschlossen.

Wenn von einer möglichen CO_2-Sättigung der Weltmeere die Rede ist, mag sich manch einer angesichts der gigantischen Ausmaße der Ozeane verwundert die Augen reiben. Alle Meere der Welt haben zusammengenommen eine Ausdehnung von insgesamt 361 Millionen Quadratkilometern. Diese Oberfläche steht in ständigem Austausch mit der Atmosphäre. Und weil seit Jahren immer mehr Kohlendioxid in die Atmosphäre gelangt, absorbieren die Meere derzeit jedes Jahr zwei Milliarden Tonnen Kohlenstoff. Insgesamt speichern die Meere bereits 38.000 Gigatonnen Kohlenstoff. Eine Gigatonne entspricht einer Milliarde Tonnen. «Im Ozean ist damit etwa 50-mal mehr CO_2 gespeichert als in der Atmosphäre und 20-mal mehr als in der terrestrischen Biosphäre und den Böden», umschreibt der Wissenschaftliche Beirat der Bundesregierung Globale Umweltveränderungen (WBGU) die Situation. Weil Kohlendioxid, das in den oberen Schichten des Meeres aufgenommen wird, unter anderem durch Meeresströmungen wie etwa dem Nordatlantikstrom aus den oberen Schichten in die Tiefe gelangt, ist das Meer eine gigantische Kohlenstoffsenke. Gewaltige Mengen an CO_2 nimmt die Strömung, die vor Grönland versinkt, während ihrer tausendjährigen Reise durch die drei Weltmeere mit in die Tiefe. So lange braucht das Wasser, bis es wieder an die Oberfläche kommt. 37.000 der 38.000 Gigatonnen CO_2, die von den Meeren aufgenommen worden sind, befinden sich bereits in mittleren und größeren Tiefen.

Hinzu kommt: Genauso wie an Land binden die pflanzlichen Organismen der Meere Kohlenstoff, wenn sie genügend Licht bekommen – und sinken irgendwann mit ihm auf den Meeresboden. Der WBGU beziffert diesen Anteil auf jährlich insgesamt 100 Millionen Tonnen. Die Wissenschaftler bezeichnen diesen Transport als marine Kohlenstoffpumpe. Die Weltmeere sind damit insgesamt der bedeutendste Kohlenstoffspeicher, den es gibt.

Das Tempo des CO_2-Anstiegs könnte aber die Absorptionsfähigkeit der Ozeane schon bald an ihre Grenzen bringen. «Gibt man den Meeren genug Zeit, können sie das meiste von dem, was wir in die Atmosphäre schicken, absorbieren», fasst Fred Pearce die Speicherfähigkeit der Ozeane zusammen. «Doch diese Zeit haben wir nicht, und die Geduld der Meere mit uns könnte begrenzt sein.»

Aus drei Gründen könnten CO_2- und Temperaturanstieg selbst dazu führen, dass in der Zukunft die Meere ihre Dienste als Treibhausgas-Senke versagen. Zum einen löst sich in wärmerem Meerwasser weniger CO_2. Dann sorgt die erhöhte Wassertemperatur dafür, dass sich das Oberflächenwasser der Meere schlechter mit tieferen Schichten mischt – so dass weniger CO_2 in die Tiefe transportiert wird. Und nicht zuletzt wird weniger Kalk zur Verfügung stehen.

In jüngster Zeit ist ein weiteres messbares Zeichen für eine mögliche Überlastung der Meere ins Bewusstsein gerückt: Sie versauern. Wie in einer Sprudelflasche bildet sich im Meer aus Wasser und Kohlendioxid Kohlensäure. Lange dachten Meeresforscher, die Weltmeere wären zu groß, als dass sich das bemerkbar machen könnte. Inzwischen ist der pH-Wert des Meeresoberflächenwassers aber bereits um 0,11 Punkte gesunken. Auf den ersten Blick ist das nicht viel. Aber schon diese geringe Veränderung bedeutet – wie der Weltklimarat berechnet hat – eine Vermehrung der schädlichen freien Protonen um etwa 30 Prozent. Der WBGU befürchtet deshalb in dem Sondergutachten «Die Zukunft der Meere» dramatische Veränderungen: «Eine ungebremste Fortsetzung des Trends wird zu einer Meeresversauerung führen, die in den letzten Jahrmillionen ohne Beispiel ist.»

Der zunehmende Säuregehalt des Wassers macht Seeigeln und Seesternen bereits im Larvenstadium zu schaffen. Muscheln, die darauf angewiesen sind, Kalkschalen zu bilden, geraten unter Stress, weil das gelöste Kohlendioxid sich mit dem vorhandenen Kalk im Meerwasser verbindet – und der Rohstoff damit zur Schalenbildung nicht mehr zur Verfügung steht. Algen, Krebse, Schnecken, Plankton, Korallen, die für die Kohlenstoffspeicherung der Meere so wichtigen Foraminiferen – sie alle leiden unter dem Säurebad im Meer. Meeresorganismen ergeht es so wie Menschen, die an Osteoporose erkrankt sind: Die Fähigkeit, kalkhaltige Schutzhüllen zu bilden, nimmt ab, Skelett und Schalen werden zerbrechlicher, wachsen langsamer und lösen sich schlimmstenfalls komplett auf.

Gleichzeitig führt die neue Situation dazu, dass sich der Lebensraum für viele Organismen verkleinert. Alle Organismen, die Kalkschalen oder Kalkskelette bilden, sind darauf angewiesen, dass Kalk im Meerwasser zur Verfügung steht. Es ist schon seit Jahrmillionen so, dass es eine Trennlinie in den Meeren gibt, unterhalb der Kalk gelöst ist und nicht mehr ausfällt. In den letzten 200 Jahren hat sich diese Grenze, die allein vom Säuregrad des

Meeres bestimmt wird, um 50 bis 200 Meter nach oben verschoben. Weil im Nordatlantik der Golfstrom wesentlich mehr CO_2 in die Tiefen befördert als dies in anderen Meeren geschieht, ist diese Entwicklung dort sogar wesentlich weiter fortgeschritten: Die marine Trennlinie wanderte um 400 Meter auf 2500 Meter nach oben. Eine Studie aus dem Jahr 2007 lässt erwarten, dass sie bis zur Mitte dieses Jahrhunderts nochmals um 700 Meter ansteigen wird. Dies kann erhebliche Konsequenzen haben: In diesen Tiefen entsteht die Grundlage der ozeanischen Nahrungskette. Unterhalb dieser Trennlinie werden Lebewesen, die auf Kalk angewiesen sind, nicht mehr existieren können. Hinzu kommt, dass wegen der ansteigenden Temperaturen in den oberen Schichten sich dort deutlich weniger pflanzliches Plankton bildet – mit verheerenden Folgen. Dieses so genannte Phytoplankton steht am Beginn der ozeanischen Nahrungskette. Mit ihm schwinden Fische und Schalentiere.

Bei ungebremstem CO_2-Anstieg rechnet der Weltklimarat IPCC damit, dass der pH-Wert der Meere um weitere 0,14 bis 0,35 Einheiten sinken würde. Bereits 2065 wäre der Zeitpunkt erreicht, an dem es kaum noch Meeresregionen geben würde, in denen Riff bildende Korallen Kalk in Form von Aragonit in ihre Skelette einbauen könnten. Eines der ersten Opfer der Meeresversauerung wäre das Great Barrier Riff vor Australien. Aber es kommt noch schlimmer: In den beiden darauf folgenden Jahrhunderten könnte es zur stärksten Ozeanversauerung der letzten 300 Millionen Jahre kommen. Der pH-Wert könnte um 0,7 Einheiten auf dann rund 7 sinken. Das hätte katastrophale Folgen für das gesamte Ökosystem Meer – und für die Ernährung der vom Meer abhängigen Menschen.

Wie aber geht es mit dem anderen großen Stressfaktor für die Meere, der Erwärmung, weiter? In den letzten 50 Jahren ist die Temperatur des gesamten Meerwassers durchschnittlich um 0,04 Grad angestiegen. Doch wieder einmal führt der Durchschnittswert in die Irre. Denn die Erwärmung ist in den mittleren und tiefen Meeresschichten praktisch noch gar nicht angekommen. Die Wasseroberfläche hat sich aber im weltweiten Durchschnitt bereits um 0,6 Grad erwärmt. In einzelnen Meeren wie dem Nordmeer sogar noch deutlich mehr: dort ist die Temperatur um drei Grad gestiegen. Vielen Meeresorganismen ist das zu viel. Die einzelligen Algen etwa, die zusammen mit Korallen eine faszinierende bunt schimmernde Lebensgemeinschaft bilden, verschwinden einfach. Die Folgen sind in allen Meeren sichtbar. Jeder Schnorchler, jeder Taucher kennt die ausgebleichten Korallengärten – die dem Temperaturstress nicht mehr gewachsen sind. Mit den Korallenriffen der Welt drohen die artenreichsten Meeresbiotope zu verschwinden – und der Temperaturanstieg gehört neben Versauerung und Verschmutzung des Wassers zu den wichtigsten Stressfaktoren.

Zwei Grad Celsius – ein Fazit

Die folgende Grafik zeigt die Kipp-Elemente, deren Kipp-Punkt nach der Klassifizierung der Forschergruppe um Lenton und Schellnhuber schon in diesem Jahrhundert überschritten werden könnte. Sie hat zwei der hier diskutierten Kipp-Elemente nicht in ihre Liste mit aufgenommen: die Gletscherschmelze im Himalaja und die CO_2-Aufnahmefähigkeit der Ozeane. Andererseits hat sie die mögliche Gefährdung der nördlichen Nadelwälder mit aufgelistet.

Temperaturschwellen von Kipp-Elementen, die in diesem Jahrhundert angestoßen werden könnten, und erwartete Auswirkungen

	0 °C	1 °C	2 °C	3 °C	4 °C	5 °C	6 °C
Kollaps des arktischen Schelfeises		■ Verschärfung des regionalen Temperaturanstiegs durch Albedo-Effekt ■ Verlust des Lebensraums bestimmter Tierarten (Eisbären, Seehunde)					
Abschmelzen des grönländischen Eisschildes			■ Meeresspiegelanstieg um bis zu 7 m über mehrere Jahrhunderte (irreversibel) ■ Temperaturrückkopplung durch Albedo-Effekt				
Kollaps des westantarktischen Eisschildes			■ Anstieg des Meeresspiegels um weitere 5-6 m in mehreren Jahrhunderten (irreversibel)				
Kollaps des Amazonas-Regenwaldes			■ Zusätzliche CO_2-Freisetzung verschärft Temperaturanstieg ■ Möglicherweise Umkehr der Senkenfunktion des Bodens und der Vegetation hin zur Freisetzung von großen Mengen CO_2				
Rückgang der nordischen Nadelwälder			■ Klimawandel erhöht Stress durch Pfanzenschädlinge, Feuer und Stürme ■ Massive zusätzliche Freisetzung von Kohlendioxid				
Bistabilität der Sahel-Zone, Verlagerung des Westafrikanischen Monsuns			■ Veränderte Niederschläge könnten Sahara/Sahel „ergrünen" lassen ■ Verringerter Nährstofftransport könnte Amazonas-Kollaps beschleunigen ■ Evtl. zeitversetzt Zunahme der Dürren in der Sahelzone durch Monsunschwankungen (Bistabilität)				
Verstärkung/Häufung des El-Niño-Phänomens			■ Verstärkung von Wetterextremen (Dürrekatastrophen, Überschwemmungsereignisse), v.a. in Südostasien und Südamerika, aber auch anderen Erdteilen				
Abschwächung des „Golfstroms" im Nordatlantik			■ Verlangsamung des durch den Klimawandel zu erwartenden Temperaturanstiegs in Europa, möglicherweise zusätzlicher Anstieg in anderen Regionen ■ Zusätzlicher Meeresspiegelanstieg im Nordatlantik (bis zu einem Meter beim vollständigen Aussetzen des Golfstroms) und im globalen Durchschnitt				

Mit dem zunehmenden Temperaturanstieg (gegenüber heutigem Niveau) steigt die Eintrittswahrscheinlichkeit der Ereignisse. Die unteren Abschätzungen dafür beginnen beim Übergang von weiß zu hellgrau.

Quelle: Germanwatch nach Lenton/Schellnhuber 2007; Warren 2006

«Heftige Klimaschwankungen hat es in der Erdgeschichte schon oft gegeben». So lautet eines der gängigen Argumente *gegen* die Gefährlichkeit des globalen Klimawandels. Die aktuelle Forschung belegt: Die Klimaschwankungen der Vergangenheit sind ein zentraler Beleg *für* dessen Gefährlichkeit. «Wir müssen nur unseren Blick in die Erdgeschichte richten: Dort wimmelt es von Ereignissen, wo sich gewaltige Umweltveränderungen abrupt und großflächig vollzogen haben», so Hans Joachim Schellnhuber. Wir wissen also, dass das Klimasystem anfällig für natürliche Schwankungen ist. Aber oben drauf satteln wir jetzt die menschlichen Emissionen. «Nur ein Tor kann hoffen, dass das System diese gutmütig wegsteckt und träge in seinem Zustand verharrt.»

Wenn der Klimawandel weitgehend ungebremst weitergeht, droht die Vertreibung aus dem Paradies eines stabilen Klimas. Schellnhuber drängt deshalb darauf, dass eine Art Frühwarnsystem aufgebaut wird, das ein mögliches Überschreiten solcher Schwellenwerte anzeigt. Außerdem mahnt er: «Es scheint weise, anzunehmen, dass wir noch nicht alle möglichen politikrelevanten Kipp-Elemente identifiziert haben.» Die vielfältigen wissenschaftlichen Überraschungen der letzten beiden Jahre – etwa in der Arktis, der West-Antarktis, auf Grönland oder beim indischen Monsun – machen es wahrscheinlich, dass wir längst noch nicht alle Facetten des «unkontrollierten Großexperiments» kennen, vor dem bereits der frühere UN-Generalsekretär Kofi Annan gewarnt hat. «Entscheidend ist, wie wir mit den Szenarien umgehen», mahnt Hans Joachim Schellnhuber. «Wollen wir das Risiko eingehen, dass unbeherrschbare Folgen der Erwärmung eintreten? Oder wollen wir unsere Anstrengungen verstärken, die Erwärmung auf ein Maß zu begrenzen, bei dem diese Folgen wahrscheinlich vermieden werden?»

Das Risiko, dass der Regenwald zu Steppe wird oder der Eispanzer Grönlands schneller schmilzt, ist nur ein Grund dafür, den Anstieg von Treibhausgasen zu verringern. Es gibt weitere, nicht minder gewichtige Argumente. Etwa den drohenden Verlust einzigartiger Ökosysteme oder die Zunahme der Häufigkeit und Schwere extremer Wetterereignisse. Beides kann sowohl für die Ernährung als auch für die Wasserversorgung insbesondere in Afrika und Asien dramatische Konsequenzen haben. Und je stärker die Temperatur steigt, umso mehr überwiegen die negativen Konsequenzen die denkbaren regionalen Verbesserungen – so warnt der Weltklimarat.

Wann ist Klimawandel gefährlich?

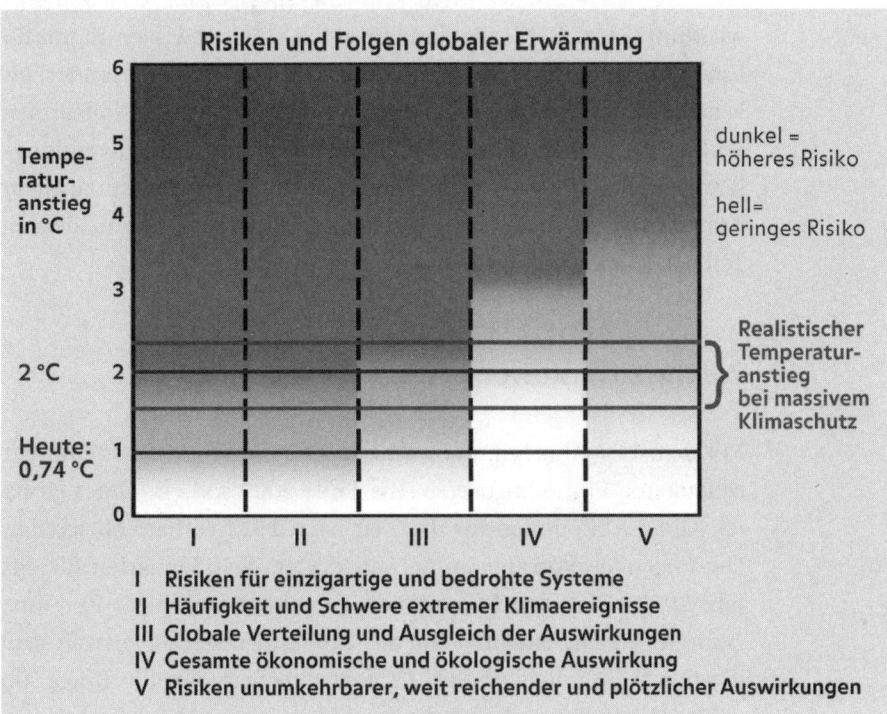

Quelle: Germanwatch nach Schellnhuber 2007

Diese Grafik fasst zusammen, warum es so wichtig ist, den globalen Temperaturanstieg auf weniger als zwei Grad zu begrenzen. Bereits bei Temperaturen von mehr als 1,5 Grad gegenüber vorindustriellem Niveau nehmen die Risiken deutlich zu. Zugleich zeigt die Darstellung, dass der globale Temperaturanstieg auch bei sehr ehrgeizigem Klimaschutz weltweit allenfalls auf 1,5 bis 2,5 Grad Celsius begrenzt werden kann. Deshalb raten viele Wissenschaftler zum Zwei-Grad-Limit, das sich die EU und die deutsche Bundesregierung auf die Fahnen geschrieben haben.

Um dieses Ziel zu erreichen, müsste der weltweite Treibhausgasausstoß bis 2050 gegenüber 1990 um 50 bis 80 Prozent reduziert werden – ein wahrlich sehr ehrgeiziges Ziel. Um den Entwicklungs- und Schwellenländern noch einen gewissen Raum für Emissionswachstum zu geben, müssten die Industrieländer bis Mitte des Jahrhunderts bei einem weitgehend emissionsarmen Wohlstandsmodell gelandet sein und zusätzlich die Entwicklungsländer unterstützen: sowohl beim notwendigen Umbau zu mehr Klimaschutz als auch dabei, sich an den nicht mehr vermeidbaren Teil des Klimawandels anzupassen.

Welche Zukunft wollen wir?

Mit dem UN-Klimagipfel in Bali im Dezember 2007 hat eine entscheidende Phase begonnen. Bis Ende 2009 soll ein neues globales Klima-Abkommen für die Zeit nach 2012 verhandelt werden. Die folgenden von uns entwickelten vier Welt-Szenarien für das Jahr 2050 sollen deutlich machen, dass in allernächster Zeit eine zentrale Weichenstellung für die Zukunft unseres Planeten und die der Menschheit erfolgt. Es geht einerseits um die Frage, ob es der Weltgemeinschaft gelingt, ein internationales Klimaschutzabkommen zu verabschieden, andererseits darum, zwischen einzelnen Staaten, innerhalb der Staaten sowie in Städten und

Gemeinden, in der Wirtschaft und im Finanzmarkt umfassende Klimaschutzmaßnahmen anzustoßen.

Zukunftswelt A: Unkontrolliertes Großexperiment mit der Menschheit

Heute, im Jahr 2050, werfen Klimahistoriker einen Blick zurück zum Anfang des Jahrhunderts: Die wissenschaftliche Debatte über die Ursachen des Klimawandels war spätestens im Jahr 2007 durch den vierten Bericht des Weltklimarats weitestgehend beendet. «Die Beweisaufnahme ist abgeschlossen», betonte damals Hans Joachim Schellnhuber, der Direktor des Potsdam-Instituts für Klimafolgenforschung. Auch Politiker auf der ganzen Welt mahnten zum Handeln. In den Medien war der Klimawandel seinerzeit ein Top-Thema, 2007 war das Jahr mit dem bislang höchsten CO_2-Ausstoß aller Zeiten. 2008 kam es zu einem weiteren Rekord. Und auch das Jahr 2009, in dem sich die Staatengemeinschaft auf ein neues Abkommen einigen wollte, brachte keine Wende. Hauptgrund: Die Ende 2008 neu gewählte US-Regierung erfüllte die hoch gesteckten Erwartungen nicht, sondern knüpfte nahtlos an die Klimapolitik der Bush-Regierung an. 2009, während des UN-Klima-Gipfels in Kopenhagen, war auch sie nur zu freiwilligen und zu unverbindlichen Reduktionszielen bereit. Deshalb akzeptierten weder die anderen Industriestaaten noch die Schwellenländer wirklich ernsthafte Einschnitte bei ihrem eigenen Verbrauch fossiler Energien – obwohl Wissenschaftler damals eindringlich davor gewarnt hatten, dass die Weltgemeinschaft vor existenzielle Herausforderungen gestellt würde, wenn die Klimagase bis zum Jahr 2050 nicht um mindestens 50 Prozent gegenüber 1990 verringert würden.

Alle Appelle hatten nichts geholfen. Die Emissionen stiegen weiter, und mit ihnen kletterte die Temperatur. Bereits im Jahr 2030 war das «ewige Eis» der Arktis fast vollkommen verschwunden.

Weil seit Jahrzehnten die Gletscher auf Grönland immer schneller ins Meer rutschen, beträgt der Anstieg des Meeresspiegels heute – im Jahr 2050 – bereits 50 Zentimeter. Im vergangenen Jahr standen nach einem verheerenden Taifun erneut weite Teile Bangladeschs unter Wasser. Ganze Landstriche wurden vom Indischen Ozean erobert. Millionen Menschen haben seither versucht, über die Grenze ins Nachbarland Indien zu gelangen. Doch Indien hat seine Grenzen geschlossen und die Nationalgarde zur Grenzsicherung mobilisiert. Das Land kann die eigenen Völkerwanderungen aus dem Süden und aus der Himalaja-Region mit inzwischen fast 200 Millionen Flüchtlingen nicht mehr aus eigener Kraft bewältigen. Dies sind die Folgen eines seit Jahren unberechenbaren Monsuns, der in Südindien zu großer Dürre und Hungersnot und in der Himalaja-Region zu großen Überschwemmungen geführt hat.

Die UNO hat aufgrund der großen Flüchtlingsströme mit der Stimmenmehrheit der Entwicklungs- und Schwellenländer den Klimaflüchtlingen in Indien und Bangladesh einen Sonderstatus verliehen. Die Industrieländer wurden verpflichtet, eine je nach CO_2-Ausstoß gestaffelte Menge an Flüchtlingen aufzunehmen und die Notleidenden in deren Heimatländern zu unterstützen. Deutschland soll bis 2060 jährlich 80.000 Inder aufnehmen und jährlich zehn Milliarden Euro Katastrophenhilfe bezahlen. Die USA wurden zu einer siebenmal so hohen Hilfsleistung verpflichtet, weigern sich aber, das UNO-Votum anzuerkennen. Die EU wiederum hat jegliche Unterstützung an das Einlenken der Amerikaner geknüpft. Weil es dazu keinerlei Anzeichen gibt, haben inzwischen alle Industriestaaten ihre Grenzen dicht gemacht, zumal aufgrund der anhaltenden Dürre im südlichen Afrika auch dort immer mehr Menschen ihre Heimat verlassen wollen.

Warum musste es so weit kommen? Das fragen sich jetzt alle. Ursache war in erster Linie der seit Anfang des 21. Jahrhunderts weltweit schnell wachsende Kohleverbrauch. Hohe Öl- und Gaspreise sowie die Sorge um Energiesicherheit trieben damals die Investitionen zwar auch in Richtung erneuerbare Energien und Energieeffizienz, aber noch schneller in Richtung Kohle – und auch in andere CO_2-intensive Alternativen wie Ölsande. Die Emissionen stiegen längst nicht nur in den Schwellenländern, aber vor allem dort. Am meisten nahmen sie in China zu. «Jedes Kilo Kohle fängt über das Verbrennungsprodukt Kohlendioxid ein Hundertfaches der Wärme, die wir aus ihr gewinnen, in der Atmosphäre ein – es ist längst Zeit für eine Wende in der Energieversorgung», mahnte Ende 2007 Carlo Rubbio, der Physik-Nobelpreisträger von 1984. Geholfen hatte die Mahnung nichts. Die Kohle war der am schnellsten wachsende Energieträger des neuen Jahrtausends.

In den Medien waren der kletternde Ölpreis und die Suche nach Alternativen ein Dauerthema. Die Zeitschrift *natur+kosmos* hatte 2008 die Aufbruchstimmung in Kanada wie folgt beschrieben: «Im Norden Kanadas – an den Athabasca-Ölsanden – herrscht seit einigen Jahren die reinste Goldgräberstimmung. Das Städtchen Fort McMurray am Athabasca River, Zentrum des Ölsandabbaus, hat seine Einwohnerzahl in einem Jahrzehnt auf fast 70.000 verdoppelt. Die Immobilienpreise sind explodiert und auf dem Niveau der Provinzhauptstadt Edmonton; die Firmen haben Mühe, Arbeitskräfte zu finden. Der Grund für den Boom ist klebrig und riecht nach warmem Teer: ein Gemisch aus Öl, Sand und Wasser. In riesigen Mengen. Mit rund 1,7 Milliarden Barrel lagern hier, im so genannten Bitumen Belt, die rechnerisch zweitgrößten Ölreserven der Welt. «We have the energy» («Wir haben die Energie»), brüstet sich Fort McMurray auf mehrere Meter hohen Begrüßungsschildern an den Ausfallstraßen.» Was für die einen die Chance ihres Lebens war, war für das Klima eine Katastrophe.

Im Finanzmarkt wurde damals vom «Carbon Paradox» gesprochen, weil ausgerechnet in den Jahren, da alle Welt von der Notwendigkeit zum Klimaschutz redete, die Investitionen in Kohle einen ungeahnten Boom erlebten. Die großen deutschen Energieversorger RWE, E.ON, Vattenfall und EnBW, aber auch Wettbewerber wie Trianel oder STEAG reihten sich mit ihren Plänen, 19 neue Kohlekraftwerke in Deutschland zu bauen, in diese Entwicklung ein. Heute sehen wir, dass die Kurzsichtigkeit der damaligen Regierungen und der Energiewirtschaft dazu geführt hat, dass weltweit über eine Milliarde Menschen ihre Existenzgrundlage verloren haben.

Zukunftswelt B: Klima-Apartheid

Heute, im Jahr 2050, ist es gelungen, die Emissionen weltweit gegenüber 1990 um 50 Prozent zu verringern. Den erfolgreichen Kurswechsel im Kampf gegen den globalen Klimawandel hatte US-Präsident John McCain eingeleitet. Das Pentagon hatte kurz nach seiner Amtseinführung am 20. Januar 2009 auf die enormen Sicherheitsrisiken durch den Klimawandel hingewiesen. Der neue Präsident verkündete im Sommer 2009 die neue Klimastrategie: «Wir wollen uns von nun an an zwei Zielen orientieren. Zum einen soll der Klimawandel auf weniger als zwei Grad begrenzt werden. Zum anderen darf der Kampf gegen den Klimawandel unseren ‹American Way of Life› nicht in Frage stellen.» Weil die US-Delegation sich im Dezember 2009 auf dem Klimagipfel in Kopenhagen strikt widersetzte, selbst stärkere Reduktionsziele als China zu akzeptieren, endete der Gipfel in einem Debakel. Den USA gelang es aber drei Jahre später, eine Klimapolitik international durchzusetzen, die sich an ihren eigenen Grundsätzen orientierte. «Wir haben uns darauf geeinigt, dass sowohl die Industrie- als auch die Schwellenländer ihre Emissionen bis Mitte des Jahrhunderts um mindestens 60 bis 70 Prozent reduzieren», verkündete ein stolzer US-Präsident, der 2015 die Abschlussrede des ersten UN-Klimagipfels in den USA hielt. Vor laufenden Kameras unterzeichnete er als Erster das New-York-Protokoll.

Dem Abschluss war nach dem gescheiterten Gipfel von Kopenhagen ein dreijähriger heftiger Handels-Konflikt insbesondere mit den Schwellenländern China, Indien, Mexiko, Brasilien und Südafrika vorausgegangen. Indiens Regierungschef hatte noch zu Beginn des Klimagipfels 2010 die Verhandlungsführer in einer Video-Botschaft beschworen: «Ein Inder stößt heute etwa ein Zwanzigstel der Emissionen eines US-Amerikaners aus. Es kann nicht gerecht sein, wenn beide – ein US-Amerikaner und ein Inder – ihre Emissionen um mehr als die Hälfte halbieren müssen. Wenn die USA ihre Emissionen halbieren, dann stößt im Jahr 2050 ein US-Amerikaner immer noch so viele Emissionen aus wie heute ein Deutscher.» Der indische Wirtschaftsnobelpreisträger Amartya Sen unterstützte ihn: Europäer und Amerikaner hätten ihre gesellschaftliche Entwicklung und ihren Wohlstand seit der Industriellen Revolution auf den fossilen Energieträgern Kohle, Öl und Gas aufgebaut. «Und gerade in dem Moment, da wir Chinesen und Inder damit beginnen, uns ebenfalls zu entwickeln, sagen die Vertreter der alten Industriestaaten: Das dürft ihr nicht wiederholen.»

Dennoch: Die US-Regierung hatte Anfang 2011 einen Einfuhrstop gegenüber allen Produkten aus Ländern angekündigt, die eine Halbierung ihrer Emissionen bis 2050 ablehnten. Kanada, Japan, Russland, Australien sowie die EU hatten sich, nachdem die Verhandlungen der Welthandelsorganisation WTO gescheitert waren, dem Einfuhrstop angeschlossen. Zugleich war die NATO massiv umgebaut worden, zugeschnitten auf ihre neue zentrale Zielsetzung, den Zugang zu Rohstoffen zu sichern. Der Handelsboykott stürzte China in die schwerste Wirtschaftskrise seit dem Zweiten Weltkrieg. Im Laufe des Jahres 2011 verloren über 63 Millionen Chinesen ihre Arbeit. Indien stolperte verzögert, zwei Jahre später, in eine ähnliche Situation. Auch Brasilien und Südafrika wurden vom Sog des Abschwungs nach unten gerissen. Mexiko entging dem, weil es als erstes Schwellenland der Forderung nachgab und akzeptierte, die eigenen Emissionen zu halbieren. In den Industrieländern stieg die Inflation durch die ausbleibenden Billigexporte auf zweistellige Werte. Indien gab als zweites Land seinen Widerstand auf, als der größten Demokratie der Welt angeboten wurde, der NATO beizutreten. Danach brach der Widerstand der anderen Schwellenländer Land für Land zusammen.

Wenn man heute nach fast dreieinhalb Jahrzehnten diese Entscheidung bewertet, stellt sie sich als eine zentrale Weichenstellung auf dem Weg zu einer neuen Weltordnung heraus. Für die Entwicklungsländer hatte das Abkommen zwiespältige Folgen. Einerseits konnten die schlimmsten Auswirkungen des globalen Klimawandels vermieden werden. Doch dafür zahlten gerade die am wenigsten entwickelten Länder einen hohen Preis: Diese Länder sind heute weiter denn je davon entfernt, die zur Jahrtausendwende erklärten Ziele zur Armutsbekämpfung zu erreichen. In China und Indien lebt inzwischen rund ein Drittel der Bevölkerung, die reicheren Schichten, in Stadtvierteln oder Landesteilen, die abgeschirmt sind, um Raubüberfälle und Plünderungen zu verhindern. Diese wohlhabenden städtischen Schichten in den Schwellen- und Entwicklungsländern haben mit den mehreren Hundert Millionen Menschen auf dem Land, die von rund einem Dollar am Tag leben müssen, kaum noch Kontakt. Afrika ist ein geteilter Kontinent. Zwei Drittel der afrikanischen Staaten sind dem Einflussbereich Chinas, das andere Drittel dem der NATO zuzuordnen – eine Entwicklung, die sich bereits Anfang des Jahrhunderts abzeichnete, als China damit begann, seinen Hunger nach Rohstoffen in Afrika zu stillen.

Der Nord-Süd-Konflikt strukturiert die neue Weltordnung. Kritiker bezeichnen sie als Klimaapartheid. Die Kluft zwischen Arm und Reich ist heute weltweit doppelt so groß wie zur Jahrtausendwende – und auch innerhalb fast aller Nationen sind die Reichen reicher und die Armen ärmer geworden. Andere Beobachter bezeichnen diese Entwicklung, die zu einer strikten Trennung der reichen, aufwendig bewachten Wohngegenden von den Armenvierteln geführt hat, als Brasilianisierung. Denn Brasilien war nach Südafrika der erste Staat, der diese gesellschaftliche Zweiteilung mit militärischer Gewalt durchgesetzt hat. Heute dominiert sie das Leben in fast allen Industrienationen und Schwellenländern.

Größter Gewinner der neuen Weltordnung ist aus heutiger Sicht eine Gruppe von ehemaligen Entwicklungsländern, die sich im Jahr 2011 zu den so genannten SEEN-Nationen, den Solar-Energy-Export-Nationen zusammengeschlossen haben. Diese Staaten haben riesige Sonnenkraftwerke entwickelt und verfügen inzwischen über ein Exportvolumen, das mit der einstigen Stärke der OPEC verglichen werden kann. Zwei Drittel dieser Export-Einnahmen waren in diesen Staaten in Bildung, Wissenschaft und Gesundheit investiert worden. In Deutschland fragen sich immer mehr Kritiker, warum das Land seine Förderung erneuerbarer Energien nicht weiterverfolgt hat. Es könnte wirtschaftlich heute genauso gut dastehen wie Marokko und Algerien.

Zukunftswelt C: Globale Klimaschutzpartnerschaft

Heute, im Jahr 2050, sind sich alle Historiker einig: Das «Klimajahr 2007» mit dem Höhepunkt des UN-Klimagipfels auf Bali kurz vor Weihnachten hatte den Durchbruch für ein umfassendes internationales Klimaabkommen gebracht. Im Ergebnis ist eine neue partnerschaftlich strukturierte Weltordnung entstanden.

Damals war die Weltgemeinschaft in Riesenschritten auf zwei großen Konflikte zumarschiert, mit der sich der Weltsicherheitsrat im Jahr 2007 erstmals unter dem Stichwort Energie- und Klimasicherheit befasst hatte. Zum einen schoss der Weltmarktpreis für Rohöl, aber auch für die meisten anderen Rohstoffe in die Höhe. In den Schwellenländern explodierte die Nachfrage geradezu, in den meisten Industrieländern nahm sie zu, nur in einigen wenigen wie in Deutschland und Großbritannien stagnierte sie auf hohem Niveau. Zum anderen waren in den ersten sieben Jahren des neuen Jahrtausends die Treibhausgasemissionen pro Jahr dreimal schneller gewachsen als im Jahrzehnt davor.

Ende des Jahres 2008 kam es jedoch zu einer weltweiten Trendwende, die viel tief greifender war, als selbst die Umweltorganisationen, die sie in besonderer Weise vorantrieben, zu hoffen gewagt hatten. Barack Obama, der gerade gewählte, aber noch nicht amtierende US-Präsident, war bereits zum UN-Klimagipfel in Poznan in Polen angereist und eröffnete den Gipfel mit folgenden Worten: «Vor vier Jahrzehnten haben wir es geschafft, dass die ersten Menschen auf dem Mond gelandet sind. Und jetzt werden wir es schaffen, unseren Planeten als eine gastliche Heimat für alle Menschen zu erhalten. Wir Amerikaner verpflichten uns, bis Mitte des Jahrhunderts vollständig aus allen fossilen Energien – aus Kohle, Öl und Gas – auszusteigen. Und wir rufen alle Staaten dazu auf, sich in den zwölf Monaten bis zum Klimagipfel in Kopenhagen ähnlich ambitionierte Ziele zu setzen. Wir stehen vor einer Revolution des Energie-, Transport- und Gebäudebereichs, und das Ergebnis wird ein neues Wohlstandsmodell sein, an dem alle in dieser Welt teilhaben können.» Mit den Worten «I am a citizen of the world – Ich bin ein Weltbürger» verbeugte sich der neue Präsident vor den 3500 Delegierten – und wurde begeistert gefeiert. Dieser symbolische Augenblick ist als Wendepunkt der internationalen Klimapolitik in die Geschichte eingegangen.

Bereits wenige Monate danach hatten die Staats- und Regie-

Welche Zukunft wollen wir? 109

rungschefs der großen Industriestaaten gemeinsam mit den Vertretern von China, Indien, Mexiko, Südafrika und Indonesien während des G8-Gipfels auf der italienischen Insel La Maddalena vier große Initiativen auf den Weg gebracht. Diese 13 Staaten, in denen alle großen Autohersteller ihre Konzernzentrale haben und in denen über 90 Prozent aller Autos verkauft werden, einigten sich auf drastische Einschnitte im Verkehrsbereich: Der Automobilsektor muss seine Emissionen jährlich um vier Prozent reduzieren. Darüber hinaus soll der gesamte Flugverkehr in und aus diesen Staaten in den Emissionshandel einbezogen werden, der dazu führt, dass die Emissionsrechte aller Flüge ersteigert werden müssen und damit jede Tonne CO_2 und jeder Beitrag zur Erwärmung ihren Preis haben. Kohlekraftwerke dürfen nur noch gebaut werden, wenn die Emissionen eingefangen und in geologischen Stätten gelagert werden. Zuletzt beschlossen die Regierungschefs in all diesen Staaten ein Energieeinspeisegesetz für erneuerbare Energien auf den Weg zu bringen, das in den Schwellenländern von den Industrieländern kofinanziert werden soll. Und mit Hilfe eines groß angelegten Programms sollen alle nicht ans Stromnetz angeschlossenen Menschen mit Solarstrom versorgt werden. Auf dem Klimagipfel in Kopenhagen im Dezember 2009 wurde dann allen Entwicklungsländern angeboten, dass sie sich an diesen Programmen beteiligen können. Nicht zuletzt wurde die International Renewable Energy Agency (IRENA) gegründet. Ihr Auftrag: Sie soll auf der ganzen Welt den Umstieg auf alternative Energien fördern – vergleichbar der Internationalen Atomenergiebehörde IAEA, die ein halbes Jahrhundert davor gegründet worden war, um weltweit die friedliche Nutzung der Atomenergie voranzutreiben. Die übergeordnete UN-Behörde wurde in Peking angesiedelt, weil China mehr Investitionen in diesem Sektor angekündigt hatte als jedes andere Land. Bis 2020 erhöhte sich in der Folge weltweit der Anteil der erneuerbaren Energien von gut drei auf etwa 20 Prozent des Primärenergieverbrauchs. Die massenhafte

Markteinführung machte erneuerbare Energien so kostengünstig, dass seit 2020 fast nur noch in diesen Bereich investiert wurde.

Nicht nur durch die globale Rahmensetzung brachte der UN-Klimagipfel in Kopenhagen den Durchbruch für die Klimawende. Die Industrieländer verpflichteten sich darüber hinaus, gegenüber 1990 die Treibhausgase bis 2020 um 25 bis 40 Prozent zu verringern. Nach diesen Reduktionsverpflichtungen hatte sich die Debatte völlig umgedreht. War bis 2006 oft von einer «Lastenteilung» bei der Reduktion der Treibhausgase die Rede gewesen, wollte jetzt jeder an der sich anbahnenden neuen technologischen Revolution und am Emissionshandel teilhaben. Die Regierungschefs von China und Indien verfassten gemeinsam folgende Erklärung: «Wir sind bereit, die internationale Rahmensetzung zu akzeptieren, der zufolge im Jahr 2050 jeder Bürger dieser Welt nicht mehr als eine Tonne CO_2 freisetzen darf. In den Bereichen Stahl, Aluminium und Zement werden wir uns bereits im Jahr 2012 am internationalen Emissionshandel beteiligen. Schon im Jahr 2020 wird China und ab 2025 auch Indien nationale Emissionsziele akzeptieren, die uns auf einen entsprechenden Reduktionspfad führen. Ab 2050 soll der Grundsatz ‹one man – one emission right› (ein Mensch – ein Emissionsrecht) für alle Menschen auf der Welt gelten. Allerdings ist unser Vorgehen daran geknüpft, dass die Industrieländer uns den Zugang zu den notwendigen Technologien ermöglichen und kofinanzieren.» An dieser Frage wäre der Klimagipfel in Kopenhagen beinahe gescheitert. Doch ein Vorschlag der internationalen Entwicklungsbanken, wie eine risikoarme Kostenteilung bei der Finanzierung dieser Technologien aussehen könnte, ermöglichte damals die Einigung buchstäblich in letzter Minute.

Im Jahr 2012 wurde der Weltsicherheitsrat mit einem neuen Mandat versehen: Zentrale Aufgabe ist es seither nicht mehr, nur Kriege zwischen den Staaten zu vermeiden, sondern auch, die Menschen vor Genoziden und humanitären Katastrophen zu schützen. Im Laufe des darauf folgenden Jahrzehntes wurde die gesamte weltweite Sicherheitsarchitektur dementsprechend umgebaut. Zum einen in Richtung Vorsorge – zum anderen zunehmend in Richtung einer nicht militärischen Sicherheitsstruktur. Denn die Vereinbarungen, mit denen Klimasicherheit und eine emissionsarme Energieversorgung garantiert wurden, machten es notwendig, dass die Staaten miteinander kooperierten und gemeinsam Vorsorge betrieben. Die großen Industrie- und Schwellenländer arbeiteten dafür seit 2012 auch in der Konferenz für Energie- und Klimasicherheit (KSEC) zusammen. Diese Kooperation basiert auf der zweiten wichtigen Säule des Kopenhagen-Protokolls. Die Industrieländer hatten sich verpflichtet, aus der Versteigerung von Emissionszertifikaten im Jahr 2012 zwölf Milliarden und bis zum Jahr 2020 sogar jährlich 50 Milliarden US-Dollar zur Verfügung zu stellen, damit sich die besonders betroffenen Staaten an die unvermeidbaren Folgen des Klimawandels anpassen konnten.

Die Versteigerung von Emissionszertifikaten – also der jedes Jahr stärker eingeschränkten Erlaubnis, weiterhin Treibhausgase in die Luft zu blasen – und die Erlöse aus dem Emissionshandel brachten alleine in der EU bereits 2015 etwa 100 Milliarden US-Dollar. Daraus wurden unter anderem Maßnahmen finanziert, um in Entwicklungsländern die Landwirtschaft auf hitzeresistente Kulturen umzustellen, Deiche zu bauen oder die Armen gegen die zunehmenden Naturkatastrophen zu versichern. Diese Abgaben haben dazu geführt, dass bereits 2020 das erst 2010 fertig gestellte Kohlekraftwerk in Neurath vom Netz genommen wurde – es war damals mit jährlich 34 Millionen Tonnen der größte CO_2-Emittent Europas. Eine Kilowattstunde Kohlestrom zu erzeugen war durch die Emissionsabgaben jetzt doppelt so teuer geworden und kostete elf Cent. Damit war das Kraftwerk nicht mehr konkurrenzfähig gegenüber den Windparks in der Nordsee und den neuen solarthermischen Kraftwerken in Tunesien. Die Nachrüstung mit einer Anlage zur CO_2-Abscheidung hätte den Strom aus dem Kraftwerk weiter verteuert und war nach langer RWE-interner Debatte verworfen worden. Heute beherbergt das ehemalige Kraftwerk in Neurath das größte Bergbau-Museum Nordrhein-Westfalens. In einem der Räume sind blaue Lampions ausgestellt, mit denen die Akteure der Klimaallianz im Dezember 2007 bei der ersten Anti-Neurath-Demonstration gegen das Kraftwerk protestiert hatten. In einer Ecke des Raums ist das Baumhaus nachgebaut, in dem Aktivisten des Bundes für Umwelt- und Naturschutz Deutschland (BUND) auf einer Wiese des späteren Kraftwerksgeländes gegen den Bau protestiert hatten. Neurath war das letzte Kohlekraftwerk, das in Deutschland noch ohne CO_2-Abscheidung ans Netz ging. Überhaupt waren nach dem Klimagipfel von Kopenhagen in Deutschland nur noch vier Kohlekraftwerke gebaut worden – und alle mit einer Technik ausgerüstet, um CO_2 einzufangen. Zwei dieser vier Kohlekraftwerke wurden ebenfalls frühzeitig vom Netz genommen. Die Enkel staunen heute, wie unbeirrbar ihre Großeltern an dieser veralteten und gefährlichen Technik – Symbole einer anderen Epoche – festgehalten hatten.

Der Europäische Dachverband der Industrie ECE hatte bereits im Jahr 2015 die Regierungen der EU kritisiert, weil sie die Zeit zwischen 1997 und 2007 nicht entschiedener genutzt hatten, um die Vorreiterrolle der Europäischen Union festzuschreiben – als die US-Regierung sich einem ernsthaften Klimaschutz noch verweigert hatte. «Ohne diese Halbherzigkeit hätten wir bei dieser technologischen Revolution die Nase vorne gehabt», beklagte sich der Verbandspräsident damals, «jetzt bedarf es enormer Anstrengungen, um nicht von den großen Energiekonzernen in den USA, China und Indien abgehängt zu werden.»

Germanwatch – ein eigenwilliger Akteur für mehr Gerechtigkeit

Februar 1991: 100 Frauen und Männer treffen sich in Bonn in den Räumen der Stiftung für internationale Entwicklung. Sie kommen von Terre des Hommes, der Welthungerhilfe, von Brot für die Welt, von der evangelischen und katholischen Kirche, von entwicklungspolitischen Aktionsgruppen. Ihr Ziel: eine Organisation zu gründen, die keine Projekte vor Ort in Entwicklungsländern durchführt, sondern in Deutschland für Rahmenbedingungen sorgen möchte, die den Notleidenden der Sahelzone, den Landlosen in Brasilien, den Tagelöhnern in Südostasien zu einem besseren Leben verhelfen. Das Ergebnis: Germanwatch. Der neu gegründete Verein will «hinsehen, analysieren und sich einmischen» und als kritischer Beobachter, Mahner und Begleiter gegenüber Politikern und Wirtschaftsvertretern auftreten. Sein Ziel: dazu beitragen, dass die Wirtschaftsmacht Deutschland ihrer Verantwortung gegenüber weniger entwickelten Staaten gerecht wird. Die Menschen im Süden sollen größere Chancen für ihre eigene Entwicklung bekommen. Etwa durch faire Preise für ihre Produkte oder Handelsabkommen, die die Kleinbauern schützen. Wie ist es möglich, die Warenströme so auszubalancieren, dass nicht das Gesetz des Stärkeren den Handel zwischen Nord und Süd dominiert? Zwei der Gründungsvorstände sind noch heute im Vorstand: Michael Windfuhr und Klaus Milke.

Juni 1992: Der Weltgipfel für Umwelt und Entwicklung in Rio de Janeiro findet statt. Die Klimarahmenkonvention wird verabschiedet, Kanzler Helmut Kohl verspricht, die CO_2-Emissionen in Deutschland bis 2005 um 25 Prozent zu verringern. Die Industrieländer sollen ihre Entwicklungshilfe auf 0,7 Prozent ihres Bruttosozialprodukts aufstocken. Und mit Nachdruck wird die Entschuldung der Dritten Welt auf die Tagesordnung gesetzt. Germanwatch nimmt sich aller drei Themen an und verzahnt den Nord-Süd-Konflikt mit dem Klimawandel, der seit dem ersten Bericht des Weltklimarates IPCC im Jahr 1989 zu einem zentralen Thema der Weltgemeinschaft zu werden begann.

Trotz der großen Aufgaben ist Germanwatch bis heute ein kleiner Verein geblieben: 500 Mitglieder; 16 feste Mitarbeiter; 100 aktive Ehrenamtliche, Jahresbudget rund eine Million Euro. Die Mittel kommen durch Mitgliedsbeiträge und Spenden zusammen, hauptsächlich aber über Projekte mit der EU, mit Ministerien, Stiftungen, Kirchen und der Wirtschaft – ein direktes Sponsoring, das Einfluss nimmt, ist ausdrücklich ausgeschlossen. Damit wahrt der Verein seine Unabhängigkeit.

In den Kampagnen «Rio konkret» im Anschluss an den Rio-Gipfel 1992 und der so genannten «Klimaausbadekampagne» zehn Jahre danach ging es darum, die Politik zu ernsthaftem Klimaschutz zu drängen und die Öffentlichkeit sowie Entscheidungsträger darauf hinzuweisen, dass die Industrieländer den Klimawandel verursachen, aber vor allem die Ärmsten der Welt die Folgen ausbaden. Wenige hatten sich bis dahin Gedanken darüber gemacht. Heute ist das Thema zentraler Punkt in den Klimaverhandlungen.

Eine neue Aufgabe kam hinzu: Vor allem amerikanische Konzerne – Exxon, Chevron, Texaco aus der Öl- oder Chrysler, General Motors, Ford aus der Autobranche – gründeten 1989 als Reaktion auf die Vorbereitung des ersten IPCC-Reports die Global Climate Coalition.

Diese Wirtschaftsvereinigung hatte nur zwei Ziele: den Klimawandel in Zweifel zu ziehen und Klimaschutz-Abkommen zu verhindern. Sie trat bis Mitte der 90er Jahre auf allen Klimakonferenzen als Sprecherin «der» Wirtschaft auf und stigmatisierte Klimaschutz als Gefahr sowohl der reichen wie der armen Länder, weil er zu viel koste und die ökonomischen Grundlagen bedrohe. Nach Angaben der *Los Angeles Times* konnte diese Koalition allein 13 Millionen US-Dollar für eine Anti-Kyoto-Kampagne im Kyoto-Jahr 1997 einsetzen.

Das Worldwatch Institut in Washington – ein Partner von Germanwatch – mit dem und der Heinrich-Böll-Stiftung zusammen heute jährlich der Bericht «Zur Lage der Welt» herausgegeben wird, war daraufhin in den USA maßgeblich daran beteiligt, den Business Council for Sustainable Energy, den Wirtschaftsrat für Nachhaltige Energie, zu gründen. Germanwatch gelang es, ein europäisches Pendant zu initiieren, den European Business Council for Sustainable Energy, kurz «e5». Dabei stehen die fünf «e» für employment, economy, energy, efficiency und environment (Beschäftigung, Ökonomie, Energie, Effizienz und Umwelt). 1995 rief die damalige Umweltministerin Angela Merkel am Rande des ersten Weltklimagipfels in Berlin europäische Unternehmen dazu auf, sich in dieser Initiative zu engagieren. Ihre Botschaft: Ohne Unterstützung der Wirtschaft kann ich die notwendigen Klimaschutzinstrumente nicht durchsetzen. 1996 wurde «e5» gegründet. Die Wirtschaft sprach jetzt auf allen Klimakonferenzen mit einer zweiten Stimme – und diesmal für den Klimaschutz. Das war ein gewaltiger Fortschritt, weil Politiker die Wirtschaft nicht mehr nur als Bremser in Sachen Klimaschutz wahrnahmen.

Nachdem Ende 2000 der Klimagipfel in Den Haag gescheitert und sich Anfang 2001 die US-Regierung unter George W. Bush vom Kyoto-Prozess abgewandt hatte, koordinierten der WWF, e5 und Germanwatch gemeinsam die Kampagne «emission 55». Der Name ist angelehnt an den entscheidenden Passus des Kyoto-Protokolls, in dem festgehalten ist, dass das Protokoll erst dann in Kraft treten kann, wenn mindestens 55 Staaten, die insgesamt 55 Prozent der weltweiten Emissionen zu verantworten haben, das Abkommen ratifiziert haben. Trotz der US-Blockade gelang es, dass binnen weniger Monate 200 Unternehmen auf der ganzen Welt – von Japan über Deutschland bis nach Russland, Kanada und den USA – die Kampagne unterstützten und den Staatschefs in aller Welt die Botschaft vermittelten: «Wir brauchen Kyoto!» Die damalige EU-Kommissarin Margot Wallström schrieb an die Initiatoren, sie bezweifle, dass ohne diese Initiative der Nachfolgegipfel in Bonn im Juli 2001 ein Erfolg geworden wäre. So aber wurde er die Voraussetzung dafür, dass das Kyoto-Protokoll im Jahr 2005 endlich in Kraft treten konnte.

Zwischenzeitlich war Daimler mit Chrysler fusioniert – so war dieses deutsche Unternehmen plötzlich Mitglied der amerikanischen Global Climate Coalition geworden. Die Kampagnenarbeit gegen diese Klimaschutz-Verhinderungs-Koalition hatte aber bereits Wirkung gezeigt: Zunächst bröckelten die europäischen Unternehmen ab, zuerst stieg BP, dann Shell aus. DaimlerChrysler verkündete am Tag einer Pressekonferenz, auf der die kritischen Aktionäre und Germanwatch die Mitgliedschaft des Konzerns in der Coalition heftig kritisiert hatten, den Ausstieg. 2002 löste sich die Global Climate Coalition schließlich mangels Mitglieder selbst auf. Nur noch Exxon – in Deutschland Esso – war übrig geblieben.

Damit Germanwatch auf einem zweiten Bein stehen kann, gründete Klaus Milke gemeinsam mit anderen aus dem Umfeld von Germanwatch 1998 die Stiftung Zukunftsfähigkeit und stattete sie mit Kapital aus, das er durch den Verkauf eines Familienunternehmens erhielt. An die 30 Geldgeber sind seinem Beispiel inzwischen mit größeren und kleineren Summen gefolgt. Weitere sind dazu eingeladen. Mit den Kapitalerlösen werden vorrangig Germanwatch-Projekte gefördert. Die Stiftung hat noch einen zweiten Sinn: Sie organisiert zum Beispiel Hintergrundgespräche zwischen Verhandlern aus verschiedenen Ländern bei den UN-Klimaverhandlungen, um dem Szenario Globale Klimapartnerschaft Wege zu bahnen, oder zwischen Fachpolitikern verschiedener Parteien, um Gesetzesinitiativen auf den Weg zu bringen.

Zukunftswelt D: Der Planet Erde an der Herz-Lungen-Maschine

Heute, im Jahr 2050, ist es schwer, Kindern zu erklären, dass es noch vor einem halben Jahrhundert üblich war, das Wetter für gott- oder zumindest naturgegeben zu halten. Um zu verstehen, wie es zum neuen Verständnis des Klimas kommen konnte, muss man auf den UN-Klimagipfel in Kopenhagen im Jahr 2009 zurückblicken. Der Gipfel war gescheitert, weil die US-Regierung von den Schwellenländern gefordert hatte, dass diese im gleichen Maße wie die Industrieländer ihre Emissionen verringern müssten. Die Schwellenländer hatten diese Forderung als Einstieg in die Klimaapartheid bezeichnet und empört die Konferenz verlassen. Danach verpflichteten sich zwar die US-Regierung, der EU-Ministerrat und Australiens Präsident freiwillig, ihren CO_2-Ausstoß geringfügig zu verringern – die weltweiten Emissionen nahmen aber jedes Jahr weiter zu.

Seit dem Jahr 2019 stieg die atmosphärische CO_2-Konzentration doppelt so schnell, wie es eigentlich als Folge der Nutzung fossiler Brennstoffe zu erwarten gewesen wäre. Ein Verdacht, den ein internationales Forscherteam bereits im Jahr 2007 geäußert hatte, wurde nun zur Gewissheit. 2007 hatte es Hinweise darauf gegeben, dass zwischen 1960 und 2005 die CO_2-Aufnahmefähigkeit der Ozeane von 32 Prozent auf 26 Prozent zurückgegangen war. Bereits damals vermuteten die Forscher, die Weltmeere könnten bald gesättigt sein. Im Jahr 2019 gab es daran keinen Zweifel mehr.

Zudem war klargeworden, dass zumindest ein großer Teil der Eispanzer auf Grönland irreversibel abschmelzen würde; debattiert wurde nur noch über den Zeitrahmen – ob die bis zu fünf Meter Meeresspiegelanstieg in einem, zwei oder fünf Jahrhunderten die Menschen vor unlösbare Probleme stellen würden. Nach mehreren Dürrejahren war jetzt auch offensichtlich, dass ein großer Teil Amazoniens in den kommenden Jahrzehnten zur Steppe werden würde, wenn diese Dürre nicht schnellstens gestoppt werden könnte. Brasilien stand 2040 vor einer nationalen Katastrophe und die Welt vor dem Verlust des größten Artenschatzes, den es auf dem Globus gab. Auf dem Klimagipfel in Rio im gleichen Jahr fürchteten alle Teilnehmer, dass aus dem schwindenden Regenwald binnen weniger Jahre mehr CO_2 freigesetzt würde, als die Welt in den letzten hundert Jahren ausgestoßen hat. Dieser Rückkopplungsprozess würde die CO_2-Konzentration in der Atmosphäre steil ansteigen lassen. Die Forscher des Weltklimarates sprachen davon, dass jetzt ein unkontrollierbarer «Run-away-Treibhauseffekt» immer wahrscheinlicher werde.

Der UN-Sicherheitsrat vergab daraufhin noch im Jahr 2020 an

die USA und die EU, an Russland, China, Indien und Japan das Mandat, gemeinsam eine Strategie zur großtechnischen Steuerung des Weltklimas zu entwickeln. Ein Vorschlag, den der Atmosphärenforscher Paul Crutzen bereits 2005 gemacht hatte, wurde anderthalb Jahrzehnte später nochmals aufgegriffen, aber nach heftiger Wissenschaftsdebatte abgelehnt. Der Nobelpreisträger hatte seinerzeit vorgeschlagen, mit umgerüsteten Militärtransportern und Ballons in den Tropen oder mit Riesenschläuchen jährlich fünf Millionen Tonnen Schwefelteilchen in den höheren Schichten der Atmosphäre zu verteilen. Grund: Die Schwefelpartikel könnten einen Teil des Sonnenlichts reflektieren und damit die Klimaerwärmung drosseln – vergleichbar dem Vulkanausbruch des Pinatubo im Juni 1991. Der Sicherheitsrat fürchtete jedoch zu viele Nebenwirkungen. Der Chemiker Ken Caldeira von der Stanford University in Kalifornien hatte bereits 2007 darauf hingewiesen, dass so letztlich die Ozonschicht in der Stratosphäre zerstört werden könnte. Für deren Schutz war Crutzen 1995 mit dem Nobelpreis für Chemie ausgezeichnet worden. Andere Forscher fürchteten durch den Schwefel sauren Regen. Wieder andere warnten davor, dass aus den Ozeanen weniger Wasser verdunsten und ganze Kontinente von Dürren bedroht werden könnten. Weil davon voraussichtlich auch die Weizenanbaugebiete der USA betroffen gewesen wären, legte die Supermacht ihr Veto ein.

Stattdessen einigte sich der Sicherheitsrat schließlich auf einen Vorschlag der US-Akademie der Wissenschaften. Nach zwei Jahrzehnten Vorbereitung wurden 2040 im All 55.000 Spiegel platziert. Sie sollen so viel Sonnenlicht reflektieren, um mehr als die Hälfte des bislang erfolgten Temperaturanstiegs auszugleichen. Zu diesem Zweck wurde erstmals eine vollautomatische Produktionsstätte auf dem Mond eingerichtet. Allerdings traten auch hier ungewollte Nebenwirkungen auf. Die Spiegel konnten die Polregionen der Erde nicht abdunkeln. Deshalb wärmten sich diese weit stärker auf als der Rest der Erde, was weltweit die Winde und

Niederschläge aus dem Rhythmus brachte. Es gibt derzeit eine große Debatte darüber, ob die Konsequenzen des Klimawandels möglicherweise geringer gewesen wären, wenn die Spiegelsysteme nicht aufgestellt worden wären.

Die so genannten Geo-Engineering-Methoden, wie diese großtechnischen Eingriffe genannt werden, waren von Anfang an umstritten. Kritiker verglichen sie mit der Dialyse eines Nierenkranken, deren Nebenwirkungen enorm sind. Phosphate und Kalium beispielsweise können nicht vollständig aus dem Blut entfernt werden, was zu Herzrhythmusstörungen, geschädigten Knochen und Blutgefäßen führt. Die Dialyse ist kein Ersatz für die Selbstregulierung durch gesunde Nieren, sondern nur eine letzte Notlösung. Auf die Erde übertragen heißt das: Sie wird an die Herz-Lungen-Maschine angeschlossen.

Auch der vierte Report des Weltklimarates von 2007 hatte Bedenken formuliert: «Möglichkeiten zu großmaßstäblichen Eingriffen in natürliche Vorgänge (= Geo-Engineering), wie z. B. die Düngung von Ozeanen, um CO_2 direkt aus der Luft zu entfernen, oder die Schwächung von Sonnenlicht durch die Ausbringung von Material in der oberen Atmosphäre, bleiben weitgehend spekulativ und unbewiesen sowie mit dem Risiko von unbekannten Nebenwirkungen behaftet. Verlässliche Kostenabschätzungen für diese Optionen sind nicht veröffentlicht worden.»

Jetzt, da Tatsachen geschaffen sind, steht die Weltgemeinschaft vor der Situation, dass die Spiegel mindestens 50 Jahre ihren Dienst im All verrichten, der Eingriff also so lange nicht umkehrbar ist. Für viele Experten erscheint aber noch bedrohlicher, dass die vier beteiligten Mächte – die USA, China, Japan und die EU – sich durch dieses Projekt die Möglichkeit zur meteorologischen Kriegsführung angeeignet haben. Es liegt in ihrer Hand, wo wie viel verdunkelt werden kann und wo es deshalb Missernten geben wird. Diese Möglichkeit hat die Welt bereits an den Rand eines Atomkrieges geführt, weil Russland im letzten

Jahr nicht geglaubt hat, dass der russische Nordosten «versehentlich» stark abgedunkelt wurde.

Bis zum Jahr 2020 war die Wetterkontrolle nur einige Male kleinräumig militärisch erprobt worden. Bereits im Vietnamkrieg versuchten die US-Streitkräfte, gezielt das Wetter zu verändern. Die geheime Mission hatte den Decknamen «Operation Popeye». Der U. S. Air Weather Service nutzte drei umgebaute Transportflugzeuge vom Typ WC-130, um eine künstliche Wolkenbildung und starke Regenfälle über dem Ho-Tschi-Minh-Pfad auszulösen. Die Aktion sollte den Monsun verlängern, den Boden aufweichen und dadurch lebenswichtige Versorgungs- und Verbindungswege unpassierbar machen – was letztlich nicht gelang. Anfang der 70er Jahre enthüllten die Medien die geheimen Versuche zur Wetterveränderung und lösten eine Welle öffentlicher Empörung aus. Der amerikanische Kongress setzte eine Untersuchungskommission ein, deren Ergebnisse maßgeblich zu jenem UN-Abkommen beitrugen, das Umweltwaffen im Jahr 1978 zunächst verbot.

Auch die Sowjetunion entwickelte Megaprojekte. In den 50er Jahren des letzten Jahrhunderts gab es den Plan, den arktischen Norden auftauen zu lassen, um die Region wirtschaftlich nutzen zu können – mit Hilfe von Atombomben oder dadurch, dass Asche und Ruß aus den Kohlekraftwerken großflächig über den Schneeflächen Sibiriens verstreut werden sollten. Die schwarz gefärbten Flächen würden mehr Sonnenlicht absorbieren, Eis und Schnee tauen. Alternativ träumten sowjetrussische Ingenieure von einem Damm, der die Beringstraße absperrt. Er sollte die Möglichkeit eröffnen, kaltes Nordmeerwasser in den Pazifik zu leiten. Warmes Atlantikwasser wäre nachgeströmt, das Packeis abgeschmolzen und Sibirien erwärmt. Es blieb damals bei Planspielen.

Im Jahr 1994 wurde das Projekt «Spacecast 2020» der U. S. Air Force bekannt. Obwohl der Plan im Widerspruch zur UN-Charta stand, gehörte zu ihm auch die Kontrolle des Wetters. Der Bericht «Weather as Force Multiplayer; Owning the Weather 2025» der U. S. Air Force zeigte dann schon um die Jahrtausendwende, wovon Militärstrategen träumten: Mit Strahlenantennen wollten sie die Ionosphäre aufheizen, um die Kommunikation des Feindes zu stören. Mit Lasern sollten Blitze entstehen, die angreifende Flugzeuge zum Absturz bringen. Flugzeuge könnten Mikro-Staub ausbringen, um Dauerregen auszulösen. Wer den Wind zu drehen imstande wäre, könnte den Fallout eines Atombombenschlags in Richtung des Feindes lenken. Und nach Bedarf ließen sich China überschwemmen oder Europa abkühlen. Militärmeteorologen vermuteten damals, dass sie bis 2025 in der Lage sein würden, für jede militärische Operation die geeignete Wetterlage zu schaffen.

Die drohende Klimakatastrophe vor Augen fanden die bis dahin im Geheimen entwickelten Pläne, Klima und Wetter zu beeinflussen, ab dem Jahr 2019 weltweite Akzeptanz.

Der globale Klimapakt für unsere Zukunft

In Bali haben die beteiligten Nationen bereits den Startschuss für die Verhandlungen um einen weltweiten Klimapakt gegeben. Damit bleibt die Möglichkeit offen, dass die beschriebene Zukunftswelt einer globalen Klimapartnerschaft und damit das Szenario C Wirklichkeit werden kann. Man wird sehen, ob auf der Insel der Götter tatsächlich ein Verhandlungsprozess gestartet wurde, der nicht mehr auf der Grundlage eines Kuhhandels – «ich bewege mich nur, wenn Du Dich auch bewegst» – organisiert ist, sondern der eine gemeinsame Antwort auf die entscheidende Frage sucht: Wie kann ein gefährlicher Klimawandel partnerschaftlich und fair vermieden werden? Ob dies gelingt, ist alles andere als sicher. Selbst wenn ein Klimaabkommen zustande kommt, sieht es so aus, dass wir alle vorhandenen Öl- und Gasvorräte verbrennen werden, bevor das Umdenken zu einer komplett alternativen Energieversorgung führt. Die durch Öl und Gas freigesetzte Kohlendioxidmenge reicht aber aus, die Temperatur auf der Erde um mehr als zwei Grad zu erhöhen und damit dafür zu sorgen, dass einige der beschriebenen Kipp-Punkte überschritten werden.

Die Welt steht heute an einem Scheideweg. Jedem Einzelnen muss dabei klar sein: Unsere Generation entscheidet darüber, in welche Richtung es geht.

«Wir brauchen eine dritte Industrielle Revolution»
Professor Hans Joachim Schellnhuber ist Leiter des Potsdam-Instituts für Klimafolgenforschung (PIK) und Klimaberater der Bundesregierung. Der Forscher hat es auf den Punkt gebracht, was die Weltgemeinschaft angesichts des Klimawandels leisten muss: Sie muss das «Unvermeidbare bewältigen und das nicht zu Bewältigende vermeiden».

Foto: PIK

Herr Schellnhuber, was ist für Sie das zentrale Ergebnis des jüngsten Berichts des Weltklimarates IPCC?
Die Beweisaufnahme im Indizienprozess ist abgeschlossen. Der Täter ist überführt – der Mensch verändert das globale Klima. Jetzt können wir noch das Strafmaß – das Ausmaß an Schäden – beeinflussen. Deshalb orientiert sich die EU am Zwei-Grad-Limit. Deshalb lohnt es sich, um jedes Grad, ja jedes Zehntel Grad vermiedene Temperaturerhöhung zu kämpfen. Wir brauchen eine dritte industrielle Revolution, wenn wir die ganz großen Schäden verhindern wollen.

Welche Weichenstellungen brauchen wir in der EU?
Die EU-Kommission hat eine 20-prozentige Treibhausgasreduktion bis 2020 beschlossen und sogar eine von 30 Prozent, sofern es 2009 zu einem internationalen Abkommen kommt. Dies ist nach den Verhandlungen in Bali durchaus wahrscheinlich. Die EU sollte sich also auf ein 30-Prozent-Reduktionsziel einstellen. Deutschland muss sich dann sogar an 42 Prozent orientieren. Für die Energieeffizienz wurde in der EU ein klares Ziel gesetzt. Aber irgendwann ist die Zitrone ausgepresst. Auch für erneuerbare Energien, die im Laufe des Jahrhunderts die dominierende Rolle spielen können, wurden klare Ziele vereinbart. Aber das alles wird nicht ausreichen, um die fossilen Energieträger zu ersetzen. Es bleibt zeitlich eine Riesenlücke, in der weltweit noch massenhaft Kohle eingesetzt werden wird. Das ist mit den notwendigen Klimaschutzzielen nicht vereinbar. Die EU sollte daher die Forschung zur Abscheidung und Speicherung von CO_2 intensiv und umgehend vorantreiben.

Ist es denn wichtig, dass wir uns zum einseitigen Klimaschutz verpflichten, bevor die großen Schwellenländer mitmachen?
Ja. Europa hat seinen Wohlstand seit der ersten Industriellen Revolution auf fossilen Brennstoffen aufgebaut und so eine gewaltige Treibhausgas-Schuld aufgehäuft. Eine Entschuldung kann nur durch die Entwicklung eines Wohlstandmodells mit immer weniger CO_2-Emis-

sionen gelingen. Außerdem ist der Vorbildcharakter entscheidend. Nur wenn wir ein erfolgreiches Wirtschaftsmodell ohne CO_2-Emissionen entwickeln, besteht eine realistische Chance, dass uns die Schwellenländer nicht in eine Art Verschmutzungsgeiselhaft nehmen.

Und wie sieht es mit den USA aus?
Es ist tragisch, dass sich die Nation mit dem größten Innovationspotenzial der Welt dem Klimaschutz bisher verweigert. Immerhin ist ein großer Teil der dortigen Bevölkerung, Unternehmen und Einzelstaaten inzwischen dazu bereit. Die beste Chance besteht wohl darin, die USA durch technologische Herausforderungen an Bord zu bekommen – etwa durch ein neues weltweites Apollo-Projekt. Diesmal geht es allerdings nicht um die Landung auf dem Mond, sondern um die Neuerfindung der modernen Industriegesellschaft.

Mit Bali hat das große Ringen begonnen. Die Klimakonferenz ging am 15. Dezember 2007 zu Ende. Mit dem Schlussakkord haben die Verhandlungen für das UN-Klimaabkommen begonnen, das auf dem Kyoto-Prozess aufbaut. Im Dezember 2009 soll beim Klimagipfel in Kopenhagen der Hammer fallen. Danach müssen die Parlamente weltweit über die Ergebnisse entscheiden, am 1. Januar 2013 soll dann das neue Abkommen in Kraft treten. «Bali war der Start-, nicht der Endpunkt für ein Hürdenrennen», kommentierte Germanwatch nach dem Gipfel. Die Richtung für das Ergebnis von Kopenhagen wurde dort angedeutet, aber noch nicht klar abgesteckt. Eine Vielzahl von Formelkompromissen eröffnet nun unterschiedlichen Interpretationen Tür und Tor. Über die folgenden vier großen Bereiche wird bis 2009 verhandelt.

Erstens: Welche Reduktionsziele und Klimaschutzverpflichtungen erhalten die reichen Industrie- und die schnell aufholenden Schwellenländer? Und welche Instrumente sollen sicherstellen, dass die Ziele erreicht werden? Dabei sollen vor allem der internationale Emissionshandel weiterentwickelt und neue Konzepte zum Schutz des Tropenwaldes erarbeitet werden.

Zweitens: Wie werden Entwicklungs- und Schwellenländer unterstützt, sich an die unvermeidbaren Auswirkungen des Klimawandels anzupassen? Wegen ihrer Verwundbarkeit geht es hier vor allem um die kleinen Inselstaaten und die große «Gruppe der am wenigsten entwickelten Länder».

Drittens: Wie können konkrete Aktionspläne – so genannte Road Maps – aussehen, um den massenhaften Einsatz der Technologien und Dienstleistungen in Schwellen- und Entwicklungsländern voranzutreiben, die entweder dem Schutz des Klimas oder dem Schutz der Menschen vor den Auswirkungen des Klimawandels dienen? Erhalten diese Länder, etwa über Technologiefonds, auch Zugang zu patentgeschützten Technologien? Die Schwellen- und Entwicklungsländer setzten in Bali durch, dass der Technologietransfer der Industrieländer in die Schwellenländer genauso überprüfbar sein muss wie ihre eigenen Klimaschutzverpflichtungen. Mit anderen Worten: Je weniger Technologien die Industriestaaten liefern, desto weniger Klimaschutz wird es in den Schwellenländern geben.

Viertens: Mit welchen Finanzinstrumenten und mit wie viel Geld werden diese drei Bereiche unterstützt? Entwicklungs- und Schwellenländer erwarten, dass die Industrieländer insgesamt etwa 100 Milliarden Euro jährlich dafür auf den Tisch legen. Mögliche Finanzquellen sind etwa Abgaben und Versteigerungserlöse – aus dem Emissionshandel und dem Flugverkehr.

Das sind die vier Beine, auf denen das künftige Abkommen stehen soll. Es soll den Sprung in eine neue Klima- und Energiezukunft einleiten. Wenn eines der Beine einknicken sollte, droht der Sprung zum Schrittchen zu werden.

Ziele für den Klimaschutz

Einerseits wird um das *Langfristziel* gerungen. Beim G8-Gipfel in Heiligendamm im Sommer 2007 konnte Russland und den USA nur abgerungen werden, *in Erwägung zu ziehen*, dass die globalen Emissionen bis 2050 um 50 Prozent sinken sollen. Die Akzeptanz eines solchen Ziels wäre ein wichtiger Schritt, aber selbst das reicht vermutlich nicht aus, um den globalen Temperaturanstieg unter zwei Grad zu begrenzen. Während dieses Buch entsteht, deutet sich als möglicher großer klimapolitischer Durchbruch des G8-Gipfels in Japan an, dass die acht führenden Industrienationen die Worte «in Erwägung ziehen» durch «akzeptieren» ersetzen. Es gibt Anzeichen, dass die Regierungen in den USA und in Russland diese Formulierung mittragen. Dies erlaubt ihnen, für die ferne Zukunft in der Öffentlichkeit guten Willen zu zeigen, ohne in absehbarer Zeit schon Ernsthaftes umsetzen zu müssen.

Die Schwellenländer, angeführt von Indien, machen hingegen klar: Bevor sie im UN-Kontext ein solches Langfristziel mittragen, muss klar sein, dass das nicht auf das Szenario einer Klima-Apartheid sondern auf eine Klimapartnerschaft hinausläuft. Ohne Vorschläge zur gerechten Aufgabenverteilung akzeptieren sie kein globales Ziel. Es müsse gesichert sein, dass die Ziele nicht im Konflikt mit einer nachhaltigen Entwicklung in Schwellen- und Entwicklungsländern stehen.

Noch verbissener ist das Ringen um das *Mittelfristziel* bis 2020. Notwendig wäre bei der Orientierung am Zwei-Grad-Limit, bis 2015 den Höhepunkt des weltweiten Emissionsausstoßes zu erreichen, danach müssten die Emissionen global zügig sinken. Für die Industrieländer würde das – so der Weltklimarat – bis 2020 eine Reduktion um 25 bis 40 Prozent bedeuten. Zugleich müssten sie die Schwellenländer dabei unterstützen, deren Emissionswachstum deutlich abzuschwächen. Die EU ist mit gewissen Abstrichen bereit, solche Forderungen mitzutragen. Die derzeitigen Regierungen in den USA und Russland haben hingegen taube Ohren dafür. Dann müssten sie eher heute als morgen mit dem Umbau ihrer auf Öl, Kohle und Gas aufgebauten Gesellschaften beginnen. Japan näherte sich Anfang 2008 vorsichtig der Position der EU an. Die Schwellenländer sind bereit, sich zu konkreten Klimaschutzaktivitäten – nicht Zielen – zu verpflichten. Allerdings nur, wenn die Ziele und die finanzielle Unterstützung der Industrieländer stimmen. Die jetzige US-Regierung ist allenfalls bereit, sich auf verbindliche Ziele für 2020 einzulassen, wenn auch China die gleichen Leistungen erbringt. Dies wäre aber angesichts des pro Kopf sechsmal höheren CO_2-Ausstoßes in den USA der Einstieg in das Szenario Klima-Apartheid. Kein Zweifel, darauf lässt sich China nicht ein. Hier wird man auf konstruktivere Ansätze einer zukünftigen US-Regierung hoffen müssen.

Angesichts der langwierigen UN-Verhandlungen setzen manche stattdessen auf Bündnisse zwischen Staaten, auf Gesetze für erneuerbare Energien und Energieeffizienz. Sie haben recht: Die Weltgemeinschaft braucht solche Ansätze. Aber nicht statt des UN-Verhandlungsprozesses, sondern in dynamischer Rückkopplung mit ihm. Die EU hat zum Beispiel schon vor dem Klimagipfel in Kopenhagen eine Vorreiterrolle übernommen und ein Klimaschutzpaket für die Zeit nach 2012 verabschiedet – sozusagen als Vorleistung. Dies hilft jetzt im Rahmen der UN-Verhandlungen, ebenfalls ambitionierte Ziele zu verfolgen. Wenn es dort zu den gewünschten Ergebnissen kommt, erleichtert dies wiederum, nationale Gesetze zu erlassen. Es ist wie beim Ping-

Pong-Spiel: Einzelne Staaten reagieren auf den öffentlichen Druck, der sich durch UN-Klimagipfel aufbaut. Und die internationalen Konferenzen reagieren ihrerseits auf Vorreiterallianzen. Sie legen Regeln fest, die auch für die Staaten gelten, die bislang zögerlich waren. So kann Dynamik für einen politischen Durchbruch entstehen.

Politische Lösungen

Auftriebskräfte im Klimastrudel

Was kann die Weltgemeinschaft angesichts steigender CO_2-Emissionen und der damit verbundenen Risiken unternehmen? Wir möchten uns dieser Frage mit einer Erzählung von Edgar Allan Poe nähern. Sie hat den Titel «Der Sturz in den Mahlstrom» und ist 1841 erschienen. Der amerikanische Schriftsteller schuf eine Parabel für dramatische Situationen, in denen die Lage schier aussichtslos scheint – und dennoch eine Lösung gefunden werden kann. Schon den Soziologen Norbert Elias beschäftigte die Geschichte der ungleichen Brüder, und er nahm sie als Sinnbild für die verschiedenen Arten, sich mit gesellschaftlichen Entwicklungen auseinanderzusetzen.

Die Geschichte spielt vor der Küste Norwegens: Drei Brüder fahren seit vielen Jahren gemeinsam aufs Meer hinaus, um Fische zu fangen. Sie wissen, dass es vor der Küste einen regelmäßig wiederkehrenden gewaltigen Strudel, den Mahlstrom, gibt. Wer ihm zu nahe kommt, wird in die Tiefe gerissen und ist verloren. Die drei Brüder haben jahrelang die Gefahr richtig eingeschätzt. Einmal jedoch geraten sie unerwartet in einen Orkan: «Wir hatten unsere Segel gelöst, ehe der Sturm uns überraschte, aber bei dem ersten Windstoß gingen unsere beiden Masten über Bord, als seien sie abgesägt worden – der Hauptmast riss meinen jüngsten Bruder, der sich zur Sicherheit an ihn gebunden hatte, mit sich fort» – so einer der beiden verbliebenen Brüder, den Poe die Geschichte rückblickend erzählen lässt. «Mit dem Wind, der uns jetzt trieb, gab es keine andere Möglichkeit, als in den Wirbel zu geraten, und nichts konnte uns retten.» Schnell nähern sich die Brüder jenem

132 Politische Lösungen

kritischen Punkt, an dem es kein Halten mehr gibt und an dem sie in das Innere des Strudels geraten. «Wir kreisten wohl eine Stunde lang herum, flogen mehr, als dass wir glitten, und ... näherten uns immer mehr seinem grässlichen inneren Rand.»

Das kleine Boot vor der Küste Norwegens wird tatsächlich in den Wirbel hineingezogen. «Einige Sekunden lang wagte ich nicht, die Augen zu öffnen, denn ich erwartete jeden Augenblick unseren Untergang und wunderte mich nur, dass ich noch nicht im Todeskampf im Wasser lag. Aber Sekunde um Sekunde verging. Ich lebte noch.» Runde um Runde windet sich das Boot tiefer dem Abgrund zu und droht dort zu zerschellen. Gibt es in einer solchen Situation anderes, als von Panik überwältigt zu werden?

Während der Ältere sich wie gelähmt und hilflos am Boot festklammert, beginnt der Jüngere zu überlegen und zu beobachten. Ihm fällt ein holländisches Handelsschiff auf, das viel schneller in dem Strudel versinkt als ein herumwirbelnder Tannenbaum. Als er diesen Unterschied wahrnimmt, durchzucken ihn erste Gedankenblitze, und eine leise Hoffnung beginnt zu keimen. Sie erhält weitere Nahrung, als er sich erinnert: Die meisten Gegenstände, die er aus dem Mahlstrom auftauchen sah, waren zermalmt. Doch es gab einige, die kaum verformt waren. Musste das nicht bedeuten, dass nicht alle Objekte auf dem Grund zerschellen, sondern einige unbeschadet den Weg aus dem Strudel herausfinden?

Auch wir könnten in einen gefährlichen Strudel geraten, wenn es uns nicht gelingt, den Klimawandel in den nächsten Jahrzehnten abzubremsen. Auch wir müssen, ganz ähnlich wie der jüngere Fischer, die Lage analysieren und die richtigen Handlungen ableiten – in der Hoffnung, die gefährlichen Schwellenwerte nicht zu überschreiten.

Norwegens ehemalige Ministerpräsidentin Gro Harlem Brundtland erinnerte im Herbst 2007 bei einer Veranstaltung des Club of

Madrid in Berlin an die unglaubliche gesellschaftliche Dynamik im Jahr 1989. Nur wenige Monate nachdem im Juni der ungarische Außenminister Gyula Horn und sein österreichischer Amtskollege Alois Mock in einem symbolischen Akt den Stacheldraht in Sopron an der Westgrenze Ungarns zerschnitten hatten, war die Mauer in Berlin geöffnet und der Weg zur Wiedervereinigung Deutschlands geebnet. «Eine solche gesellschaftliche Dynamik brauchen wir jetzt auch im Kampf gegen den Klimawandel», rief sie.

Gibt es nicht Anzeichen dafür, dass die Ereignisse des Klimajahrs 2007 – mit dem neuen dreiteiligen Bericht des Weltklimarats IPCC, mit den weitreichenden Klimabeschlüssen der EU, mit dem Friedensnobelpreis für IPCC und Al Gore, mit dem G8-Gipfel in Heiligendamm und dem UN-Klimagipfel auf Bali – der Grenzöffnung zwischen Ungarn und Österreich ähneln?

Ja, es gibt sie. Zunächst in der Politik: Beim UN-Gipfel auf Bali wurde auf Staatenebene beschlossen, bis 2009 ein Paket zu verhandeln, das dem Klimaschutz weltweit ehrgeizige Ziele verordnet. Die EU ist bereit, sich in solchen Verhandlungen zu einer bis zu 30prozentigen Reduktion gegenüber 1990 bis 2020 zu verpflichten. In den USA zeichnet sich eine klimapolitische Wende ab. Chinas Emissionen wachsen zwar bisher schneller denn je, aber die Regierung beschließt national ein Klimaschutzgesetz nach dem anderen und war auf Bali einer der konstruktivsten Verhandlungspartner. Die neue Regierung in Australien hat während der Konferenz auf Bali nach zehn Jahren endlich das Kyoto-Protokoll ratifiziert. Ein ernsthaftes internationales Abkommen bis 2009 ist in den Bereich des Möglichen gerückt, wenn auch noch gewaltige Hürden zu überwinden sind. Ein Abkommen, das an folgenden Zielen orientiert ist: Der globale Klimawandel soll unter der Schwelle von zwei Grad Erwärmung bleiben, jenseits der die Gefahren enorm zunehmen; die weltweiten Emissionen sollen etwa ab 2020 nicht mehr steigen, sondern sinken; die Chancen des Klimaschutzes sollen energisch angepackt, die Lasten aber fair verteilt werden. Dabei sollten neben den Pro-Kopf-Emissionen die finanziellen Möglichkeiten eines Landes sowie die historische Verantwortung der Industrieländer berücksichtigt werden, die mit ihren Emissionen die Atmosphäre hauptsächlich belastet haben.

In der Wirtschaft: Finanzmarkt und Industrie erkennen zunehmend die Chancen eines ernsthaften Aufbruchs zu einem neuen Wohlstandsmodell, das nicht auf dem Verbrauch von fossilen Brennstoffen basiert. Am 9. Januar 2008 veröffentlichte das Worldwatch Institute, Germanwatch-Partner mit Sitz in Washington, seinen neuesten Bericht zur Lage der Welt. «Einst als unbedeutend für die Wirtschaftsaktivitäten betrachtet, diktieren Umweltprobleme inzwischen auf drastische Weise die Regeln für Unternehmen, Investoren und Konsumenten», fasst Mitautor Gary Gardner zusammen. Der Bericht beschreibt, dass im Jahr 2006 mit 52 Milliarden US-Dollar etwa 33 Prozent mehr als im Vorjahr in erneuerbare Energien investiert wurden, für das Jahr 2007 rechnet er noch vorläufig mit 66 Milliarden. Im Jahr 2006 hat sich das Volumen des Emissionshandels mit 30 Milliarden US-Dollar gegenüber dem Vorjahr sogar verdreifacht. Wenig später meldet die Zeitschrift *Point Carbon*, dass es sich 2007 nochmals verdoppelte.

Angesichts der neuen Geschäftschancen verschieben sich auch die Lobbygewichte. Immer mehr US-Großunternehmen lassen ihre politischen Muskeln für den Klimaschutz spielen. «27 sehr große Unternehmen wie Alcoa, Dow Chemical, Duke Energy oder Xerox drängen den US-Kongress, Gesetze zu erlassen, die die Treibhausgasemissionen regulieren», heißt es bei Worldwatch. Vor zwei Jahren wäre das noch undenkbar gewesen. Immer häufiger bekommt Germanwatch in jüngster Zeit Anrufe und Briefe von Managern aus Unternehmen und Banken. Tenor der Anfragen: «Können wir gemeinsam an Strategien arbeiten, wie wir umsteuern können?»

Zugleich wächst die Einsicht in die wirtschaftlichen Risiken eines ungebremsten Klimawandels. Nicholas Stern, der frühere Chefökonom der Weltbank, bezeichnet im Ende 2006 vorgelegten «Stern-Report zur ökonomischen Dimension des Klimawandels» den Klimawandel als «das größte und umfassendste Marktversagen, das es jemals gegeben hat». Nicht alle schätzen die Kosten so hoch ein wie er, aber seit der Jahrtausendwende gibt es ständig Korrekturen nach oben.

Zudem erwacht auch die Zivilgesellschaft. Überall auf der Welt bilden sich gesellschaftliche Klimaallianzen – auch in Deutschland. Mehr als 90 Organisationen, die mehr als zehn Millionen Menschen repräsentieren, sind allein bei uns unter einem Dach vereint und drängen auf ernsthaften Klimaschutz.

Zurück zur Geschichte von Edgar Allan Poe. Der aufmerksam gewordene Bruder macht im Strudel drei wichtige Beobachtungen. Je größer ein Körper ist, desto schneller versinkt er. Kugelförmige Körper versinken rascher und zylinderförmige langsamer. «Ich beschloss, mich fest an das Wasserfass, an das ich mich bisher geklammert hatte, anzubinden, das Seil, mit dem es an das Boot befestigt war, zu lösen und mich mit ihm zusammen ins Wasser zu werfen.» Vergebens versucht er seinen Bruder zu überzeugen, auch, an ein Fass gebunden, den Sprung ins kalte Wasser zu wagen.

Das Boot sinkt in der Folge doppelt so schnell wie der mit seinem Fass im Meer treibende junge Fischer. Schließlich zerschellt es zusammen mit dem Ältesten an Bord. Bald darauf spürt der jüngere Bruder, dass der Strudel an Kraft verliert. «Der Abhang der Seitenwände des ungeheuren Trichters wurde von Minute zu Minute weniger steil. Die Umdrehungen des Strudels ließen immer mehr an Heftigkeit nach.» So wird der Schiffbrüchige tatsächlich gerettet. Er hatte genau beobachtet, welche Elemente in dem unkontrollierbar erscheinenden Prozess für sein Überleben hilfreich sein könnten. Und die entsprechenden Konsequenzen daraus gezogen.

Deshalb ist die Geschichte für den Soziologen Norbert Elias beispielhaft. Und genau darum geht es heute in der Klimadebatte: Welche politischen Instrumente können genug Auftriebskraft entfalten, um im Strudel des Klimawandels nicht unterzugehen? Wir wollen die fünf wesentlichen kurz skizzieren: Emissionshandel und Ökosteuer, ein Kohlemoratorium, das Energieeinspeisegesetz, dynamische Energieeffizienzstandards sowie Geld zum Schutz des Waldes sind – symbolisch gesprochen – die Fässer, an die wir uns klammern können.

Emissionshandel und Ökosteuer

Ernsthafter weltweiter Klimaschutz kann wesentlich kostengünstiger sein als bisher gedacht – das ist die positive Nachricht des IPCC-Berichts aus dem Jahr 2007. Ottmar Edenhofer, Klimaökonom des Potsdam-Instituts für Klimafolgenforschung, hat als einer der Hauptautoren das Thema im IPCC-Bericht von 2007 vorgestellt. In der Germanwatch-Zeitung erläutert er die Gründe des Umdenkens: «Man hat in den letzten Jahren intensiv darüber geforscht, wie es zu Innovationen kommt. Und dabei hat man gesehen: Intelligente Klimapolitik kann durchaus Innovationen fördern. So könnten durch entsprechende Rahmensetzungen regenerative Energieträger schnell kostengünstiger werden. Aber auch andere wichtige technische Optionen könnten durch Klimapolitik kostengünstig in den Markt kommen.» Es sei zwar ehrgeizig, aber durchaus möglich, den globalen Temperaturanstieg auf weniger als zwei Grad zu begrenzen. Bei entsprechender Politik sei dies mit etwa einem Prozent des weltweiten Bruttosozialproduktes zu erreichen. Dies würde bis zum Jahr 2030 das Wachstum lediglich um wenige Monate verzögern.

Um in zehn bis 15 Jahren eine Trendwende bei den globalen Emissionen herbeizuführen, muss «der Preis die Wahrheit sagen», fordert der Gründungspräsident des Wuppertal Instituts für Klima, Umwelt und Energie, Ernst Ulrich von Weizsäcker. Mit dem Emissionshandel und der CO_2-Steuer hat die Politik zwei mächtige Instrumente, um zum «wahren» Preis der Treibhausgasemissionen zu gelangen.

Zunächst zum Emissionshandel. Die EU hat heute das am weitesten entwickelte Emissionshandelssystem. Jeder Kraftwerksbetreiber, jeder andere Großemittent weiß bereits heute, um wie viel die eigenen Emissionen bis 2012, und demnächst, wie weit sie bis 2020 sinken müssen. Wer mehr emittieren will als erlaubt, muss Zertifikate von anderen Unternehmen kaufen, die ihr Ziel übererfüllen. Während dieses Buch entsteht, wird darum gerungen, wie auch der Flugverkehr, das am schnellsten wachsende Klimaproblem, in den EU-Emissionshandel einbezogen werden soll. In Zukunft müssen dann entweder die Emissionen der Flüge in, von und nach Europa sinken oder aber Fluglinien Zertifikate bei denen kaufen, die welche übrig haben. Je größer die Nachfrage oder je geringer das Angebot, desto höher ist der Preis für eine Tonne CO_2 – und desto größer ist der Anreiz, Emissionen zu verringern.

Eine CO_2-Steuer hingegen erhöht den CO_2-Preis direkt, nicht über den Umweg einer Mengensteuerung. Während beim Emissionshandel die Reduktionsziele regelmäßig verschärft werden, steigen hier die Steuersätze Jahr für Jahr, wie zuvor festgelegt. Es ist ein großer Vorteil der Steuer, dass sich jeder ausrechnen kann, welchen CO_2-Preis er bei welcher Investition bezahlen muss. Dies gilt für jeden Einzelnen, wenn er beispielsweise ein Auto kauft oder eine neue Heizung installieren lässt. Und es gilt für jeden Unternehmer, der eine neue Maschine anschafft oder ein neues Werk baut. Da beim Emissionshandel die CO_2-Preise stark schwanken können, ist für den Einzelnen weniger klar, was sich für ihn rechnet. Der Emissionshandel hat jedoch einen großen Vorteil: Anders als bei der Steuer ist von vornherein klar, dass das gesteckte Umweltziel tatsächlich erreicht wird. Denn die Ziele – oder anders gesagt: die noch erlaubten Mengen an CO_2 – sind bereits beim Start des Handels festgelegt.

In der ersten Phase des EU-Emissionshandels, in den Jahren 2005 bis 2007, war das noch nicht so. Die EU vergab mehr Zertifikate, als gebraucht wurden. Sobald dies klar wurde, brach der CO_2-Preis zusammen – die ganze Anreizwirkung war dahin. Ein zweiter zentraler Fehler: Die Emissionserlaubnisse wurden kostenlos verteilt – eine Riesensubvention für die großen Energieversorger. So kann man keinen effizienten Emissionshandel aufbauen. Dazu müssten die Emissionserlaubnisse zu hundert Prozent versteigert werden. Die EU-Kommission hat am 23. Januar 2008 vorgeschlagen, dass dies von 2013 an für die Energieversorger und bis 2020 für alle Teilnehmer gelten soll. Dies soll die Zahl der neuen Kohlekraftwerke in der EU deutlich reduzieren. Aber man wird sehen, was von der Regelung nach der Arbeit der Lobbyisten noch übrig bleiben wird.

Der größte Nachteil der Steuer ist hingegen ihre Durchsetzbarkeit. Kaum ein Staat weltweit ist bereit, über eine international verordnete CO_2-Steuer zu verhandeln. Germanwatch hat in 15 Jahren UN-Klimaverhandlungen miterlebt, dass dies für viele Staaten ein Tabuthema ist. Selbst in der EU kann es Beschlüsse über Steuern nur mit Einstimmigkeit geben. Der Emissionshandel als Umweltmaßnahme kann dagegen mit einfacher Mehrheit beschlossen werden. Dies ist einer der wesentlichen Gründe, dass diejenigen in der EU-Kommission, die jahrelang vergeblich um den Einstieg in eine EU-Ökosteuer gerungen haben, jetzt auf den Emissionshandel setzen. Ein weiterer Vorteil eines globalen Emissionshandels: Wenn die Ziele gerecht gesetzt werden und sich langfristig an gleichen Emissionsrechten für alle orientieren, entsteht automatisch ein Geldfluss von den Industrie- in die Entwicklungsländer. Ein weltweiter Emissionshandel ist nach Einschätzung von Ottmar Edenhofer das wichtigste internationale

Instrument, um CO_2 zu vermeiden. Denn im Vergleich mit allen anderen Maßnahmen erreicht der Emissionshandel dieses Ziel am kostengünstigsten.

Doch auch der Emissionshandel hat seine Grenzen. So wie er von der EU praktiziert wird, sind nur die großen Emittenten von CO_2 einbezogen. Kleinindustrielle oder Privatleute mit ihren Autos und Heizungen – sie fallen quasi durch den Rost. Und es wäre auch nicht sinnvoll, sie einzubeziehen, weil der Verwaltungsaufwand in keinem Verhältnis zum Ertrag stehen würde. In diesen Bereichen könnte aber eine Ökosteuer, die Jahr für Jahr um einen festgelegten Satz steigt, den gewünschten Minderungserfolg bringen.

Kohlemoratorium

Die Klima-Allianz in Deutschland, in der sich von den großen Umweltverbänden über Dritte-Welt-Organisationen bis zu Gewerkschaften mehr als 90 gesellschaftliche Gruppen zusammengeschlossen haben, fordert ein sofortiges Moratorium für den Neubau von Kohlekraftwerken. Denn beim Verbrennen von Stein- und Braunkohle entsteht ein Mehrfaches an CO_2 im Vergleich zu Öl und Gas. Deswegen bekam Greenpeace am 26. Oktober 2005 sogar vom Landgericht Köln bestätigt, dass es schlüssig sei, RWE, das viele Kohle- und Braunkohlekraftwerke betreibt, als «Klimakiller» zu bezeichnen.

Noch wichtiger ist eine prinzipielle Überlegung. Es gibt nur noch begrenzte Vorräte an Öl und Gas. Wie groß die verbleibenden Reserven letztlich sind, ist umstritten. Eines zeichnet sich bereits ab: Trotz aller Klimarisiken werden die Vorräte vollends ausgebeutet werden. Es ist zu hoffen, dass dieser Zeitpunkt durch Energieeffizienz und alternative Energien so lange wie möglich hinausgezögert werden kann.

Wenn wir aber alle Vorräte an Öl und Gas verbrauchen, kommen wir an einige der beschriebenen Schwellenwerte nahe heran oder darüber hinaus. Das bedeutet umgekehrt: Das zusätzliche CO_2 aus Kohle oder Ölsand würde zum Klimakollaps führen – egal, wie effizient diese Energiereserven verbrannt werden. In diesem Sinn argumentiert James Hansen, der Klimachef der NASA: «Öl wird nicht über den künftigen Klimawandel entscheiden. Die Kohle wird es sein.» In einem Brief appelliert er im Frühjahr 2008 an die Bundesregierung, Deutschland solle eine Vorreiterrolle in einem weltweiten Kohlemoratorium einnehmen, solange CO_2 nicht abgeschieden und geologisch gespeichert werde. Ein weltweites Moratorium bedeute 80 Prozent der Lösung der globalen Klimakrise. «Natürlich ist dies eine enorme Herausforderung, da Kohle heute weltweit die größte Quelle für die Stromerzeugung ist. Aber in den nächsten Dekaden müssen diese Kohlekraftwerke stillgelegt oder so umgerüstet werden, dass die CO_2-Emissionen aufgefangen werden. Dies ist eine machbare Aufgabe. Vergleichen Sie diese Aufgabe» – so der Appell an die deutsche Kanzlerin – «z. B. mit den Herausforderungen des Zweiten Weltkriegs.»

Der Vorschlag Hansens läuft darauf hinaus, dass Deutschland und Großbritannien zunächst ein Kohlemoratorium in der EU durchsetzen. In der Folge soll es dann massive Bemühungen geben, einen solchen Schritt auch Ende 2008 mit der neuen US-Regierung zu vereinbaren. Ein Kohlemoratorium des Westens wäre dann eine exzellente Gesprächsgrundlage für den Dialog mit Schwellenländern. Wenn sie unterstützt werden und technologische Hilfe erhalten, kann ein solcher Schritt dann auch dort dazu führen, dass Effizienz und erneuerbare Energien die Zukunft bestimmen.

Erneuerbare-Energien-Gesetz (EEG)

Wer hat Anfang der 90er Jahre den heutigen Anteil der erneuerbaren Energien besser vorhergesagt, Greenpeace oder RWE? Greenpeace stellte 1991 ein Energiekonzept für Deutschland mit einem revolutionär erscheinenden «Öko-Szenario» vor: Bis zum Jahr 2010, so rechneten die Regenbogenkämpfer vor, könnten allein die Windkraftwerke in Deutschland 30 Milliarden Kilowattstunden Strom im Jahr erzeugen. Der RWE-Vorstand hingegen ließ verlauten, der Konzern wolle durchaus einen wachsenden Teil des Energiebedarfs mit Sonne, Wasser, Wind und Biomasse decken. Die Wasserkraft sei aber bereits weitgehend ausgereizt. Windenergie sei zwar danach die günstigste erneuerbare Energieform. Bis zum Jahr 2005 könne man aber allenfalls zwei Prozent des Stromverbrauchs in Deutschland mit ihr decken.

Tatsächlich brachte es allein die Windenergie im Jahr 2006 auf 30,5 Milliarden Kilowattstunden und einen Anteil von fünf Prozent. Alle alternativen Energien zusammengenommen deckten im Jahr 2007 bereits 14 Prozent des hiesigen Strombedarfs ab. Möglich gemacht haben diesen Erfolg fast ausschließlich das Stromeinspeisegesetz der Regierung Kohl aus dem Jahr 1991 und das Erneuerbare-Energien-Gesetz (EEG), das die rot-grüne Bundesregierung 1999 auf den Weg gebracht hatte und das seit April 2000 den Weg ins solare Zeitalter ebnet. Zu festen Sätzen wird seither Strom aus Wasser- und Windkraft, Sonnenenergie, Biomasse, Geothermie und Grubengas vergütet. Der nächstgelegene Betreiber eines geeigneten Netzes wurde zur «vorrangigen Aufnahme» und zur Vergütung des erneuerbar erzeugten Stroms verpflichtet. Entscheidend: Das Gesetz garantiert Anlagenbetreibern 20 Jahre lang diese Vergütung. Damit können sie planen und investieren.

Das Gesetz hat einen wahren Boom kleiner, dezentraler Anlagen ausgelöst. Initiativen haben sich zusammengetan und Windräder aufgestellt, Bauern ihre Scheunendächer mit Photovoltaikanlagen bestückt. Bürgermeister sind auf der Suche nach umweltfreundlicher Energie aus der Tiefe. Aus Gülle und Abfall wurde Biogas und damit wertvolle Energie. Ein Ende des Booms ist nicht abzusehen. Es ist damit zu rechnen, dass 2020 25 bis 30 Prozent des Elektrizitätsbedarfs in Deutschland erneuerbar gedeckt werden.

Wegen seines Erfolges wurde das Erneuerbare-Energien-Gesetz auch zum Exportschlager. Eine Untersuchung der EU-Kommission bestätigte dem Erneuerbare-Energien-Gesetz, dass es im Vergleich zur Quotenregelung, wie sie in Großbritannien praktiziert wird, nicht nur für mehr alternativen Strom, sondern auch für niedrigere Preise sorgt. Unter anderem deshalb übernahmen immer mehr EU-Staaten das deutsche Gesetz und entwickelten es entsprechend den eigenen Bedürfnissen weiter. Spanien und Griechenland etwa fördern so den Bau solarthermischer Kraftwerke, die wesentlich effizienter Sonnenstrom liefern als etwa Photovoltaikzellen bei uns.

Auch weltweit hat das Gesetz immer mehr Nachahmer gefunden: Die Türkei, Brasilien, Indien – insgesamt 47 Länder fördern inzwischen mit vergleichbaren Rahmenbedingungen Ökostrom. China will bis 2020 mit einer ähnlichen Regelung 17 Prozent seines Stroms mit erneuerbaren Energien decken. Eine der Hauptaufgaben der nächsten Klimaverhandlungen wird es sein, Instrumente zu entwickeln, die es gerade Schwellenländern erleichtern, in weit größerem Maße auf solch risikoarme Klimaschutztechnologien zu setzen.

Energieeffizienz

Was den effizienten Einsatz von Energie betrifft, lohnt ein Blick nach Japan. Die japanische Regierung führte schon vor zehn Jahren dynamische Standards nach dem so genannten Top-Runner-Prinzip ein. Seitdem entwickelte sich die Energieeffizienz japanischer

Haushaltsgeräte deutlich besser als in der EU. Laut Greenpeace ist in einem Zeitraum von sechs bis acht Jahren der Stromverbrauch bei Videorecordern um 59 Prozent, der von Klimaanlagen um 63 und der von Computern sogar um 83 Prozent gesunken. Nicht jedes Detail an der japanischen Regelung überzeugt, aber das Prinzip eines dynamischen Standards ist überfällig.

Es funktioniert denkbar einfach: Zu einem bestimmten Stichtag wird in einer Marktübersicht das jeweils energieeffizienteste Modell ermittelt, sei es bei Staubsaugern, Flachbildschirmen, Kühlschränken oder auch Autos einer bestimmten Klasse. Die Effizienz dieser Top-Runner wird dann zum Standard für die Branche erklärt. Verbraucht beispielsweise der von einem Unternehmen neu auf den Markt gebrachte 300-Liter-Kühlschrank eines Unternehmens als bestes Gerät dieser Größe nur 70 Kilowattstunden im Jahr, so müssen alle anderen Firmen mit ihren Modellen diesen Verbrauch innerhalb von drei oder fünf Jahren erreichen. Gelingt das nicht, müssen sie Strafen zahlen oder dürfen sogar ihre Geräte nicht mehr verkaufen. Damit lohnt es sich endlich für ein Unternehmen, Effizienz-Vorreiter zu sein, ein regelrechter Wettlauf wird in Gang gesetzt. Und dieser führt zugleich zu einem Innovationsvorsprung gegenüber anderen Volkswirtschaften. Die Käufer erhalten sparsamere Geräte – Stromrechnung und -verbrauch sinken.

Der Rat für Nachhaltige Entwicklung, den die Bundesregierung als beratendes Gremium berufen hat, hat bereits 2004 die Einführung des Top-Runner-Prinzips in Europa empfohlen: «Ein Top-Runner-Programm würde nicht nur Energie sparen helfen, sondern auch einen europaweiten Wettbewerb und Innovationen in Gang setzen. Außerdem würden sparsame Geräte und Maschinen im Massenmarkt dazu beitragen, dass die in der nationalen Nachhaltigkeitsstrategie angestrebte Verdopplung der Energieeffizienz bis zum Jahr 2020 erreicht werden kann. Es wäre fahrlässig, diese Potenziale nicht auszunutzen.»

Im Koalitionsvertrag vom November 2005 formulierte die Bundesregierung das Ziel, «die europäischen Initiativen zur Verbesserung der Energieeffizienz zu unterstützen und auf ein europäisches Top-Runner-Programm hinzuwirken». Eine vergleichbare Richtlinie hat die EU aber bislang nicht verabschiedet. Wenn es hier in den nächsten Monaten keinen Vorstoß der EU gibt, sollte die Bundesregierung noch in dieser Legislaturperiode einen eigenen Gesetzesentwurf vorlegen.

Geld für den Wald

In Deutschland ist der Wald zwar durch Schadstoffe geschwächt, aber es wachsen mehr Bäume nach, als geschlagen werden. Auf der Südhalbkugel sieht das ganz anders aus. Im Amazonasbecken, im Kongo, auf Borneo oder den Philippinen – Jahr für Jahr gehen vor allem in den Tropen riesige Flächen verloren. Die UN-Landwirtschaftsorganisation FAO spricht in ihrem Waldbericht 2007 von 13 Millionen Hektar. Die Gründe dafür sind vielfältig. Holzfirmen holen die wertvollen Bäume aus dem Regenwald und ebnen denjenigen den Weg, die das Land bestellen wollen. Armut treibt kleine Bauern dazu, neue Flächen zu erschließen und so das Überleben zu sichern. Die Gier nach Biosprit führt dazu, dass immer mehr Palmöl angebaut wird – vor allem in Indonesien und Malaysia. Auch auf Kosten des Regenwalds. Im Amazonasregenwald, dem Pantanal und dem Atlantischen Regenwald geht es um riesige Rinderherden sowie Sojaplantagen, die angelegt werden, um Futtermittel zu erzeugen. Rindfleisch und Soja werden zum Beispiel nach Europa und China exportiert, um die rasant steigende Nachfrage nach Fleisch und Milchprodukten direkt zu decken oder über den Umweg als Futtermittel. Soja ist hierzulande ein Ersatz für das Tiermehl, das in der Europäischen Union seit der BSE-Krise im Jahr 2001 nicht mehr verfüttert werden darf.

Die Zerstörung des tropischen Regenwaldes verursacht etwa 15 Prozent der globalen CO_2-Emissionen. Zunächst setzt meist Brandrodung das im Holz gebundene Kohlendioxid frei, danach entweicht der in den Böden gebundene Kohlenstoff. Will die Staatengemeinschaft den Klimawandel begrenzen, muss sie deshalb dringend etwas gegen den Waldverlust unternehmen. Auf Bali ist erstmals darüber verhandelt worden, mit welchen Mitteln das erreicht werden kann. Bis zum Klimagipfel in Kopenhagen soll es eine Einigung dazu geben.

Eines ist bereits unbestritten: Waldschutz kostet Geld. Vor allem sollen diejenigen Länder belohnt werden, die dafür sorgen, dass weniger oder im besten Fall gar kein Wald mehr vernichtet wird. Die Frage ist nur: Woher soll dieses Geld kommen? Auf dem Klimagipfel auf Bali wurde die Idee diskutiert: aus dem Emissionshandel. Betreiber von Kraftwerken beispielsweise könnten sich die erforderlichen Zertifikate von Staaten kaufen, die ihre Wälder unter Schutz stellen. Warum also auf diese Weise nicht den Wald retten? Die Antwort ist einfach: Es würde dem Klima unterm Strich nichts bringen! Es stimmt zwar, dass so Geld für den Waldschutz garantiert werden könnte und die Emissionen aus den Regenwäldern verringert würden. An anderer Stelle auf der Welt würde dann aber umso mehr CO_2 in die Luft geblasen. Etwa in den Kohlekraftwerken Europas oder Kanadas. Für das Klima ist das ein Nullsummenspiel. Man muss sich nur die Größenordnung vor Augen führen: Wenn die Entwaldung des tropischen Regenwalds auch nur um die Hälfte verlangsamt werden soll, dann würden dadurch Zertifikate für drei Milliarden Tonnen CO_2 in das Emissionshandelssystem gelangen. Wenn die Industrieländer sich aber in Kopenhagen dazu verpflichten, im Schnitt ihre Emissionen um 25 Prozent gegenüber 1990 zu verringern, dann entspricht dies einer Einsparung von allenfalls vier Milliarden Tonnen. Drei Viertel davon könnten sie dann dadurch leisten, dass sie den Regenwald schützen.

Nur ein Viertel müsste noch zu Hause zusammenkommen. Klimaschutz in den Industrieländern fiele bis 2020 weitgehend aus. Wirksamer Klimaschutz braucht aber beides: den Schutz der Wälder und einen Emissionshandel, der dazu führt, dass in den nächsten Jahrzehnten klimaverträgliche Kraftwerke gebaut werden. Bei den Kraftwerksbetreibern würden sofort die Buchhalter Bleistift und Papier zur Hand nehmen und mit einem einfachen Dreisatz ausrechnen, dass es sich nicht mehr lohnt, in effiziente Techniken oder alternative Energien zu investieren. Es wäre billiger, weiter wie bisher Kohle zu verfeuern – und zum Ausgleich den Schutz der Wälder zu finanzieren. Der dringend notwendige Umbau unseres Energiesystems kann so nicht organisiert werden.

Was aber hilft dann? Wo soll das notwendige Geld herkommen? Norwegen ist auf Bali in erfreulicher Weise vorgeprescht. In den nächsten fünf Jahren will das Land jedes Jahr 500 Millionen US-Dollar zum Schutz des Waldes auf den Tisch legen – für einen Fonds, aus dem Leistungen zum Schutz des Tropenwaldes finanziert werden, ohne dass deshalb die Industrieländer ihren Klimaschutz einschränken würden.

Auch die EU-Kommission schlug im Januar 2008 vor, diesen Weg zu gehen: Ein Teil der Versteigerungserlöse aus dem EU-Emissionshandel soll für den Schutz des Regenwaldes verwendet werden. Das ist Geld, das dadurch eingenommen wird, dass ab 2013 alle Emissionsrechte, die den Energieversorgern zustehen, ersteigert werden müssen. Ein solches Vorgehen würde die Reduktionsziele für die Kraftwerksbetreiber nicht verändern. Und damit wäre dies ein tragfähiges Modell. Hier ist die EU-Kommission beim Wort zu nehmen.

Kein Zweifel: Wir haben genauso wie der Bruder, der es angesichts des Mahlstroms wagte, das Schiff zu verlassen, allen Grund zur Hoffnung. Mit einem entscheidenden Unterschied: Uns steht nicht nur ein einziges Fass zur Verfügung, mit dem wir von Bord des trägen Tankers namens «Weiter so» springen können. Mehrere verschiedene Möglichkeiten zusammen sind geeignet, eine erhebliche Auftriebsdynamik zu erzeugen.

Finanzströme und Klimaschutz – long, loud, legal

In Sachen Klimaschutz haben sich die meisten deutschen Banken und Versicherer bis vor kurzem nicht mit Ruhm bekleckert. Sie haben allenfalls darauf geachtet, wie viele Emissionen die Computer ihrer Angestellten verursachen, sie haben die Heiztechnik ihrer Häuser gecheckt und da und dort Glühbirnen durch Energiesparlampen ersetzt. Das ist in jedem Fall zu begrüßen. Doch die eigentliche Aufgabe der Finanzhäuser ist um Dimensionen größer: Lassen sie das Geld, das sie verwalten oder selbst anlegen, für oder gegen den Klimaschutz arbeiten?

Die internationale Energieagentur (IEA) erwartet, dass bis 2030 weltweit 17 Billionen US-Dollar, das sind 17.000 Millarden US-Dollar, in den Bereich Energie investiert werden – sowohl in herkömmliche Kohle- und Atomkraftwerke als auch in alternative Energien. Diese unglaubliche Geldmenge entspricht dem Mehrfachen des jährlichen deutschen Bruttosozialprodukts. Auf welche Art und Weise dieses Geld investiert wird, wird darüber entscheiden, um wie viel Grad sich die globale Temperaturerhöhung noch abbremsen lässt. Die entscheidende Frage lautet also: Wird dieses Geld zum grundlegenden Umbau des weltweiten Energiesystems genutzt? Oder wird mit ihm eine Zukunft voller Kohlekraftwerke und hoher Emissionen geschaffen, sodass alle ernsthaften Klimaschutzziele unerreichbar bleiben?

Politische Lösungen

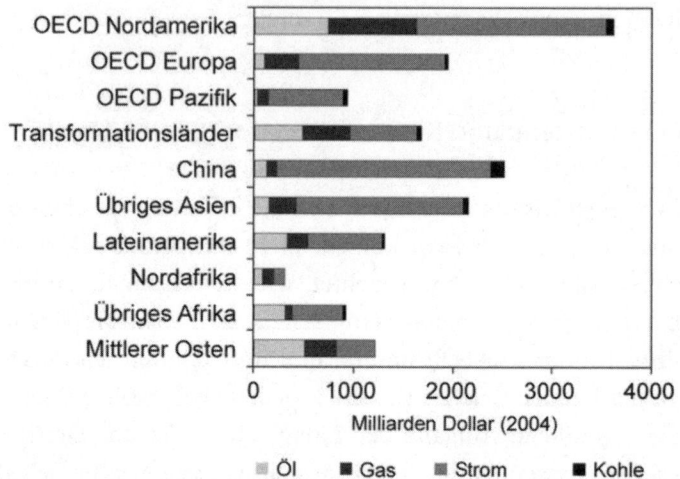

Weltweite Investitionen in Energieinfrastruktur bis zum Jahr 2030 nach Schätzungen der IEA (Quelle: Germanwatch, verändert nach IEA/World Energy Outlook 2005)

Nicht nur die Größe der Zahlen ist überraschend. Erstaunlich ist auch, dass die Internationale Energieagentur IEA erwartet, dass bis 2030 die USA und Kanada das meiste Geld in neue Energieinfrastruktur investieren, nicht etwa das sich rasant entwickelnde China. Zusammen gerechnet werden selbst in der EU und in Osteuropa mehr Gelder im Energiesektor investiert als in China. Während in den Industriestaaten in erster Linie alte Kraftwerke ersetzt werden, werden in China und anderen Schwellenländern vor allem neue gebaut. In beiden Fällen steht die Entscheidung an: Wie viel CO_2 dürfen die neuen Kraftwerke ausstoßen?

Die Weltbank und die großen regionalen Entwicklungsbanken haben dabei eine wichtige Leitfunktion – wenn sie sich an Projekten beteiligen, dann sind auch die großen Banken und Konzerne bereit, zu investieren. Würden sie umsteuern, wäre das ein überaus wichtiges Signal. Aber der überwiegende Teil der 17 Billionen US-Dollar wird von privaten Banken, Pensionsfonds und Versicherern investiert werden. Führungsspitzen aus diesen Institutionen wurden deshalb bereits 2005 befragt: Werden Sie dieses Geld klimaverträglich investieren? Der erste Teil der Antwort war erschreckend. Weil sie keine langfristige Sicherheit haben, wäre das zu riskant. Der zweite Teil ist eher ermutigend: Die Politik kann das ändern. Wenn es international und national die richtigen Vorgaben gibt, dann können die großen Finanzströme in klimafreundliche Kraftwerke investiert werden. Erfolg versprechend ist das jedoch nur dann, wenn die Signale «long, loud and legal» seien, also langfristig, laut und rechtlich verbindlich.

Zunächst zur Langfristigkeit. Derzeit ist der Finanzmarkt extrem kurzsichtig, er tickt im Vierteljahresrhythmus der Unternehmensberichte. Die Kalkulationsgrundlage für Investitionen in den Kraftwerkspark würde sich aber verändern, wenn 2009 in Kopenhagen beschlossen würde, dass die Industrieländer im Stromsektor bis 2020 ihre Emissionen deutlich senken und die kohlereichen Schwellenländer China, Indien und Südafrika zumindest ihre Emissionen pro Wirtschaftseinheit deutlich verlangsamen müssen. Und wenn schon 2009 festgelegt würde, dass auch nach 2020 die Emissionen jährlich mindestens um ein Prozent weiter sinken müssen, könnten die Investoren auch dies berücksichtigen. Je ehrgeiziger und langfristiger die Emissionsziele gesetzt werden, desto mehr wird in klimafreundliche Kraftwerke investiert werden. Ein Energieeinspeisegesetz, das wie in Deutschland 20 Jahre lang stabile Einnahmen garantiert, ist eine geeignete Grundlage dafür, dass Investoren massiv Geld für erneuerbare Energien in die Hand nehmen. Ein dynamischer Top-Runner-Standard für energieeffiziente Geräte, dem innerhalb einiger Jahre alle Anbieter folgen müssen, würde für den Finanzmarkt bedeuten: Die wirtschaftlichen Chancen der Vorreiter vergrößern sich, hier kann man mehr Geld anlegen.

Zweitens müssen die politischen Signale laut sein. Das heißt, sie müssen finanzrelevant, also in der «Geld-Sprache» des Finanzmarktes in Euro und Cent dargestellt werden können. Steigen durch den Emissionshandel die Abgaben für Kohlestrom Jahr für Jahr an, wird ein Geldgeber darauf drängen, seine Rendite nicht dadurch zu schmälern, dass er immer mehr Geld für Emissionszertifikate ausgeben muss. Mit anderen Worten: Er wird gleich in erneuerbare Energien investieren. Beim Erneuerbare-Energien-Gesetz kann ein Geldgeber noch besser kalkulieren: Er kann sich ausrechnen, was es beispielsweise bringt, die Wärme aus der Tiefe der Erdkruste an die Oberfläche zu holen, um damit Strom zu erzeugen, den er 20 Jahre lang zu festen Sätzen ins Netz speisen kann, und gleichzeitig Tausende Haushalte zu heizen.

Drittens muss das Signal rechtlich verbindlich sein. Der Finanzmarkt kann auf vage Versprechungen der Politik oder freiwillige Selbstverpflichtungen von Unternehmen hin keine Investitionsentscheidungen treffen. Deshalb ist es so wichtig, dass die Bush-Regierung sich mit ihrem Ansatz nicht durchsetzt, nur unverbindliche Klimaziele festzulegen. Banken, Versicherer und Pensionsfonds investieren ja größtenteils nicht ihr eigenes Geld, sondern das ihrer Kunden, die z. B. eine Lebensversicherung oder einen Sparvertrag abgeschlossen haben. Es würde an Veruntreuung des Geldes grenzen, wenn sie auf ungewisse politische Zusagen hin investieren würden. Einzig verbindliche Zielsetzungen garantieren die notwendige Sicherheit.

Darauf können sich dann große und kleine Geldgeber verlassen – und entsprechend ihr Geld investieren. Das gilt in gleicher Weise für einen kleinen Privatanleger, der einige tausend Euro in einen geschlossenen Windparkfonds steckt, wie für eine Großbank, die dreistellige Millionenbeträge in ein riesiges Parabolrinnenkraftwerk investiert.

«Es sind noch keine Beschlüsse gefasst»

Die Allianz-Gruppe erwirtschaftete 2006 einen Jahresumsatz von 101 Milliarden Euro. Das Unternehmen unterstützt das ehrgeizige Klimaziel der EU, den Temperaturanstieg auf weniger als zwei Grad zu begrenzen. Die Autoren befragten Dr. Joachim Faber, Mitglied des Gesamtvorstands.

Foto: Allianz

Herr Faber, warum misst die Allianz dem Klimawandel eine derart hohe Priorität bei?

Für unser Geschäft ist der Klimawandel eine sehr ernst zu nehmende Bedrohung. 40 Prozent der Schäden im Bereich unserer Sachversicherungen gehen auf Naturkatastrophen zurück – viele davon sind wetterbedingt. Es ist inzwischen unstrittig, dass der Klimawandel eine Ursache für deren Anstieg ist. Dies nehmen wir im Interesse unserer Kunden, unserer Aktionäre und der gesamten Gesellschaft sehr ernst.

Im Bereich Energieerzeugung werden bis 2030 nach Schätzung der Internationalen Energieagentur voraussichtlich 17 Billionen Dollar investiert. Kann die Allianz darauf Einfluss nehmen, dass diese Mittel im Sinne des Klimaschutzes investiert werden?

Für einen großen Finanzdienstleister wie die Allianz gibt es viele Ansatzpunkte. Als Versicherer sind wir so etwas wie eine Kapitalsammelstelle – und damit einer der größten Investoren der Welt. Wir haben bereits 2005 beschlossen, eine halbe Milliarde Euro direkt in erneuerbare Energien zu investieren, und dafür sogar eine eigene Abteilung gegründet. Als Mitglied des so genannten Carbon Disclosure Projects – einer Initiative zur Offenlegung von CO_2-Emissionen durch Unternehmen – fragen wir nach den Klimarisiken, die ein einzelnes Unternehmen hat, und weisen es auf seine Verantwortung hin. Unsere Investmentbank – die Dresdner Kleinwort – ist darüber hinaus stark im Handel von Emissionszertifikaten engagiert, also direkt im Bereich Klimaschutz. Im Kfz-Bereich bieten wir inzwischen eine Versicherung an, bei der der Emissionsausstoß eines Autos durch Klimaschutz-Zertifikate ausgeglichen wird. In den USA sind wir mit einer Hausversicherung auf dem Markt, die energiesparendes Bauen durch finanzielle Anreize belohnt. Ein ähnliches Produkt gibt es in Deutschland bei der Immobilienfinanzierung.

Aber reichen solche punktuellen Maßnahmen und Angebote aus, die Investitionen in großem Stil in Richtung Klimaschutz zu lenken?

Wie jede kommerzielle Investitionstätigkeit brauchen auch Investitionen gegen den Klimawandel verbindliche, klare und möglichst langfristige Rahmenbedingungen. Das Kyoto-Protokoll läuft aber 2012 aus. Auf Bali wurden Verhandlungen gestartet, aber noch keine Beschlüsse gefasst. Erst wenn es eine verlässliche internationale Rahmensetzung gibt, können wir auch in großem Stil in diese Richtung investieren. Um das zu erreichen, brauchen wir zunächst ein internationales Abkommen, das die USA miteinbezieht. Denn sonst werden die Schwellenländer China und Indien sich nicht wirklich bewegen. Eine Führungsrolle einzelner Staaten oder Staatengruppen ist dabei wichtig, um eine Dynamik zu erzeugen. Doch wenn zum Beispiel Deutschland vorangeht, die anderen aber nicht nachkommen, führt das nur zur Abwanderung der Industrie in Länder mit weniger strengen Vorgaben.

In Deutschland und der EU wird darüber diskutiert, Strom aus solarthermischen Kraftwerken aus Nordafrika zu importieren. Sind das interessante Investitionschancen für Sie?
Besonders interessant daran ist, dass diese Kraftwerke auch die Grundlast absichern können. Aber um zu investieren, muss auch hier der Rahmen stimmen.

Um einschätzen zu können, wie viel Geld zukunftsweisend investiert werden kann, gilt es den gesamten Geldfluss anzuschauen. Beispiel Deutschland: Durch Geldanlagen nimmt der vermögende Teil der Bundesbürger jährlich 500 Milliarden Euro ein. Nur ein Fünftel davon wird unternehmerisch investiert – in Gebäude, Kraftwerke und Industrieanlagen oder erneuerbare Energien. «Vom Rest gehen rund 250 Milliarden in den Konsum und 150 Milliarden in Staatspapiere, deren Zinsen die Steuerzahler finanzieren», rechnet Carlo Jaeger vor. Der Ökonom und Soziologe ist einer der innovativsten Denker am Potsdam-Institut für Klimafolgenforschung, wo er die Abteilung Globaler Wandel und Soziale Systeme leitet. Seit Jahren erforscht er den Zusammenhang von

Finanzmarkt und Klimaschutz. Er setzt neben einem internationalen Klimaabkommen und einem weiterentwickelten Emissionshandel auf steuerliche Anreize für die, deren Geld investiert werden soll. Er schlägt vor: Steuern runter für Geld, das mit unternehmerischem Risiko investiert wird – Steuern hoch, wenn es in den eigenen Luxus oder in risikolose Staatsanleihen fließt. Damit könnte der Staat dafür sorgen, dass mehr investiert wird und weniger Geld in Luxuskonsum fließt. Eine derartige Lenkung ist dringend notwendig. Denn es bedarf deutlich mehr als 100 Milliarden Euro jährlich, um einen zügigen Umbau des Energie- und Verkehrssystems zu finanzieren. Zugleich würden durch die zusätzlichen Investitionen in erheblichem Maß neue Arbeitsplätze entstehen.

Reicht aber, wie Jaeger unterstellt, ein funktionierender Emissionshandel mit starken Zielen aus, damit die vorhandenen Mittel auch in den Klimaschutz investiert werden? Wenn der Staat sichergehen will, müssten vor allem solche Investitionen steuerbegünstigt werden, die dem Klimaschutz dienen. Es bedarf dringend neuer Instrumente, die Investitionen für ein klimaverträgliches Wohlstandsmodell attraktiv machen.

Klimawandel und Ozonloch – die falsche Analogie

Mario Molina, der heute im Massachusetts Institute of Technology (MIT) forscht, erhielt 1995 den Nobelpreis für Chemie. Gut zwanzig Jahre zuvor, im Jahr 1974, hatte Molina zusammen mit Sherwood Rowland entdeckt, dass Fluorchlorkohlenwasserstoffe (FCKW) die Ozonschicht in der Stratosphäre zerstören – und damit den Filter, der die tödlichen UV-Strahlen des Sonnenlichts absorbiert. Aufgrund dieser Entdeckung wurde im Jahr 1987 – gegen den zunächst erbitterten Widerstand der Industrie –

das Montrealer Protokoll verabschiedet: Es verbietet die Produktion und den Einsatz von FCKW weitgehend. In Deutschland behauptete seinerzeit die Hausgeräteindustrie bei der entsprechenden Anhörung der Klima-Enquete-Kommission des Deutschen Bundestages, ein FCKW-Verbot sei für sie nicht verkraftbar. Als das Verbot nur wenige Monate später verkündet wurde, hatten alle Anbieter ihre Geräte auf andere Kühlmittel umgestellt und feierten sich in Hochglanzbroschüren. Den Montreal-Prozess sieht Molina heute, wie viele Beobachter, als Vorbild für die Klimapolitik. «Es ist zu schaffen», gibt sich der gebürtige Mexikaner optimistisch.

Tatsächlich gibt das Montreal-Protokoll Hinweise, was für eine erfolgreiche Klimapolitik notwendig ist: Die Industrie investierte erst dann in die Entwicklung neuer Technologien, als ein einfacher und unmissverständlicher Zeitplan festlegte, bis wann der Stoff ausgemustert sein musste. Und es war für den schnellen Fortschritt entscheidend, dass die Industrie erkannte, welch hochlukrativer Markt durch die Umrüstung entstand. Nicholas Stern, der ehemalige Chefökonom der Weltbank, hat den Markt, der bei entschiedenem Klimaschutz entstehen wird, bis 2050 auf mindestens 500 Milliarden US-Dollar geschätzt. Sobald die Industrie in großem Stil investieren wird, um diesen Markt zu erschließen, wird auch der Widerstand gegen politischen Klimaschutz zusammenbrechen. Der Technologiefonds des Montreal-Protokolls liefert Anregungen, wie Technologietransfer im neuen Klimaschutzabkommen organisiert werden kann. Hauptzweck des Fonds war und ist die Unterstützung der Entwicklungsländer bei ihren Anstrengungen, auf FCKW zu verzichten.

All das darf aber nicht dazu führen, den entscheidenden Unterschied zwischen dem Montreal-Protokoll und den Klimaverhandlungen zu übersehen: Während es beim Schutz der Ozonschicht darum ging, einige wenige Gase in einigen speziellen Anwendungen – in Sprays, Kühlschränken, Reinigungsmitteln, Feuerlöschern – durch andere Gase zu ersetzen, geht es jetzt um weit mehr. FCKW sind Industriegase, CO_2 ist das wichtigste «Zivilisationsgas» der Neuzeit. Die fossilen Brennstoffe Kohle, Öl und Gas, die seit der Erfindung der Dampfmaschine im Jahr 1769 den gesamten Fortschrittsmotor der Industrie- und in neuester Zeit auch der Schwellenländer befeuern, müssen in wenigen Jahrzehnten weitgehend ersetzt werden. Wirtschaftlicher Fortschritt und fossile Energie galten als so eng verknüpft, dass der große Soziologe Max Weber fürchtete, die weltverschlingende Macht des Kapitals werde erst am Ende sein, «wenn der letzte Tropfen Mineralöl verbrannt ist».

Die weltweit notwendige mentale, politische und ökonomische Wende ist eine um Größenordnungen andere Herausforderung als der Ersatz von FCKW für einige spezielle Anwendungen. Es geht um eine neue industrielle Revolution. Es gilt weltweit, das gesamte Energie- und Verkehrssystem umzubauen. Dieser Umbau braucht breite Akzeptanz in der Bevölkerung. Das heißt, er kann nur gelingen, wenn er sozial verträglich gestaltet wird – national und international. Die Widerstände sind enorm: 150 Jahre Gleichschritt von Fortschritt und fossilen Energieträgern haben für ein gewaltiges Wirtschaftssystem gesorgt, dessen energieintensive Strukturen mit Klauen und Zähnen verteidigt werden.

Die oft zitierte Analogie von Montreal-Protokoll und Klimapolitik führt also in die Irre. Heute geht es nicht um technische Veränderungen einzelner Produkte, es geht um den Aufbau eines neuen Wohlstandsmodells, das nicht länger auf fossilen Energieträgern basiert.

Klimaschutz-Index

«Wie wirkungsvoll ist die Klimapolitik eines Landes?» Wer dies wissen will, muss nur einen Blick auf den Klimaschutz-Index werfen. Germanwatch und das Klima-Netzwerk CAN-Europe haben den Index gemeinsam entwickelt und vergleichen so jährlich die Klimapolitik von 56 Industrie- und Schwellenländern, die zusammen für mehr als 90 Prozent des weltweiten energiebedingten CO_2-Ausstoßes verantwortlich sind. Der Emissionstrend der letzten Jahre geht mit 50 Prozent in den Index ein. Dabei nimmt er die Bereiche Energie, Industrie, Verkehr und Gebäude unter die Lupe und bewertet, ob das Land auf dem Weg ist, seinen Beitrag zum Klimaschutz zu leisten. Da aber die Emissionsentwicklung immer zeitlich der Klimapolitik hinterherhinkt, bewerten NGO-Experten aus dem jeweiligen Land zusätzlich die aktuelle Politik ihrer Regierung. Mit je zehn Prozent geht sowohl das nationale wie internationale Engagement in den Index ein. Die verbleibenden 30 Prozent bewerten die absoluten Emissionen eines Landes – pro Person, Wirtschaftsleistung und Energieverbrauch.

Während der Klimakonferenz haben Germanwatch und CAN Europe auf Bali den Klimaschutz-Index zum dritten Mal vorgestellt. Die *Süddeutsche Zeitung* berichtete daraufhin auf Seite eins über die Ergebnisse, Spiegel online machte den Aufmacher daraus. Die *New York Times*, die *Herald Tribune*, die spanische *El País*, die Pariser *Le Monde* – sie alle haben dargestellt, wie ihr Land im internationalen Vergleich abgeschnitten hat. Weltweit wurde der Index in mehr als 100 Staaten zum Medienereignis.

Die Kerndaten der zehn größten CO_2-Emittenten der Welt

Rang (2008)	Land	Punkte (2008)	Anteil an weltweiten CO_2-Emissionen (2005)	Anteil am weltweiten Primärenergieverbrauch (2005)	Anteil am weltweiten BIP (2005)	Anteil an der Weltbevölkerung (2005)
2	Deutschland	64,5	3,00 %	3,02 %	3,97 %	1,28 %
5	Indien	62,4	4,23 %	4,70 %	6,16 %	17,02 %
7	Großbritannien	59,2	1,95 %	2,05 %	3,11 %	0,94 %
40	China	47,0	18,80 %	15,18 %	14,75 %	20,39 %
41	Italien	47,0	1,67 %	1,62 %	2,79 %	0,91 %
42	Japan	46,9	4,47 %	4,64 %	6,36 %	1,99 %
50	Russland	43,9	5,69 %	5,66 %	2,53 %	2,23 %
51	Südkorea	41,3	1,56 %	1,87 %	1,75 %	0,75 %
53	Kanada	37,6	2,02 %	2,38 %	1,81 %	0,50 %
55	USA	33,4	21,44 %	20,47 %	20,13 %	4,61 %

«Indien auf Platz 5 – ist das Emissionswachstum der Schwellenländer nicht das große Problem?», fragt eine britische Journalistin, als die Ergebnisse der Öffentlichkeit präsentiert werden. Jan Burck, der den Index für Germanwatch entwickelt hat, lächelt verschmitzt. Er hat mit dieser Frage gerechnet. «Der Pro-Kopf-Ausstoß ist in Indien extrem gering. Das kommt daher, dass das Land sehr stark auf Dienstleistungen und die Computerindustrie setzt. China dagegen ist die Werkbank der Welt.» Das Land liegt deshalb auf Platz 40. Im Vergleich zu einem Inder verursacht ein Chinese viermal so viel CO_2 – und der Trend zeigt steil nach oben. Weil China aber ernsthaft die Energieeffizienz zu verbessern versucht, erneuerbare Energien fördert und es auch in der internen

Klima- und Umweltpolitik einen sichtbaren Umschwung gegeben hat, ist das Schwellenland um vier Plätze nach vorn gerückt. Das macht Hoffnung, dass in Zukunft die Emissionen dort langsamer steigen könnten.

Mexiko liegt sogar noch knapp vor Indien. Der Pro-Kopf-Ausstoß ist auch hier relativ gering. Und der Trend ist besser als in vielen anderen Staaten. «Außerdem hat das Land eine konstruktive Rolle in der internationalen Klimapolitik übernommen», beschreibt Jan Burck. Auch wer ganz vorn im Index steht, hat – zumindest bislang – keinen Anspruch auf eine Medaille. Diese Länder sind besser als die anderen, aber noch lange nicht gut. Deutschland zum Beispiel rückte von Platz 4 auf Platz 2 vor. Wesentliche Gründe für das gute Abschneiden: Die Emissionen sind seit 1998 – also nach dem Umbruch in Ostdeutschland – zwar nur noch leicht, aber anders als in den meisten anderen Staaten immer noch gefallen. Beim Trend liegt Deutschland auf Platz 2. Neben Schweden ist Deutschland das einzige Industrieland, in dem die Emissionen im Straßenverkehr seit 1998 abgenommen haben – auch eine Spätfolge der Ökosteuer und des Aufschlags von rund 20 Cent pro Liter Treibstoff. Für die internationale Politik – aufgrund des Einsatzes beim EU-Frühjahrsgipfel, beim G8-Gipfel und den UN-Klimaverhandlungen – erhielt Deutschland eine sehr gute Note. Dies reichte aus, um die mittelmäßige Bewertung der nationalen Klimapolitik (2,7) auszugleichen. Und selbst diese 2,7 ist noch besser als die Politikbewertung der meisten Staaten. Wie so oft: Bei Staaten, die im Index vorn liegen, freut sich die jeweilige Regierung, während sich die Umweltverbände ärgern: «So gut ist doch die Klimapolitik Deutschlands wirklich nicht» – so der Tenor etlicher verärgerter E-Mails nach der Veröffentlichung. «Das stimmt – nur die anderen sind noch schlechter», schreibt Jan Burck zurück.

Auch in Dänemark schlug die Veröffentlichung hohe Wellen. «Dänemark rutscht im Klimaschutz-Index ab», titelt «Politiken», eines der führenden politischen Magazine des Landes. Vor allem wegen der sehr schlechten Politikbewertung war das Land von Platz 3 auf Platz 17 abgerutscht. Was aber auch zeigt, wie eng viele Staaten beieinanderliegen.

In Kanada wiederum sind die Umweltverbände froh über die internationale Unterstützung. Die Emissionsbilanz ist verheerend. Und die neue Regierung verkündete, dass sie sich nicht mehr an die Ziele von Kyoto gebunden fühle – auch wenn Kanada das Protokoll ratifiziert hat. Dementsprechend hat das Land in den beiden letzten Jahren zehn Plätze verloren und liegt jetzt auf Platz 53. Nur noch zwei Plätze vor den USA. Das Pembina-Institut veranstaltete dazu eine Pressekonferenz in Kanada und wies auf das schlechte Abschneiden des Landes hin. Alle großen Zeitungen Kanadas berichteten schließlich darüber. «Kanada der Viertschlechteste bei Klimaschutz-Performance», lautete die Topmeldung in den Abendnachrichten.

Nicht nur Kanada, sieben der zehn größten CO_2-Emittenten sind zwischen den Plätzen 40 und 55 auf der Rangliste zu finden. Das bedeutet, dass gerade diejenigen Länder, die die meisten Emissionen verursachen, wenig dagegen unternehmen. Die schlimmsten Klimasünder sind Saudi-Arabien, die USA und Australien. Diese drei Staaten weisen ein sehr hohes Emissionsniveau, einen schlechten Emissionstrend und gleichzeitig eine absolut unzureichende Politik auf. Nach dem jüngsten Politikschwenk in Australien wird es spannend, auf welchem Rang das Land im nächsten Jahr landen wird. Selbst das Schlusslicht im Index reagiert. Ossama bin Abdul Majed Shobokshi, der saudische Botschafter in Deutschland, schrieb an Germanwatch. Er möchte mehr über den Index erfahren, «denn es liegt in unserem Interesse, zum Klimaschutz beizutragen». Erstaunlich für ein Land, das seit mehr als 15 Jahren eine Gruppe von Juristen bezahlt, die nichts anderes zu tun haben, als Vereinbarungen bei allen Konferenzen – von Rio über Kyoto bis Bali – so gut wie möglich zu behindern.

Die weltweite Resonanz zeigt, dass der Klimaschutz-Index politische Wirkung erzeugt. Und das ist dringend notwendig. Denn unterm Strich zeigt er deutlich, dass die Staatengemeinschaft weit davon entfernt ist, ihrer Verantwortung gerecht zu werden. «Kaum ein Land ist bisher auf dem Weg, den wir brauchen, um die globale Temperaturerhöhung unter zwei Grad zu halten und eine weltweite Klimadestabilisierung zu vermeiden», stellt CAN-Europa-Direktor Matthias Duwe fest.

Deutschland – einäugiger König

Auf dem Papier sieht es gar nicht schlecht aus: Deutschland senkte seine CO_2-Emissionen zwischen 1990 und 1999 um 17,2 Prozent. Doch etwa die Hälfte des Erfolgs fiel dem Land durch die deutsche Einigung quasi in den Schoß. Die internationale Klimadiplomatie spricht von «Mauerfall-Profiten». In den neuen Bundesländern wurden alte Braunkohlekraftwerke stillgelegt, und praktisch alle Industriezweige brachen zusammen: Die Trabant-Werke in Zwickau, die Chemiekombinate in Bitterfeld, die gesamte Textilbranche der DDR – die maroden Ostbetriebe endeten als Industriebrachen oder wurden von meist westdeutschen Investoren saniert. In den Wohnungen verschwanden nach der Wende die alten Kohleöfen. Und mit ihnen der Schwefelgestank, der während der Wintermonate über jeder noch so kleinen Stadt gelegen hatte. Die Bundesregierung setzte Anreize, bei der Sanierung auch auf Energieeffizienz zu achten. Fenster erhielten Doppelverglasungen, und die Zimmerwärme wurde nicht mehr dadurch gesteuert, dass Fenster auf- und zugemacht wurden, sondern durch Heizungsregler. In nur zehn Jahren sank der Pro-Kopf-Ausstoß der Ostdeutschen von 20 Tonnen auf Westniveau, auf etwa zehn Tonnen CO_2. Deshalb konnte das wiedervereinigte Deutschland lange Zeit große Erfolge präsentieren.

1999 kam es dann jedoch zum Stillstand. Bis 2006 sanken die

Emissionen pro Jahr um kümmerliche 0,1 Prozent. Das von Altbundeskanzler Kohl 1992 auf dem Erdgipfel in Rio versprochene Ziel, die CO_2-Emissionen bis 2005 um 25 Prozent zu reduzieren, gab die rot-grüne Regierung 2001 klammheimlich auf. Nach dem Ausstieg der USA aus dem Kyoto-Protokoll waren viele froh, dass Deutschland zumindest daran festhielt, sein Kyoto-Ziel von 21 Prozent erreichen zu wollen – das Kyoto-Protokoll war ja noch nicht in Kraft getreten und damit die Ziele nicht verbindlich. Erst das Klimajahr 2007 brachte die Wende. Als Ratspräsidentin der EU setzte Kanzlerin Angela Merkel im März 2007 neue ehrgeizige Ziele in Deutschland durch: Die Emissionen sollen bis zum Jahr 2020 gegenüber 1990 um 40 Prozent sinken. Am 5. Dezember 2007 – während des Klimagipfels auf Bali – beschloss das Bundeskabinett deshalb ein umfassendes Maßnahmenpaket, das so genannte Integrierte Energie- und Klimaprogramm der Bundesregierung. Die Bundesregierung rechnet vor, dass die CO_2-Emissionen in Deutschland bis 2020 gegenüber 1990 um 36,6 Prozent oder 220 Millionen Tonnen sinken können. «Es reicht aber nur für 30 Prozent oder 160 Millionen Tonnen», kritisiert Greenpeace. Dennoch war Umweltminister Gabriel mit einer gewissen Berechtigung stolz, «als einziges Industrieland mit einem so ambitionierten und zugleich konkreten Programm zur Weltklimakonferenz nach Bali» geflogen zu sein. Es ist der Stolz des Einäugigen unter den Blinden. Klar: Der Anteil erneuerbarer Energien an der Stromerzeugung soll von derzeit 13 Prozent mindestens verdoppelt oder gar auf 30 Prozent gesteigert werden und 54 Millionen Tonnen CO_2-Reduktion bringen. Offshore-Windparks in der Nord- und Ostsee sollen zügig errichtet und alte Windräder an Land durch wesentlich leistungsfähigere ersetzt werden. Der Einsatz der Kraft-Wärme-Kopplung soll ebenfalls verdoppelt werden (von 12 auf 25 Prozent), was die deutsche CO_2-Bilanz um weitere 14 Millionen Tonnen reduziert. Außerdem verspricht sich das Kabinett von der Stromeinsparung durch bessere Geräte nochmals 25 Millionen Tonnen.

Doch bereits beim Thema Kohle beginnt die Mogelpackung. Der Ersatz von alten Kohlekraftwerken durch neue wird als Klimaschutzmaßnahme verkauft, selbst den Ausbau des größten Braunkohlekraftwerks der Welt in Neurath deklariert die Regierung als Schritt nach vorn. Tatsächlich mögen die neuen Kraftwerke zunächst eine Einsparung von 15 Millionen Tonnen CO_2 bringen. Doch wie Felix Matthes vom Öko-Institut zu Recht betont, produzieren sie bestenfalls 20 bis 30 Prozent günstiger als alte und «sind eher Teil des Problems als Teil der Lösung». Denn: Sie laufen im Schnitt 50 Jahre und bremsen so jahrzehntelang die notwendige Entwicklung hin zu einer ehrgeizigen Energiepolitik.

Eine nächste große Lücke klafft im Verkehrsbereich. Zwar hatte die SPD im August 2007 in einem Leitantrag beschlossen: «Wir wollen die steuerliche Besserstellung hochverbrauchender Dienstwagen auf den Prüfstand stellen.» Doch Anfang 2008 sieht es so aus, dass spritschluckende Dienstlimousinen weiterhin steuerlich subventioniert werden. Während Privathaushalte als Neuwagen fast nur noch Klein- und Kompaktmodelle kaufen, schaffen Unternehmen teure Prestigeobjekte an: Sie erhalten große, durstige Fahrzeuge von Daimler, BMW, Audi oder VW mit Rabatten von 10, 20 und noch mehr Prozent und schreiben diese Neuwagen und den gesamten Spritverbrauch steuerlich ab. Nach ein bis drei Jahren werden die Autos ungefähr zum Anschaffungspreis verkauft. Die Deutsche Umwelthilfe berichtet, dass drei Viertel aller in Deutschland verkauften SUVs (Sport Utility Vehicles) als Geschäftsautos auf den Markt kommen.

Als die Bundesregierung das Klimapaket vorstellt, verweist sie darauf, dass der Flugverkehr aufgrund einer EU-Entscheidung ab 2012 in den Emissionshandel einbezogen wird. Sie verschweigt dabei, dass sie zu den Regierungen gehört, die Ziele und Kriterien abschwächen wollen. Kerosinsteuer, Flugticketabgabe? Lautlos unter den Tisch gefallen. Im Güterverkehrsbereich nutzt die Bundesregierung das bestehende Mautsystem. Immerhin: Ab

Mitte 2008 sollen Fahrzeuge mit höheren Emissionen nochmals deutlich «stärker belastet» werden: mit einer ungefähr doppelt so hohen Maut und rund 21 Cent pro Kilometer. Insgesamt will die Bundesregierung die Emissionen im Verkehr um über 33 Millionen Tonnen CO_2 verringern. Aber ein Tempolimit auf Autobahnen? Fehlanzeige. Eine klimapolitische Ausrichtung der Bahnreform – nicht einmal der Diskussion wert. Immerhin setzt die Bundesregierung auf eine schadstoff- und CO_2-abhängige Kfz-Steuer, um allen Autofahrern einen kleinen Anreiz zu geben, weniger PS-starke Modelle zu kaufen. Eine Energiekennzeichnung soll dies erleichtern. Falls dies jedoch, wie geplant, in Abhängigkeit zum Fahrzeuggewicht geschehen soll, wird das Vorhaben zur Farce: Denn dann dürfen schwere Fahrzeuge mehr CO_2 emittieren als leichte. Und schon erhält ein schwerer Geländewagen, der mit einem relativ spritsparenden Motor ausgerüstet ist, vielleicht eine vergleichbar gute Klassifizierung wie ein Kleinwagen – auch wenn er deutlich mehr Benzin verbraucht. Und zwar ebendeshalb, weil der Spritverbrauch im Verhältnis zum Gewicht bewertet wird.

Neben Energie und Verkehr sind private und öffentliche Gebäude der dritte große Bereich für mögliche CO_2-Reduktionen. Ab 2009 müssen Neubauten zumindest teilweise mit erneuerbaren Energien geheizt werden, es sei denn, sie werden durch Kraft-Wärme-Kopplung mit Nah- oder Fernwärme beliefert oder sehr gut gedämmt. Ab 2012 sollen sie nur noch rund 40 Kilowattstunden Wärme pro Quadratmeter und Jahr verbrauchen und ab 2020 möglichst ganz ohne fossil erzeugte Wärme auskommen. Das Wirtschaftsministerium verhinderte, dass es auch für Altbauten verpflichtend wird, mit Öko-Wärme zu heizen. «Halbherzig und enttäuschend», kommentierte der Deutsche Mieterbund. Sechs große Kraftwerke werden in Deutschland allein für die 1,4 Millionen Nachtspeicheröfen betrieben, die es heute noch immer gibt. E.on hat dafür noch im Jahr 2007 in Hochglanzbroschüren geworben. Man kann es nicht deutlich genug sagen: In einem Kraftwerk wird Kohle verbrannt, um Strom zu erzeugen. Zwei Drittel der Energie verpuffen als Abwärme. Und mit Nachtspeicheröfen wird dieser kostbare Strom in Wärme zurückverwandelt. Statt diese unsinnige Form des Heizens einfach zu verbieten, belässt es die Bundesregierung bei ein paar Euro als Anreiz – in der Hoffnung, dass diese Öfen bis 2020 außer Betrieb genommen werden. Insgesamt will die Bundesregierung im Gebäudebereich 31 Millionen Tonnen CO_2 einsparen.

Das Karlsruher Fraunhofer-Institut für System- und Innovationsforschung hat die wirtschaftliche Seite des deutschen Klimaprogramms unter die Lupe genommen. Das Ergebnis ist ermutigend. «Insgesamt kann Deutschland mit Umsetzung der Maßnahmen Gewinne in Höhe von fünf Milliarden Euro im Jahr 2020 realisieren», schreiben die Forscher in nüchternen Worten. Den 31 Milliarden Euro für die Klimaschutzmaßnahmen stehen 36,3 Milliarden Euro gegenüber, die an Energieausgaben eingespart werden. Und das, obwohl nur mit einem moderaten Ölpreis von 65 Dollar pro Barrel gerechnet wurde. Der hat längst die 100-Dollar-Marke überschritten – und vieles spricht dafür, dass er weiter nach oben klettert. Der tatsächliche Gewinn dürfte also noch weit höher sein. Sprich: Wir alle profitieren von der schnellstmöglichen Umsetzung dieses Programms.

EU – Energie- und Klima-Union

Am 6. März 2007 legte die EU den Grundstein für eine sehr ambitionierte Klima- und Energiepolitik. Ergebnis des Frühlingsgipfels der Staats- und Regierungschefs unter dem Ratsvorsitz von Angela Merkel war ein kraftvolles Energie- und Klimapaket: Unabhängig davon, was die anderen Staaten machen, sollen die Treibhausgase bis 2020 gegenüber 1990 um mindestens 20 Prozent verringert werden. Und wenn die anderen Industrie- und Schwellenländer mitziehen, dann sollen es sogar 30 Prozent werden – verbindlich wohlgemerkt. Der Anteil erneuerbarer Energien am Energieverbrauch soll von heute sechs auf 20 Prozent steigen. Zugleich ist es das Ziel, die Energieeffizienz um 20 Prozent gegenüber einem «Weiter so» zu verbessern.

Grundlage für diesen Riesenschritt war, dass nicht nur der Klimaschutz, sondern weitere wichtige Ziele der EU dafür sprechen, massiv auf Energieeffizienz und erneuerbare Energieträger zu setzen. Zunächst verringern sie die Abhängigkeit von Öl-, Gas- und Kohleimporten. In Zeiten, in denen der Öl- und Gaspreis explodiert, auch Kohle immer teurer wird und sich die ganze Welt auf die verbleibenden Ressourcen stürzt, entspannt das die Situation. Damit ist eine solche Strategie auch aktive Friedenspolitik. Schließlich bedeutet verbesserte Effizienz mehr Wettbewerbsfähigkeit. Und effizientere Autos, Kühlschränke und Maschinen lassen sich – wie erneuerbare Energien – auf dem Weltmarkt gut absetzen. «Die Brüsseler Entscheidung geht in ihrer Bedeutung weit über den Klimaschutz hinaus. Europa, das bereits durch eine multilaterale Kooperationspolitik den Kalten Krieg friedlich überwunden hat, stellt sich seiner globalen Verantwortung und dokumentiert in einer Überlebensfrage der Menschheit Handlungsfähigkeit», bescheinigte der frühere Außenminister Hans-Dietrich Genscher der EU nach diesem Frühjahrsgipfel. Die große Frage ist nun, ob die EU diese Handlungsfähigkeit nur ankündigt oder wirklich zeigt.

Am 23. Januar 2008 legte die EU-Kommission ihren Entwurf für einen Klimamasterplan vor, mit dem die selbst gesteckten Ziele umgesetzt werden sollen. Tatsächlich stellt das Paket die bisherige EU-Politik in den Schatten und ist bislang einzigartig in der Welt. Und dennoch ist den Vorschlägen anzusehen, dass es in der EU noch nicht unumstritten ist, wirklich auf den neuen Kurs zu setzen. Nach Bali hatte die EU-Kommission erklärt, nun sei es höchstwahrscheinlich, dass es zu einem solchen internationalen Abkommen komme. Statt aber nun beherzt auf ein dreißigprozentiges Reduktionsziel zu setzen, geht der vorgelegte Entwurf von lediglich 20 Prozent aus. Auf 30 Prozent erhöht die Kommission erst, wenn tatsächlich in Kopenhagen ein internationales Abkommen mit ehrgeizigen Zielen beschlossen ist. Nicht nur der deutsche Umweltminister Sigmar Gabriel fürchtet, dass die EU bei den internationalen Verhandlungen dadurch an Glaubwürdigkeit einbüßt. Es hätte zudem die Ernsthaftigkeit der eigenen Klimaschutzpolitik unterstrichen, wenn die Kommission für EU-Staaten, die 2020 ihre Klimaschutzziele verfehlen, über ein Vertragsverletzungsverfahren hinaus Sanktionen angekündigt hätte.

Auch in den einzelnen Bereichen zeigen die Vorschläge der EU-Kommission Licht und Schatten. Der Vorschlag für den Emissionshandel kommt einem Durchbruch gleich. Er sieht vor, dass die Energieversorger tatsächlich ab 2013 alle Emissionszertifikate ersteigern müssen. Kohlekraftwerke werden dadurch teurer, alternative Energien konkurrenzfähig. Zudem brächte die Versteigerung etwa 50 Milliarden Euro Erlös im Jahr für den internationalen und EU-weiten Klimaschutz. Bislang hatten die Stromversorger die Zertifikate je nach EU-Staat zu mindestens 90 Prozent geschenkt bekommen – eine Riesensubvention für sie. Auch die erneuerbaren Energien erhalten weiteren Schwung. Deutschland erhält die Vorgabe, ihren Anteil an der gesamten Primärenergie auf 18 Prozent auszubauen. Frankreich soll 23 Prozent erreichen, das wald- und wasserreiche Finnland 38, Lettland sogar 42 Prozent. Erfreulich für Wind- und Sonnenanlagenbauer in Deutschland: Die Mitgliedsländer dürfen weiterhin selbst festlegen, wie sie die Energie aus Wind, Wasser und Sonne fördern. Damit sind die sehr wirkungsvollen nationalen Energieeinspeisegesetze nicht gefährdet.

Enttäuschend hingegen, wie unkonkret bisher die im Bereich Energieeffizienz vorgelegten Pläne sind. Es gibt keine Vorschriften zur Wärmedämmung renovierungsbedürftiger Altbauten. Noch gab es auch keine Ankündigung des in Japan so erfolgreichen Top-Runner-Gesetzes. Die schärferen Verbrauchswerte für Autos sind hochumstritten. Vor allem die Bundesregierung, die von den deutschen Autokonzernen wegen ihrer schweren Autos unter Druck gesetzt wird, drängt die EU-Kommission dazu, die großen deutschen Karossen weniger scharf anzugehen als etwa die Kleinwagen Frankreichs und Italiens.

Eine bemerkenswerte Stärke der neuen EU-Klimapolitik ist es allerdings, dass sie über den europäischen Tellerrand hinaus denkt. Sie weiß, dass ernsthafte Klimaschutzziele nur erreicht werden können, wenn die Staaten und Wirtschaftsbereiche auch mit ins Boot kommen, die sich bislang um ernsthaften Klimaschutz drücken. Wenn die weltweiten Emissionen weiter steigen wie vorhergesagt, dann hätte die EU im Jahr 2050 nicht einmal einen Anteil von fünf Prozent. Deshalb muss jede EU-Politik auch daraufhin untersucht werden, wie sie auf die Länder ausstrahlt, die mit ihren Emissionen tatsächlich darüber entscheiden, ob die Weltgemeinschaft die notwendigen Klimaziele erreicht oder nicht. An vielen Stellen versucht die EU-Kommission durch eine Kombination aus Zuckerbrot und Peitsche auf andere Länder zuzugehen.

Besonders deutlich wird dieser strategische Ansatz beim Thema internationaler Flugverkehr. Nirgends wachsen die Emissionen schneller als in diesem Sektor. Aber eine Allianz aus Saudi-Arabien, den USA und vielen Touristenstaaten hat in den letzten 15 Jahren alle Ansätze zu Klimazielen abgeblockt. Jetzt geht die EU-Kommission anders vor. Sie will den Flugverkehr in den EU-Emissionshandel einbeziehen. Aber mehr noch: Auch jede internationale Fluggesellschaft, die in die EU fliegt, muss künftig für Hin- und Rückflug Zertifikate erwerben. Es sei denn, es werden «Maßnahmen ergriffen, die dem Vorgehen der EU entsprechen». Wie aber kann ein anderer Staat das nachweisen? Das Einfachste ist für ihn, sich dem EU-Emissionshandel für den Luftverkehr anzuschließen.

Die EU-Kommission hat die Peitsche zunächst gezeigt, aber nun noch einmal weggelegt. Sie hat angekündigt, die Einfuhr von Gütern aus Ländern zu beschränken, wenn diese keine «bindenden und verifizierbaren» Klimaschutzanstrengungen unternehmen, die mit denen der EU vergleichbar sind. Dieser Vorstoß zielte vor allem in Richtung US-Regierung, die bisher verpflichtende Reduktionsziele ablehnt. Für den Moment genügte es der Kommission, dass die Partner jenseits des Atlantiks von der Ankündigung hörten. Es ist zu hoffen, dass die Kommission die Peitsche wieder aus der Schublade holt, falls es nach der Wahl im November 2008 keine Klimawende in den USA geben sollte.

So beginnt die EU in der Energie- und Klimapolitik tatsächlich in die Rolle eines Global Players hineinzuwachsen. Um diese Rolle in einer eng verzahnten Innen- und Außenpolitik ausfüllen zu können, bedarf es allerdings erheblicher Umbauten in ihren Institutionen. Zu stark sind diese noch an der Kohle- und Atomvergangenheit ausgerichtet. Dann könnten die Klimapolitik, die friedliche Sicherung der Energieversorgung und eine intelligente Wettbewerbspolitik der Europäischen Union zum Vorbild für die ganze Welt werden.

Eine klimaverträgliche Energie- und Verkehrspolitik ist das eine. Immer deutlicher wird aber auch die zweite Herausforderung der Klimapolitik: Es gilt, die Menschen, die heute und in Zukunft von Dürren, Stürmen oder Überschwemmungen betroffen sind, bei der Anpassung an die Konsequenzen des Klimawandels zu unterstützen.

Wie können sich die Menschen schützen?

Berlin, Mitte November 2007. «Ich bin aus Bangladesch gekommen, um zehn Tage vor dem Klimagipfel auf Bali über die UN-Klimapolitik zu diskutieren. Zugleich bin ich in Gedanken in meiner Heimat, wo heute Morgen der Taifun Sidr uns auf entsetzliche Weise vor Augen geführt hat, worauf wir uns einstellen müssen.» Nazmul Islam Chowdhury von der NGO Practical Action aus Bangladesch eröffnet in der Landesvertretung Baden-Württemberg einen von Germanwatch gemeinsam mit der Entwicklungsorganisation Practical Action organisierten parlamentarischen Abend.

Auch in Bangladesch drohen so genannte extreme Wetterereignisse häufiger zu werden. Bereits in den letzten Jahrzehnten kamen dort viele Menschen durch Wetterextreme ums Leben – allein im Jahr 1991 waren es 140.000. Es gab Schäden in Millionenhöhe. Doch zugleich ist Bangladesch ein positives Beispiel dafür, wie die Menschen auf sich verändernde Lebensverhältnisse reagieren können. «Bei Überschwemmungen finden die Menschen Schutz in höher gelegenen Hütten, die wir im letzten Jahr auch mit deutschen Partnern gebaut haben», erklärt Chowdhury. «Und Saatgutspeicher ermöglichen einen landwirtschaftlichen Neustart, auch wenn ein Taifun die Ernte zerstört hat.» Mit solchen Beispielen eröffnet er eine Diskussion mit Parlamentariern und Entwicklungsexperten: Wie kann Deutschland, wie können die Vereinten Nationen die Menschen in besonders betroffenen Ländern unterstützen, sich an den Klimawandel anzupassen? Die entwicklungs- und umweltpolitischen Sprecher der Koalitionsparteien CDU/CSU und SPD, der FDP, der Grünen und der Linkspartei sind eingeladen. Sie legen ihre Erwartungen an die Bali-Konferenz dar und antworten auf den Fragenkatalog, den Germanwatch ihnen zugeschickt hat.

Berlin, 8.12.2007. Knapp drei Wochen nach der politischen Diskussionsrunde macht sich der Deutsche Bundestag zwei wichtige Ziele zu eigen, die an diesem Abend vorgestellt worden waren: Zum einen fordern die Abgeordneten, die Emissionen in Deutschland müssten bis 2050 gegenüber 1990 um mehr als 80 Prozent sinken. Gleichzeitig beschließen sie, einen Teil der Versteigerungserlöse aus dem Emissionshandel auch für internationale Anpassungsmaßnahmen zur Verfügung zu stellen – jährlich immerhin etwa 60 Millionen Euro.

Entwicklungsländer: Hauptbetroffene des Klimawandels

Um gut 0,7 Grad Celsius ist die weltweite Temperatur bereits gestiegen. Zur Zeit profitieren die Menschen davon, dass die Ozeane sich nur langsam erwärmen und einen Teil der Erderwärmung noch so lange «schlucken», bis sich ein neues Gleichgewicht eingestellt hat. Diese Trägheit führt dazu, dass wir erst in einigen Jahrzehnten die vollen Konsequenzen der heute schon in der Atmosphäre befindlichen Treibhausgase zu spüren bekommen: Die globale Erwärmung wird sich im Vergleich zu heute etwa verdoppeln, selbst wenn morgen alle Kohlekraftwerke abgeschaltet und sämtliche Autos stillgelegt würden. Der Weltklimarat hat untersucht, mit welchen Auswirkungen die verschiedenen Weltregionen schon bis zum Jahr 2020 zu rechnen haben: Afrika ist besonders stark betroffen. Ein wichtiger Grund dafür ist, dass die meisten Bauern dort direkt auf den Regen angewiesen sind – und der kommt immer unregelmäßiger. Anders als in anderen Regionen der Welt gibt es in Afrika nur wenige Regionen, in denen die Felder mit dem Wasser aus Flüssen oder Stauseen bewässert werden. Es ist deshalb damit zu rechnen, dass in einigen Ländern Afrikas der landwirtschaftliche Ertrag auf den Flächen, die nicht bewässert werden, um bis zur Hälfte zurückgeht.

Kleinbauern, die bereits heute nur mit Mühe ihren notwendigsten Lebensunterhalt decken können, wären am heftigsten in Mitleidenschaft gezogen. Sie haben ein geringes Einkommen, schlechten Zugang zu sauberem Trinkwasser und medizinischer Versorgung. Weil sie ohnehin am Rande der Gesellschaft stehen, sind sie besonders anfällig, wenn Überschwemmungen die Ernte vernichten oder dringend benötigte Regenfälle ausbleiben. Diese Menschen gelten als besonders verletzlich gegenüber dem Klimawandel.

Zur Jahrtausendwende haben sich mehr als 190 Staaten in den sogenannten Millennium-Entwicklungs-Zielen verpflichtet, bis zum Jahr 2015 den Anteil der Armen an der Weltbevölkerung zu halbieren. Im Jahr 2000 war jedoch noch wenig bekannt, wie sehr der Klimawandel solche Entwicklungsziele gefährden kann. Das hat sich in den letzten zwei bis drei Jahren radikal verändert. Der «Bericht über die menschliche Entwicklung» der Vereinten Nationen hatte 2007 den Klimawandel zum Hauptthema. Die Welternährungsorganisation äußert sich besorgt zu Wasserversorgung und Ernährungssicherheit angesichts des Klimawandels. Inzwischen hat sich die Erkenntnis durchgesetzt: Es müssen Strategien entwickelt werden, mit denen die Menschen sich an die Folgen des Klimawandels anpassen können – sonst ist der Armutsbekämpfung in Zeiten des Klimawandels kein Erfolg beschieden.

Für keine Ländergruppe sind die Gefahren so offensichtlich wie für die kleinen Inselstaaten. Tuvalu, Tonga oder Kiribati in den Weiten des Pazifischen Ozeans sehen sich einem steigenden Meeresspiegel gegenüber, der sich zum Teil schon in den nächsten Jahrzehnten nicht mehr durch den Bau von Deichen aufhalten lässt. «Wann in der Geschichte mussten wir darüber entscheiden, ganze Länder verschwinden zu lassen?», fragte der Vertreter Tuvalus im Namen von 43 Inselstaaten bereits bei der UN-Klimakonferenz in Nairobi im November 2006. Schon heute gibt es auf ersten Inseln gezielte Auswanderungsprogramme. Die Regierungen von Tuvalu und Kiribati verhandeln mit der australischen Regierung darüber, wo die Menschen möglicherweise neu angesiedelt werden können. Das gibt auch in Australien, einem der größten Kohleexporteure der Welt, einigen zu denken.

In Bangladesch würde bereits ein Meeresspiegelanstieg von einem Meter dazu führen, dass etwa drei Millionen Hektar Land dauerhaft überflutet werden. 15 bis 20 Millionen Menschen könnten ihre Heimat verlieren. Nazmul Islam Chowdhury reist nach dem parlamentarischen Abend in Berlin weiter: Organisiert von Practical Action und Germanwatch, wird er in den folgenden Tagen auch im EU-Parlament in Brüssel und vor Parlamentariern in London reden. Die Botschaft ist immer dieselbe: Es ist ein Gebot der Fairness, dass die Staaten, die ihren Reichtum auf fossilen Energien aufgebaut haben, die besonders Betroffenen angesichts der Konsequenzen unterstützen.

Inzwischen weiß Chowdhury, dass der Taifun Sidr 3000 Menschen das Leben gekostet hat. Wieder wurde das Land in seiner Entwicklung zurückgeworfen. Der Klima-Risiko-Index von Germanwach zeigt, dass das kein Einzelfall ist. Sven Harmeling, der den Index entwickelt hat, sieht trotzdem keinen Grund zur Mutlosigkeit. Im Gegenteil: «Die Zahl der Todesopfer ist in Bangladesch in den letzten zwei Jahrzehnten deutlich zurückgegangen – trotz aller Stürme und Überschwemmungen.» Die Vorsorgeprogramme wirken sich aus. Immer häufiger kommen deshalb Delegationen aus anderen Ländern nach Bangladesch, um sich anzuschauen, mit welch einfachen, aber wirkungsvollen Methoden die Risiken verringert wurden: Handy und Megaphon dienen als Frühwarnsystem. Nahrungsmittel werden in wassersicheren Silos gelagert, sodass sie auch von einem Taifun nicht vernichtet werden können. Für die Menschen selbst wurden Schutzhütten auf kleinen, künstlich aufgeschütteten Hügeln gebaut.

Saleem Huq stammt aus Bangladesch. Der Direktor des Internationalen Instituts für Umwelt und Entwicklung in London wünscht sich, dass das Land zu einer Art Modellregion wird, die anderen Ländern zeigt, wie sie ganz praktisch dem Klimawandel begegnen können. Huq war einer der Ersten, die gesehen haben, wie massiv arme Staaten durch die Erderwärmung zurückgeworfen werden können. Jahr für Jahr initiierte er so genannte Anpassungstage bei den UN-Klimaverhandlungen. Inzwischen spielt das Thema bei den Klimaverhandlungen eine ebenso wichtige Rolle wie der Klimaschutz selbst.

Für Germanwatch ist Huq ein wichtiger Bündnispartner. Seit längerem bietet Saleem Huq jedes Jahr den am wenigsten entwickelten Ländern ein Vorbereitungstreffen vor den Klimakonferenzen an. Dies hat dazu beigetragen, dass sich diese Staaten auf Bali so deutlich wie nie zuvor mit konstruktiven eigenen Ansätzen hervorgetan haben. Das hilft, neue Koalitionen zu schmieden, die notwendig sind, um den Verhandlungsprozess von Bali bis Kopenhagen voranzubringen – zwischen den eher konstruktiven Industriestaaten mit der EU als Vorreiter, den am wenigsten entwickelten Staaten, den kleinen Inselstaaten und den Schwellenländern, die konstruktiv mitarbeiten, sprich Mexiko, Südafrika und in den letzten Jahren zunehmend auch China. Den Vorschlag, die am wenigsten entwickelten Länder zu unterstützen, bringt Sven Harmeling – er hat bei Germanwatch die Federführung für das Thema «Klima und Entwicklung» – auch bei einer Anhörung der

EU-Kommission in Brüssel vor. Die Kommission will selbst dazu beitragen, eine «Globale Allianz zum Klimawandel» zu bilden.

Auf Bali gehört Harmeling zu den Aktiven der Umwelt- und Entwicklungsverbände, die sich um die Verhandlungstexte zum Thema Anpassung kümmern. Gemeinsam mit Oxfam-Mitarbeitern aus den USA und Deutschland, einer Partnerorganisation von Germanwatch, die sich weltweit gegen Armut und soziale Ungerechtigkeit einsetzt, feilt er an Stellungnahmen zum ersten Entwurf für die «Bali Roadmap», für das Abschlusspapier, das den weiteren Verhandlungsweg bis Kopenhagen vorgibt. Kein Wort zur Verantwortung der Industrieländer war da zu lesen. Kein Hinweis darauf, dass die ärmsten Entwicklungsländer und die kleinen Inselstaaten finanziell viel stärker als bisher unterstützt werden müssen. Es wird nicht einmal benannt, dass ein ungebremster Klimawandel zu derart starken Veränderungen führt, dass sich die Menschen daran kaum noch anpassen können.

Die Gruppe steht vor der Aufgabe: Wie können ohne großen Umbau des Textes die fehlenden Inhalte hineinverhandelt werden? Am Montag sollen die Delegierten, die an diesem Thema arbeiten, in den Fluren mit Textvorschlägen versorgt werden. Die Hoffnung ist, dass sich am Ende möglichst viel davon im Abschlusstext wiederfindet. Internationale Politik funktioniert, wenn sie sich aus der Symbolpolitik hinausbewegt, über solche Verhandlungstexte. Schon am nächsten Tag signalisieren eine Reihe von Entwicklungsländern, dass sie die Übernahme von Formulierungen prüfen. Auch von der EU-Delegation kommen positive Signale.

Am Schluss gab es immerhin einen Teilerfolg. Die ärmsten Entwicklungsländer, die kleinen Inselstaaten und die Länder Afrikas sind als besonders gefährdete Regionen im «Bali-Aktionsplan» benannt. Wie diese Staaten finanziell unterstützt werden können, um die Folgen des Klimawandels bewältigen zu können, wird bis zur Klimakonferenz in Kopenhagen verhandelt werden. Und in der Präambel des Aktionsplans ist wenigstens festgehalten, dass es drastische Folgen haben würde, wenn nichts gegen den Klimawandel unternommen wird.

Die Ärmsten gegen Klimarisiken versichern

Vor sechs Jahren hat Germanwatch gemeinsam mit der Münchener Rückversicherung begonnen, jährlich mindestens einen Workshop zum Thema «Klimawandel – Versicherung der Nichtversicherbaren» zu organisieren. Die zentralen Fragen: Wie können die Menschen, die am stärksten vom Klimawandel betroffen sind, abgesichert werden? Und wie lässt sich das regeln, wenn sich die Menschen keinen privaten Versicherungsschutz leisten können? Peter Höppe, der Anfang 2005 die Leitung der Geo-Risiko-Abteilung bei der Münchener Rück übernahm, überzeugte dann Experten aus der Münchener Rück, der Weltbank, von Germanwatch, dem UN-Klimasekretariat sowie Wissenschaftler verschiedener Institute, sich 2007 zur «Munich Climate Insurance Initiative» zusammenzuschließen. «Die Industriestaaten müssen dazu beitragen, dass Schäden und Verluste in Entwicklungsländern versichert werden können», formuliert er das Ziel.

Während des Klimagipfels in Bali führt die neu gegründete Initiative eine Veranstaltung zu diesem Thema durch. Anhand der Daten, die der zweitgrößte Rückversicherer der Welt seit Jahrzehnten akribisch sammelt, rechnet Peter Höppe vor, dass sich die Häufigkeit großer Naturkatastrophen seit 1950 verdreifacht hat. «Ist dieser Anstieg tatsächlich auf den Klimawandel zurückzuführen?» fragt eine Zuhörerin. Höppe lässt keinen Zweifel: Es gibt inzwischen zweieinhalb mal so viele Fluten wie damals, die Zahl der Windstürme hat sich verdoppelt, die der Hitzewellen, Dürren und Forstfeuer sogar vervierfacht. Katastrophen, die nicht vom Wetter verursacht werden wie Erdbeben oder Tsunamis, sind dagegen nur um das Eineinhalbfache gestiegen. Dieser Unterschied lasse sich kaum anders erklären, als durch Veränderungen der Atmosphäre. «Es gibt mehr und mehr wissenschaftliche Belege, dass es einen kausalen Zusammenhang zwischen der Zunahme von Wetterextremen und dem Klimawandel gibt», so Peter Höppe.

Wie aber lässt sich das Problem lösen, dass die ohnehin Armen, von zunehmenden Naturkatastrophen heimgesucht, noch ärmer werden und selbstredend nicht das Geld haben, sich zu versichern, wie wir Reichen das tun? Beispiel Afrika. Dort arbeiten Entwicklungshilfeorganisationen derzeit daran, eine Mikroversicherung für Kleinbauern aufzubauen, die den Bauern Ausfallzahlungen leistet, wenn an einer bestimmten Anzahl von Tagen kein Regen gefallen ist. Damit können die Bauern sich auf eine mögliche Katastrophe vorbereiten – etwa indem sie sich auf den regionalen Märkten mit Lebensmitteln oder neuem Saatgut versorgen. «Das Reizvollste an dieser Versicherung ist die Tatsache, dass wir nach einer Katastrophe nicht um Hilfe betteln müssen», reagiert ein Afrikaner während der Veranstaltung.

Peter Höppe von der Münchener Rück schlägt vor, dass die Industrieländer bei solchen Versicherungsmodellen zumindest einen Teil der Prämie finanzieren. Nach dem Verursacherprinzip sollen Länder, die mehr CO_2 ausgestoßen haben, auch mehr bezahlen – allerdings nur einen Teil der Prämie, weil der Klimawandel auch nur einen Teil der Wetterextreme verursacht. Wie aber kann vermieden werden, dass sich die Menschen in Entwicklungsländern sagen: «Jetzt bin ich ja versichert, jetzt brauche ich keine Vorsorge mehr zu treffen?» Der Versicherungsexperte schlägt vor, dass nur Entwicklungsländer, die bestimmte Anpassungsmaßnahmen umsetzen, von dem Versicherungssystem profitieren sollen. Somit würde sogar ein starker Anreiz entstehen, Frühwarnsysteme zu errichten oder andere Vorsorgemaßnahmen zu treffen. Eine ganze Reihe von Studien hat gezeigt, dass sich solche Katastrophenvorsorge auch wirtschaftlich rechnet: Ein Euro, der in

Vorsorge investiert wird, spart später etwa vier Euro, die zur Behebung der Schäden aufgebracht werden müssen. Ein junger Mann aus Argentinien fragt, wie teuer es für die Industrieländer würde, ein solches Absicherungssystem zu finanzieren. «Über den Daumen gepeilt», erklärt Höppe, «verursachen Wetterkatastrophen in den Entwicklungsländern jährlich etwa Schäden in Höhe von sieben Milliarden US-Dollar. Davon sind vielleicht zwanzig Prozent durch den Klimawandel verursacht.» Das heißt: Derzeit müssten jährlich 1,4 Milliarden US-Dollar in einen internationalen Versicherungsfonds eingezahlt werden. Da die Menschheit heute jährlich etwa 30 Milliarden Tonnen CO_2 freisetzt, würde dies pro Tonne CO_2 etwa 5 Cent Versicherungsprämie bedeuten.

Auf Bali erzielte die Munich Climate Insurance Initiative einen ersten Durchbruch: Die Delegierten einigten sich darauf, dass über derartige Konzepte bis 2009 verhandelt werden soll.

Die Kosten des Klimawandels in Entwicklungsländern

Es bedarf jedoch weit mehr als einer von Industrieländern mitfinanzierten Versicherung. Wie viel Geld ist insgesamt notwendig, damit sich die armen Länder an den Klimawandel anpassen können? Diese Frage rückt immer mehr ins Zentrum und wird bei den künftigen Klimaverhandlungen eine Schlüsselrolle spielen. Die Weltbank veröffentlichte im Jahr 2006 eine Studie, der zufolge den Entwicklungsländern durch den Klimawandel jährlich Kosten zwischen neun und 40 Milliarden US-Dollar zusätzlich entstehen. Dabei ging die Studie lediglich der Frage nach, welche Mittel notwendig sind, um all das, was bislang bereits im Rahmen der Entwicklungshilfe geschaffen wird, klimasicher zu bauen – etwa Brücken, Kraftwerke oder Straßen. Nicht einbezogen wurden dagegen all die zusätzlichen Maßnahmen, die es braucht, um sich vor den Konsequenzen des Klimawandels zu schützen. Auf dieses Defizit machte auch die britische Entwicklungsorganisation Oxfam aufmerksam und legte eigene Schätzungen vor. Demnach kostet es die Entwicklungsländer schon in absehbarer Zeit mindestens 50 Milliarden US-Dollar pro Jahr, um angemessen auf den Klimawandel reagieren zu können. Eine Summe, die der Hälfte der offiziell geleisteten Entwicklungshilfe durch die Industrieländer entspricht.

Der Druck im Kessel steigt

Samstag, 8. Dezember 2007, 20.00 Uhr – in Deutschland gehen für fünf Minuten die Lichter aus. Die Münchener Frauenkirche ist nur noch als dunkle Silhouette erkennbar. Auf dem Berliner Alexanderplatz direkt vor dem Bundesumweltministerium flackert die Adventsbeleuchtung zweimal, dann geht sie ganz aus. Am Brandenburger Tor, dem Kölner Dom, auf Schloss Neuschwanstein werden die Lichter ausgeknipst – genauso wie an 250 anderen bekannten Gebäuden und Orten in Deutschland. Selbst das Rotlicht auf der Hamburger Reeperbahn erlischt. Millionen deutscher Haushalte beteiligen sich, schalten Lichterketten und Wohnzimmerlampen aus, begrüßen Freunde im Dunkeln und verschieben das Abendessen um ein paar Minuten. Um 20.05 Uhr wird es wieder hell im Land. Was war geschehen? Die Umweltorganisationen BUND, Greenpeace und WWF hatten in einer ungewöhnlichen Allianz mit der *Bild*-Zeitung, Google und ProSieben zu einer symbolischen Klimaschutzaktion aufgerufen. Die Stromnachfrage in Deutschland sank in diesen fünf Minuten um etwa 1000 Megawatt. Eine Leistung, die ausreicht, um 20 Millionen 50-Watt-Glühbirnen mit Strom zu versorgen. Ein sichtbares Signal an die Bundesregierung; aber auch zum Klimagipfel nach Bali. Die Bürger wollen nach Jahren des internationalen Stillstandes, dass in Sachen Klimaschutz und Anpassung endlich Ernst gemacht wird.

Dieser 8. Dezember 2007 war der dritte globale Klima-Aktionstag mit vielen Demonstrationen weltweit, koordiniert von der Global Climate Campaign, einer Internet-Plattform, über die sich Organisationen auf der ganzen Welt zusammengeschlossen haben (www.globalclimatecampaign.org). In Nepal gingen die Bürger genauso auf die Straße wie in Uganda, Indien oder Taiwan. Überall demonstrierten besorgte Bürger – für Klimaschutz und Klimagerechtigkeit.

Deutschland war erstmals dabei und die «Klima-Allianz», unter deren Dach sich mehr als 90 Organisationen von A wie Attac bis Z wie Zukunftsrat Deutschland zusammengeschlossen haben, war die treibende Kraft. Alle großen Umweltverbände sind in diesem Bündnis vereint. Germanwatch und die Stiftung Zukunftsfähigkeit gehören zu denen, die die Gründung vorangetrieben haben. Die Stärke der im Frühjahr 2007 gestarteten Klima-Allianz liegt vor allem darin, dass viele dabei sind, von denen man es nicht auf den ersten Blick erwartet hätte. Große Entwicklungsorganisationen wie Brot für die Welt, Misereor oder der Evangelische Entwicklungsdienst beteiligen sich, weil der Klimawandel in immer mehr Regionen der Welt die Armutsbekämpfung untergräbt. Der Diakonie Katastrophenhilfe oder Caritas International brennt es mehr und mehr unter den Nägeln, weil die Zahl der von Wetterkatastrophen Betroffenen weltweit stark zunimmt. Der Alpenverein sieht, dass die Gletscher schwinden und immer mehr Bergrutsche die Pflege der Tourenpfade erschweren. Der Verkehrsclub Deutschland drängt auf ein klimaverträglicheres Verkehrssystem. Der Bundesverband der katholischen Jugendverbände beteiligt sich. Einzelne evangelische Landeskirchen sind geschlossen beigetreten. Sie hatten auch dafür gesorgt, dass das Engagement gegen den Klimawandel eines der ganz großen Themen des Evangelischen Kirchentags in Köln 2007 war. Über zehn

Millionen Mitglieder stehen hinter der Klima-Allianz und geben ihrer Stimme Gewicht, um gemeinsam den Klimawandel zu stoppen: «Wir brauchen eine breite gesellschaftliche Bewegung für konsequenten Klimaschutz. Immer wieder wird die Klimapolitik von kurzsichtigen Interessen blockiert. Diese Blockaden wollen wir überwinden.» So heißt es im Aufruf des Bündnisses (www.die-klima-allianz.de). Die Allianz listet 18 Maßnahmen auf, mit denen in Deutschland die Treibhausgase bis 2020 gegenüber 1990 um 40 Prozent gesenkt werden können. Gemeinsam wollen die Mitglieder der Klima-Allianz ein Moratorium für den Bau neuer Kohlekraftwerke durchsetzen, «um den Aufbau einer klimaverträglichen Energieversorgung nicht zu behindern».

Um dieses Ziel zu erreichen, haben viele Bürger in Deutschland nicht nur am Lichtschalter gedreht. Die Klima-Allianz hatte zu zwei zentralen Demonstrationen am 8. Dezember aufgerufen – in Berlin und in Neurath. Beide Orte stehen beispielhaft für die klimapolitischen Entscheidungen unserer Gesellschaft. Mit der Demonstration in Berlin sollten Bundesregierung und Bundestag vor einer verfehlten Energiepolitik gewarnt werden. In Neurath hatte Bundeskanzlerin Angela Merkel im Sommer 2006 den ersten Spatenstich zum geplanten Braunkohlekraftwerk gemacht. Hier soll bis 2012 die größte jemals von Menschen geschaffene CO_2-Quelle der Welt entstehen: zwei weitere Braunkohle-Kraftwerksblöcke der RWE, deren Leistung mit 2200 MW die Leistung der bisher bestehenden Blöcke (2067 MW) mehr als verdoppeln soll. Für den, dem solche Zahlen wenig sagen: Die Leistung eines normalen Atomkraftwerks liegt bei der Hälfte. Jahr für Jahr werden in Neurath dann 34 Millionen Tonnen CO_2 in die Luft geblasen. Das sind fast so viele Emissionen, wie alle 141 Millionen Einwohner von Bangladesch in einem Jahr verursachen.

Das Signal eines solchen Kraftwerkbaus hat auch erhebliche internationale Auswirkungen. «Deutschland macht Druck auf China und Indien, weniger Kohlekraftwerke zu bauen, selbst baut es die größte CO_2-Schleuder der Welt. Heuchelei ist ein freundliches Wort dafür», ruft am selben Tag eine indische Umweltschützerin auf Bali in die Mikrofone. Während ein Teil des Germanwatch-Teams sich auf dem Klimagipfel engagiert, hat der andere in Bonn Busse für die Demonstration in Neurath organisiert. Bei Temperaturen um den Gefrierpunkt kommen dort 3500 Menschen zusammen. Redner und Musiker werben dafür, Stromfresser im eigenen Haushalt zu verabschieden: «Stand by – Good by!» singen viele beim Musical-Stück gemeinsam. Hartmut Graßl, der fast 20 Jahre lang Direktor des Max-Planck-Instituts für Meteorologie war und einer der prominentesten deutschen Klimawissenschaftler ist, rüttelt die Menge auf: «Ein Kohlekraftwerk kann zwar nicht durch eine Kernschmelze eine Region unbewohnbar machen, aber es kann die Zahl der Afrikaner weiter erhöhen, die nach Europa flüchten müssen.»

In der einbrechenden Dämmerung entzünden die 3500 Demonstranten die mitgebrachten blauen Lampions. Auf dem Asphalt formen sie nun die Worte: ACT NOW! Und zum Schluss projiziert Greenpeace das Logo der Klima-Allianz weithin sichtbar auf den nächsten Betonturm. Die Regenbogenkämpfer spielen Katz und Maus mit dem Werkschutz von RWE, der immer wieder das Logo mit eigenen Scheinwerfern überblenden will – aber das Logo wandert weiter. Die 14-jährige Sabina, die mit ihrer gleichaltrigen Freundin Luzie angereist ist, erlebt erstmals eine größere Klima-Demonstration. «Hoffentlich sind wir bald noch viel mehr. Es wird Zeit, dass sich endlich was bewegt», wünscht sich das Mädchen.

Der Protest in Neurath richtete sich nicht nur gegen dieses bereits im Bau befindliche Kraftwerk. Neurath steht symbolisch für weitere gut 20 Kohlekraftwerke, die deutschlandweit in der Diskussion sind. Weil ein neues Kohlekraftwerk aber 40 bis 50 Jahre am Netz bleiben soll, kann Deutschland alle ernsthaften Emissionsziele an den Nagel hängen, wenn diese Kraftwerke tatsächlich gebaut werden. «Der Chor der Partikularinteressen muss übertönt werden durch die Stimmgewalt möglichst vieler Menschen», schreibt Germanwatch in einer Stellungnahme zum Klima-Aktionstag. «Klimaschutzblockade darf keine Zukunft haben.»

Das saarländische Ensdorf hat bereits ein Zeichen gesetzt. Die Gemeinde mit nicht einmal 7000 Einwohnern ist ganz von der Steinkohle geprägt. Die Deutsche Steinkohle AG betreibt vor Ort das leistungsfähigste Steinkohlebergwerk Deutschlands, die RWE-Tochter VSE ein Kohlekraftwerk. In diesen beiden Betrieben sind 70 Prozent der Beschäftigten Ensdorfs angestellt – genauer gesagt 2913 Menschen. Die RWE wollte nun in Ensdorf ein neues Kohlekraftwerk mit einer Leistung von 1600 Megawatt errichten. Der Gemeinderat hatte bereits grünes Licht gegeben und dafür einer Änderung des Flächennutzungsplans zugestimmt. Nach der saarländischen Verfassung konnten aber die Einwohner zu dieser Änderung eine Bürgerbefragung durchsetzen. Das Ergebnis ist sensationell: Obwohl 70 Prozent der Ensdorfer direkt von der Kohle abhängen, haben mehr als zwei Drittel der Menschen vor Ort dagegen gestimmt – und das bei sehr hoher Wahlbeteiligung. Sie haben das geplante Kohlekraftwerk zum Scheitern gebracht. Die Menschen haben sich damit zunächst einmal gegen die Arbeitsplätze entschieden, die durch den Bau und später durch den Betrieb des Kraftwerks entstanden wären. Und sie haben auf die Gewerbesteuereinnahmen verzichtet, die es der Gemeinde jahrelang erleichtert hätten, Kindertagesstätten zu betreiben oder Kulturveranstaltungen durchzuführen. Die Bürger haben damit aber auch einen Klimakiller verhindert, der jahrzehntelang jedes Jahr neun Millionen Tonnen CO_2 in die Luft geblasen hätte. «Dieser mit überwältigender Mehrheit gefällte Bürgerentscheid wird später einmal als Startschuss für die deutsche Klimaschutzbewegung gefeiert werden. Es ist ein beeindruckender Sieg der Vernunft und der Demokratie. Ensdorf ist überall!», gratulierte Rainer Baake, Bundesgeschäftsführer der Deutschen Umwelthilfe, überschwänglich den Ensdorfern. Er verwies auf die zahlreichen Initiativen gegen etwa zwei Dutzend vergleichbare Kraftwerksprojekte in ganz Deutschland.

Nicht nur in Neurath und Berlin wurde am 8. Dezember 2007 demonstriert. Gleichzeitig gingen 5000 Menschen gegen den Bau der dritten Startbahn am Flughafen München auf die Straße. «Ja zur Heimat, ja zum Schutz für unser Klima, Nein zur 3. Startbahn» hieß das Motto der Lichterdemonstration direkt am Flughafenzaun, zu der der Bund Naturschutz in Bayern aufgerufen hatte. Ein Zeichen dafür, dass es im Verkehrsbereich nicht so weitergehen kann wie derzeit: Denn wenn der Trend so weitergeht, wird allein der internationale Flugverkehr im Jahr 2060 mehr Emissionen freisetzen, als die ganze Welt noch ausstoßen darf – will sie unter ihrem Zwei-Grad-Limit bleiben.

Das ist auch der Hintergrund zu Al Gores Dokumentarfilm «*Eine unbequeme Wahrheit*» – im englischen Original «*An Inconvenient Truth*». Mit diesem Film hat der ehemalige Vizepräsident der Vereinigten Staaten, der für sein Klimaengagement mit dem Friedensnobelpreis ausgezeichnet worden ist, viele Menschen erreicht, die nicht zu Demonstrationen gehen oder bei Umweltverbänden organisiert sind. Vor allem gelangte der Film in die Schulen: In Spanien erwarb das Umweltministerium 30.000 Kopien, die an Schulen verteilt wurden. In der Schweiz und in Deutschland sorgte zunächst der WWF für 6000 kostenlose Kopien. Längst aber können sich auch Lehrer beim Bundesumweltministerium kostenlos mit den DVDs versorgen. In Großbritannien, in Kanada, in den USA – überall wird der Film inzwischen als Unterrichtsmaterial eingesetzt.

Am 7. Juli 2007 gab es dann den nächsten Öffentlichkeitscoup von Al Gore. Mehr als 100 Stars der Rock- und Popszene rockten rund um die Welt für den Klimaschutz. In New Jersey (USA), am Strand der Copacabana in Rio de Janeiro, im Tokyo Dome, in Shanghai, in Johannesburg, im Aussie Stadium in Sydney, im Wembley-Stadion in London, in der Nordbank Arena in Hamburg – und sogar in der Antarktis. Bon Jovi, Madonna, Genesis, Melissa Etheridge, Sheryl Crow, The Police und The Who, um nur einige zu nennen, waren dem Ruf von Al Gore gefolgt und verbreiteten vor einer Million Konzertbesuchern und weltweit rund zwei Milliarden Zuschauern und Zuhörern an Rundfunk- und Fernsehgeräten die zentrale Botschaft der «Live-Earth-Konzerte»: Es ist Zeit für ernsthaften Klimaschutz. «Die Konzerte sind der Beginn einer weltweiten Kommunikationskampagne, einer Kampagne zur Überzeugung der breiten Massen sozusagen», verkündete Al Gore. «Wir wollen die wissenschaftlichen Wahrheiten über die Klimakrise in ansprechender Weise zugänglich machen für Milliarden in der ganzen Welt. Die musikalischen Darbietungen sind ein SOS-Ruf, ein Notruf der lebendigen Erde, Live Earth, ein Aufruf, uns selbst zu retten. Und wir bitten die Menschen, diesem Aufruf Folge zu leisten. Die Kampagne, die an diesem Tag beginnt, ist auf drei bis fünf Jahre ausgelegt. Wir wollen Lösungen anbieten, die alle in ihrem eigenen, persönlichen Leben umsetzen können. Lösungen aber auch, bei denen man erwarten kann, dass politische Führer aller Parteien weltweit sie beherzigen.»

Anders als noch vor zwei, drei Jahren gibt es deutliche Anzeichen dafür, dass immer mehr Bürger bereit sind, die notwendigen Schritte für wirkungsvollen Klimaschutz mitzutragen, ja sogar einzufordern. Das ist dringend notwendig. Nein zu sagen allein reicht allerdings nicht. Es geht darum, die Alternativen für ein neues, emissionsarmes Wohlstandsmodell durchzusetzen.

Klimawandel als Herausforderung für die Demokratie

Herausforderung eins: Die Kluft zwischen Verursachern und Betroffenen

Auf dem Klimagipfel auf Bali stellte Germanwatch im Dezember 2007 zum dritten Mal den Klima-Risiko-Index vor. Der Index geht folgenden Fragen nach: Welche Länder haben nach Wetterextremen die meisten Todesfälle zu beklagen – einerseits in absoluten Zahlen, andererseits im Verhältnis zur Bevölkerung? In welchen Staaten gab es nach Stürmen, Überschwemmungen und anderen Wetterextremen die größten wirtschaftlichen Schäden – ebenfalls in absoluten Zahlen, aber auch im Verhältnis zu ihrer Wirtschaftsleistung? Nach diesen vier Kriterien waren in den zehn Jahren bis 2006 die Länder Honduras, Nicaragua und Bangladesch am heftigsten von Wetterextremen betroffen. Damit belegt der Klima-Risiko-Index im Detail, was der neueste Bericht des Weltklimarates in wenigen Worten zum Ausdruck bringt: «Die ärmsten Länder sind am stärksten vom globalen Klimawandel betroffen.»

Die Daten für den Index liefert die Münchener Rück, der zweitgrößte Rückversicherer der Welt. Sie hat eine der besten Datenbanken zu diesem Thema aufgebaut. Das Unternehmen selbst wertet alle Hurrikans, Orkane, Sturmfluten und Überschwemmungen danach aus, welche ökonomischen Schäden sie verursachen und welcher Anteil versichert ist. Mit dem Team der Geo-Risiko-Abteilung arbeitet Germanwatch schon seit 1995 eng zusammen. Im engen Dialog entwickelte Germanwatch den Klima-Risiko-Index.

Der Index geht nicht etwa davon aus, dass jede Wetterkatastrophe auf den Klimawandel zurückzuführen ist. Niemand kann einen einzelnen Orkan oder eine große Flut auf den globalen

Relative Betroffenheit hinsichtlich Todesopfern und Schäden durch Wetterereignisse 2006 nach Ländergruppen

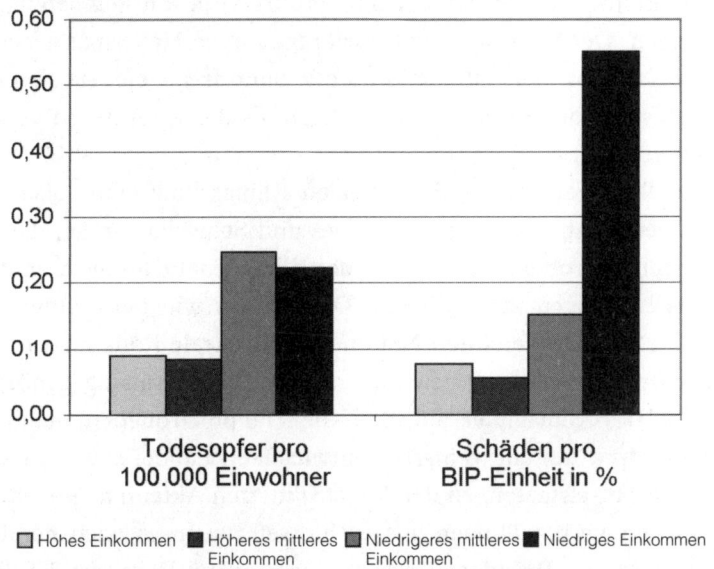

Relative Todes- und Verlustzahlen je nach Einkommensstärke des Landes (Quelle: Germanwatch, basierend auf Munich Re NatCatSERVICES® und Weltbank)

Klimawandel zurückführen. Wenn aber zum Beispiel die Meere wärmer werden und zugleich Wirbelstürme immer heftiger auftreten, dann lässt sich mit großer Wahrscheinlichkeit feststellen, dass eine derartige Entwicklung etwas mit dem Klimawandel zu tun hat. Der Klima-Risiko-Index zeigt nun: Die Menschen in den Entwicklungsländern, vor allem in den armen Entwicklungsländern, sind am stärksten von den durch den Klimawandel häufiger und heftiger werdenden Wetterkatastrophen betroffen. Genau diese armen Menschen sind es aber, die am allerwenigsten bei den politischen Entscheidungen in den Industrie- und Schwellenländern mitreden können, wenn es darum geht, die zukünftigen Emissionsbegrenzungen festzulegen. Damit steht einer der fundamentalsten Grundsätze der Demokratie infrage. Wer von politischen Entscheidungen berührt wird, soll sich beteiligen können. Der Philosoph und Soziologe Jürgen Habermas brachte es auf die Formel: «Bürger sind erst dann frei, wenn sie sich als Adressaten des Rechtes und zugleich als dessen Autoren verstehen können.»

In Bezug auf den internationalen Klimaschutz lautet also der dringende Appell an die Industrie- und Schwellenländer, die besonders Betroffenen sowohl an der Klimadebatte als auch an den Entscheidungen zu beteiligen. Dies ist ein wichtiges Argument dafür, dass die Vereinten Nationen die zentrale Rolle im internationalen Klimaschutz behalten müssen. Nicht zufällig gehörten beim UN-Klimagipfel auf Bali die Hauptbetroffenen, nämlich die Gruppe der am wenigsten entwickelten Länder sowie die der kleinen Inselstaaten, zu den konstruktivsten Akteuren. Sie wären von den Verhandlungen ausgeschlossen, wenn es nach der US-Strategie von Präsident Bush gegangen wäre. Denn der US-Präsident verfolgt seit längerem das Ziel, dass die großen Industrie- und Schwellenländer die wesentlichen Entscheidungen in Sachen Klimaschutz allein und außerhalb der Vereinten Nationen treffen. Die große Mehrheit der anderen Staaten könnte dann nur abnicken, was die Mächtigen beschlossen haben.

Herausforderung zwei: Wer ist verantwortlich, wenn alle verantwortlich sind?

Jeder Einzelne, jedes Industrieunternehmen, ja jedes Land, selbst die USA können mit einigem Recht sagen: Auf meine Emissionen kommt es nicht an. Wenn ich allein Klimaschutz betreibe, dann nützt das nichts. Dies führt zu einem Verantwortungsparadox: Je mehr Verursacher es gibt, desto weniger fühlt sich der Einzelne verantwortlich und desto weniger ist er auch tatsächlich rechtlich verantwortlich. Der deutsche Umweltminister Sigmar Gabriel hat diese Haltung während einer Rede auf dem UN-Klimagipfel auf Bali massiv kritisiert: Jeder verweise auf die Verantwortung des anderen und zögere selbst voranzugehen. Die Regierungen von Japan und Kanada lieferten Anschauungsmaterial für diesen Vorwurf: Sie begründeten die eigene Untätigkeit mit dem Hinweis auf die Untätigkeit der US-Regierung.

Der moralische Aufschrei gegen solche Bremser verdeckt dabei das dahinterliegende Dilemma: Ein globales Problem wie das des Klimawandels erfordert internationale, möglichst globale Lösungen. Demokratien sind aber nur national organisiert. Auf Bali wurde den Vereinten Nationen zwar ein relativ weit reichendes Verhandlungsmandat für ein neues internationales Klimaabkommen ab 2013 erteilt. Aber es wird deutlich, dass die UN in der heutigen Form nur begrenzt die notwendige Handlungsfähigkeit aufbringt. Parallel zum Verhandlungsprozess brauchen wir deshalb die Weiterentwicklung des schwächlichen UN-Umweltprogramms UNEP sowie aller UN-Umweltkonventionen zu einer wirkmächtigen und mit Sanktionsgewalt versehenen Weltumweltorganisation. Diese müsste auch im Verhältnis zur Welthandelsorganisation WTO Zähne zeigen und zentrale Entscheidungen mitbestimmen können.

Herausforderung drei: Langfristige Entscheidungen mit Vierjahreshorizont

Trotz seines Ausstiegs aus dem Kyoto-Protokoll wurde US-Präsident George Bush ein zweites Mal gewählt. Zumindest bevor New Orleans in den Fluten des Wirbelsturms Katrina versank, gaben die Meinungsumfragen in den USA keinerlei Anlass zur Annahme, dass er aufgrund des Klimaboykotts in seiner Beliebtheit abgesackt wäre. Im Gegenteil, er konnte davon ausgehen, dass ihn eher die Einführung einer Ökosteuer mit Lenkungswirkung oder eines effektiven Emissionshandels Stimmen der Konsumenten und Wahlkampfspenden der Öl-, Kohle- und Autoindustrie gekostet hätte. Doch so bequem es ist, mit dem Finger auf die US-Regierung zu zeigen – wir wissen derzeit noch nicht, ob das in Deutschland wirklich grundlegend anders ist. Wenn es um die heiligen Kühe Auto und Flugverkehr geht, wird die deutsche Regierung, sonst in vieler Hinsicht Klimaschutz-Vorreiter, plötzlich zum Bremser in der EU. Und ob sie es mittragen wird, den Emissionshandel im Strombereich durch hundertprozentige Versteigerung der Emissionserlaubnisse endlich zu einem ernsthaften Instrument zu machen, ist noch offen, während diese Zeilen geschrieben werden.

Es gehört für Abgeordnete und Parteien, die wieder gewählt werden wollen, viel Mut dazu, unbequeme Maßnahmen anzukündigen und durchzusetzen, deren Sinn sich erst langfristig erschließt. Lassen sich also in einer Demokratie Entscheidungen politisch vielleicht nur dann durchsetzen, wenn deren Nutzen in wenigen Jahren sichtbar ist? Sollte dies tatsächlich so sein, dann werden wir die notwendige Klimawende nicht schaffen: Die Wirkung der Treibhausgase, die wir heute freisetzen, spüren wir – vor allem wegen der sich nur langsam erwärmenden Ozeane – erst in Jahrzehnten. Werden unsere Politiker dennoch den Mut zu wirkungsvollem Klimaschutz finden, zu langfristigen und rechtlich verbindlichen Reduktionszielen? Dies wird schwer werden, wenn Wähler und Organisationen politische Courage nicht lautstark einfordern.

Das Problem wird dadurch verschärft, dass kurzfristiges Denken in noch stärkerem Maß Finanzmärkte und Wirtschaft dominiert. Der Finanzmarkt zwingt die an Börsen notierten Unternehmen zu einer Fixierung auf Vierteljahresabschlüsse. Für langfristiges und verantwortliches Handeln bleibt wenig Spielraum. Der frühere

US-Vizepräsident und Friedensnobelpreisträger Al Gore fragte am 14. März 2007 bei einer Investmentkonferenz des Nationalen Verbandes für Pensionsfonds in Großbritannien: «Wenn Sie Ihre Finanzanreize auf vierteljährlicher Basis vergeben, warum sind Sie dann überrascht, wenn die Gewinnerwartungen mit vierteljährlicher Betrachtung optimiert werden?» Es ist kein Zufall, dass er diese Frage an Vertreter von Pensionsfonds stellte, denn diese müssen den Wert des ihnen anvertrauten Geldes *lang- und nicht kurzfristig* steigern. Nirgends wird so viel Geld langfristig angelegt wie in der privaten Altersvorsorge: in Pensionsfonds und entsprechenden Bankprodukten sowie bei Lebensversicherern. Und immer mehr dieser Akteure beginnen angesichts der Risiken des Klimawandels nervös zu werden.

Nachhaltigkeit in der Altersvorsorge

Als im Jahr 2000 Politiker in Deutschland über die Riesterrente und die Teil-Privatisierung der Altersvorsorge debattierten, hat Germanwatch gezielt das Thema Nachhaltigkeit in die Diskussion eingebracht. Nach dem Motto: Sollte nicht sicher gestellt sein, dass das Geld, das ein Einzelner für seine private Zukunftsvorsorge anlegt, die gemeinsame Zukunftsvorsorge nicht untergräbt? In einem Workshop mit Vertretern unter anderem des Deutschen Sparkassenverbandes und der schweizerischen Sarasin Bank wurde zunächst ein wichtiger Vorschlag herausgearbeitet: Der erste notwendige Schritt sei der, Banken und Versicherer, die Altersvorsorgeprodukte anbieten, zu verpflichten, ihre Kunden regelmäßig darüber zu informieren, ob und, wenn ja, wie soziale, ökologische oder ethische Kriterien bei der Geldanlage berücksichtigt werden. Denn ohne solche Information kann ein Kunde keine begründete Entscheidung treffen, die diese weitreichende Frage berücksichtigt.

Wie aber sollte dies umgesetzt werden? Germanwatch und die Stiftung Zukunftsfähigkeit gewannen zunächst die Gerling-Versicherung und die Sarasin-Bank als Partner, um sich für die so genannte Berichtspflicht einzusetzen. Damit waren Vertreter von Banken und Versicherern – den beiden zentralen Altersvorsorgebereichen – als Unterstützer gewonnen. Gemeinsam gingen Germanwatch und die Stiftung mit ihren beiden Partnern sowohl auf führende Politiker der damaligen rot-grünen Koalition zu als auch auf die Fraktionsspitze der CDU/CSU-Fraktion. Alle Angesprochenen unterstützten nach internen Diskussionen die gewünschte Berichtspflicht. Sie haben dafür gesorgt, dass in den entscheidenden Ausschüssen des Bundestages die Berichtspflicht in den Gesetzestext eingearbeitet wurde. Das Ergebnis: Seit 2005 muss jeder, der staatlich geförderte Altersvorsorgeprodukte anbietet, jährlich darüber berichten, ob und in welcher Form Kundengelder nachhaltig angelegt werden. Und jedes Jahr muss eine Bank oder Versicherung sich erneut dazu äußern. Der Versicherte erkennt also, ob sein Geld nach sozialen und ökologischen Kriterien angelegt wird – oder eben nicht. Und doch: Obwohl der Gesetzestext dies eindeutig vorschreibt, drücken sich viele Anbieter. Ein Gespräch bei der Bundesanstalt für Finanzdienstleistungsaufsicht zeigte, dass das Amt derzeit nicht bereit ist, die gesetzliche Berichtspflicht wirkungsvoll durchzusetzen. Germanwatch lässt prüfen, ob Klage gegen Anbieter erhoben werden kann, die ihrer Informationspflicht nicht nachkommen.

Herausforderung vier: Der Einfluss von wirtschaftlichen Einzelinteressen

Kohle-, Öl- oder Autoindustrie versuchen, allen voran in den USA, mit Lobbyarbeit und viel Geld die öffentliche Meinungsbildung zu manipulieren. Am stärksten hat sich Exxon hervorgetan – in Deutschland ist das Unternehmen durch seine Esso-Tankstellen bekannt. Der Konzern hat nach einer Studie der Union of Concerned Scientists aus dem Jahr 2007 allein von 1998 an 16 Millionen Dollar dafür ausgegeben, um mit Hilfe einer ausgeklügelten Strategie Maßnahmen zur Eindämmung von CO_2-Emissionen zu verhindern. Exxon unterstützte und gründete demnach rund 40 Organisationen, die systematisch den Klimawandel leugneten. «Die Datenspur zeigt, dass Exxon sich einen gigantischen Resonanzraum von scheinbar unabhängigen Gruppen mit dem ausdrücklichen Ziel geschaffen hat, Desinformation über den Klimawandel zu verbreiten», meint Seth Shulman, Autor der Studie.

Zweifel zu säen, war ein zentraler Punkt der Strategie. «Wir werden gesiegt haben, wenn durchschnittliche Bürger erkennen, dass es Unsicherheiten in der Klimawissenschaft gibt», hieß es 1998 in einem Strategiepapier der amerikanischen Ölindustrie. Ein Mitarbeiter vom Germanwatch-Team schlüpfte beim Klimagipfel 1998 in Buenos Aires in das Kostüm eines Tigers, um die Delegierten auf die zweifelhafte Rolle des Konzerns, der den Tiger in den Tank packen will, aufmerksam zu machen. Motto der Aktion: «ES geht SO nicht».

Später gelang es Exxon sogar, dass sich die US-Regierung unter George W. Bush an der Desinformationskampagne des Konzerns beteiligte. Jahrelang wurden Berichte, die amerikanische Wissenschaftler verfasst hatten, von der Regierung zensiert und umgeschrieben, damit nicht der Eindruck entstehen könne, es sei höchste Zeit zum Handeln. Jim Hansen, Klimachef der NASA, schrieb im März 2007: «Eine Demokratie basiert auf der Grundlage, dass die Öffentlichkeit informiert ist, ernsthaft informiert. Was würden unsere Gründerväter denken über die Propaganda-Ämter, die unsere Exekutive in den Regierungsagenturen aufgebaut hat? ... Das größte Hindernis, um die Klimafrage zu lösen, sind wirtschaftliche Einzelinteressen. Solange unsere gewählten Repräsentanten Wahlkampfspenden von Unternehmen erhalten, werden diese die Musik bestellen. Bevor es keine wirkliche Finanzreform für Wahlkampagnen gibt, werden diese Einzelinteressen weiter eine Karikatur aus unserer Demokratie machen, die eigentlich garantieren soll, dass der einfachste Bürger das gleiche Stimmrecht hat wie der reichste.»

Aber auch Deutschland ist weit davon entfernt, eine Insel der Seligen zu sein. Besonders aktiv ist hier der Bundesverband Braunkohle. Der Verband veröffentlichte nicht nur irreführende Hochglanzbroschüren und Themenhefte zum Klimawandel. Er verschickte auch das aufwendig produzierte Buch «*Klimafakten*» in Lang- oder Kurzfassung an Bundestagsabgeordnete und andere Entscheidungsträger. Das Buch stellt die wissenschaftliche Erkenntnislage äußerst verzerrt dar. Hauptautor ist der Geologe Ulrich Berner. Er leitet die Klimaabteilung der Bundesanstalt für Geowissenschaften und Rohstoffe (BGR) in Hannover. Eine zentrale These: Nicht der Treibhauseffekt, sondern die Sonne dominiere die bisher spürbaren Temperaturerwärmungen. Diese These geht auf einen Artikel der dänischen Wissenschaftler Friis-Christensen und Lassen aus dem Jahr 1991 in der Wissenschaftszeitschrift «*science*» zurück: Die Erwärmung sei größtenteils auf die Sonnenaktivität zurückzuführen. Zu diesem Zeitpunkt gab es also noch eine echte Wissenschaftsdebatte über die Ursache der Erwärmung. Dänische Kollegen führten dann anhand der Originaldaten den Nachweis, dass die Korrelation für die Erwärmung der 80er Jahre mit den ungefilterten Rohdaten nicht nachvollziehbar war. Knud Lassen machte, was ein seriöser Wissenschaftler nach einer Falsifizierung machen muss: Er zog seine Kurve zurück und veröffentlichte auf der Grundlage aktuellerer Daten eine neue Kurve. Diesmal kam er zu einem anderen Schluss: Durch die Sonnenaktivität konnte sich das Klima der letzten 25 Jahre nicht aufheizen, die starke Klimaerwärmung in diesem Zeitraum deute auf den Menschen als Verursacher hin.

Ulrich Berner warb dennoch in seinem Buch für die These vom dominanten Einfluss der Sonne auf das Klima: Dabei argumentierte er ungerührt mit der alten Sonnenkurve von Friis-Christensen und Lassen. Die Falsifizierung wird dabei nicht erwähnt. Germanwatch begegnete dem Buch bei mehr als einem Bundestagsabgeordneten, auch bei Managern in Unternehmen, die es alle vom Braunkohleverband kostenlos zugesandt bekommen hatten und zum Teil verunsichert reagierten: «Aber da gibt es in der Wissenschaft auch noch andere Stimmen.»

Besonders brisant: Die Bundesanstalt für Geowissenschaften und Rohstoffe wird mit Steuermitteln finanziert. Und sie beeinflusst als nachgeordnete Behörde des Wirtschaftsministeriums auch direkt die Politik dieses für die deutsche Energiepolitik federführenden Ministeriums. Das Nachrichtenmagazin *Der Spiegel*, das die falsche Kurve 2001 – ebenfalls ohne Hinweis auf die Widerlegung – abdruckte, fragte damals Ulrich Berner, was denn der oberste Dienstherr, das war damals Bundeswirtschaftsminister Werner Müller, zu den Erkenntnissen sage. Berners Antwort: «Das Ministerium hat sich sehr positiv zu unserem Buch geäußert. Wir sind eine nachgeordnete Behörde des Wirtschaftsministeriums, weshalb unsere neuen Erkenntnisse dort auch schnell landen.» Wie der Journalist Robin Avram gezeigt hat, besteht dieser Einfluss immer noch. Demnach verfasste die Behörde noch im Januar 2007 eine interne Stellungnahme für das Wirtschaftsministerium zum ersten Teil des Konsensberichtes des Weltklimarates IPCC. Der Inhalt der Stellungnahme wird vom Umweltbundesamt als «irrelevant», «eindeutig falsch» und «fernab jeder Realität» bezeichnet.

Wie die Braunkohle, so die Steinkohle. Der Gesamtverband des deutschen Steinkohleverbandes (GVST) leistet sich seit 1985 einen eigenen Klimaskeptiker, Gerd-Rainer Weber, Meteorologe, der für Forschung, politische Analyse und Beratung zuständig ist – also ein Lobbyist mit wissenschaftlichem Hintergrund. Auch zu seinen Lieblingsbeschäftigungen gehört es, Zweifel zu säen: «Wenn ich die Häufigkeit von Unwettern in den letzten 50 Jahren in Deutschland betrachte, kann ich keine Zunahme feststellen.» Er weiß, dass er recht hat – und vermutlich auch, dass er die entscheidende Hälfte der Wahrheit weglässt. Doch wie so oft, macht sich auch in diesem Fall Stefan Rahmstorf vom Potsdam-Institut für Klimafolgenforschung (PIK) die Mühe, den Trick zu entlarven. «Die Zahl der Unwetter nimmt nicht zu, aber deren Intensität. Wer das leugnet, ist für mich nicht Wissenschaftler, sondern Interessensvertreter.»

Nun spricht in einer Demokratie nichts dagegen, dass sich auch Privatinteressen Gehör verschaffen. Aber nichts rechtfertigt, dass Wissenschaft systematisch frisiert wird, um Öffentlichkeit und Politiker vor notwendigen Entscheidungen zu verunsichern. Germanwatch-Mitarbeiter erlebten immer wieder, wie im Wirtschaftsministerium selbst Vorschläge der eigenen Fachleute weggefegt wurden, nachdem sich die Führungsspitze mit Vorständen großer Energiekonzerne getroffen hatte. Dies wirft die grundsätzliche Frage auf: Welchen Einfluss wollen wir Einzelunternehmen in einer parlamentarischen Demokratie einräumen?

Herausforderung fünf: Die autoritäre Versuchung

«Die ökologischen Sachzwänge, die uns, ob wir es wollen oder nicht, in ein Jahrhundert der Umwelt hereinzwingen, wären ein geradezu idealer Vorwand für Staaten, Staatenbünde oder Wirtschaftsgiganten, eine Art Ökodiktatur zu errichten.» Ernst Ulrich von Weizsäcker hat dies schon in den 90er Jahren mahnend beschrieben. Der Gründungspräsident des Wuppertal Instituts für Klima, Umwelt und Energie und spätere Bundestagsabgeordnete der SPD ist einer der internationalen Vordenker einer globalen Umweltpolitik. Nachdem die Blockade im internationalen Klimaschutz vor allem durch die US-Regierung zehn wertvolle Jahre gekostet hat, hat diese Mahnung an Brisanz gewonnen: In einer Demokratie werden vor jeder Entscheidung Argumente ausgetauscht und Mehrheiten gesucht. Das braucht Zeit. Die Weltgemeinschaft hat aber nicht mehr viel Zeit, um das Problem des globalen Klimawandels zu lösen. Nach Einschätzung des Weltklimarates muss der Emissionstrend in den nächsten zehn bis fünfzehn Jahren umgekehrt werden, wenn der weltweite Temperaturanstieg unter der gefährlichen Schwelle von zwei Grad begrenzt werden soll.

Es muss also deshalb in allernächster Zeit gelingen, die ökologische Umsteuerung anzugehen, solange noch reichlich Freiheitsspielräume da sind und noch keine hysterischen Reaktionen auf Notsituationen vorherrschen. Dies ist die beste Versicherung gegen jede autoritäre Versuchung. Denn je deutlicher die Folgen des Klimawandels spürbar werden, desto größer wird die Verlockung sein, das Wirtschaftsgeschehen im Detail zu lenken und per Dekret festzulegen, was Bürger um des Klimas willen tun dürfen oder lassen müssen.

Auch deshalb ist es wichtig, *auf welche Weise* ökologisch umgesteuert wird. Es bedarf eines klaren Handlungsrahmens, der Anreize und neue Märkte im Sinne des Klimaschutzes schafft. Ein wirksamer Emissionshandel, eine schrittweise steigende CO_2-Steuer oder dynamische Effizienzstandards setzen solche Anreize auf dem Weg ins solare Zeitalter: gegen neue Kohlekraftwerke, für erneuerbare Energien und Kraft-Wärme-Kopplung, für energieeffiziente Autos, Lampen oder Elektrogeräte. Solche Anreize verletzen keinerlei Grundfreiheiten. Auch ein Energieeinspeisegesetz, das es jedem Bürger ermöglicht, erneuerbaren Strom ins Netz einzuspeisen, tut dies nicht.

Der Versuch, *eine bestimmte Form* des klimaverträglichen Lebensstils durchzusetzen, müsste hingegen scheitern. Vielmehr geht es darum, jedem Bürger zu ermöglichen, aber auch von ihm zu verlangen, seinen persönlichen klimaverträglichen Lebensstil zu entwickeln. Wir können uns dabei an Artikel 2 unseres Grundgesetzes orientieren: «Jeder hat das Recht auf die freie Entfaltung seiner Persönlichkeit, soweit er nicht die Rechte anderer verletzt.» Die Freiheit, unbegrenzt CO_2 in die Luft zu blasen, endet demnach dort, wo sie das Lebensrecht anderer Menschen gefährdet – und das ist, soviel wir heute wissen können, spätestens bei einem Temperaturanstieg jenseits von zwei Grad gegeben.

Herausforderung sechs: Wenn ganze Staaten zerbrechen könnten

In armen Ländern geraten nicht nur die zarten Pflänzchen der Demokratie, sondern es geraten ganze Staaten ins Wanken – etwa in Afrika: Wenn durch den Klimawandel jahrelang Ernten ausfallen, die Wasserversorgung immer kritischer wird und die Menschen keine Zukunft sehen, kann das dazu beitragen, dass schon heute fragile Staaten weiter destabilisiert werden – und große Flüchtlingsströme entstehen. Das Stockholm Resilience Center, das Stockholm Environment Institute und das Institut für Umwelt und Menschliche Sicherheit der UN-Universität in Bonn beziehen sich im Januar 2008 in einem gemeinsamen Papier auf unterschiedliche Schätzungen, die für die kommenden Dekaden mit 24 bis 700 Millionen Umweltflüchtlingen rechnen. Sie schreiben: «Der heute erwartete Anstieg von Temperatur und Meeresspiegel sowie heftigere Dürren legen nahe, dass große Bevölkerungsabwanderungen stattfinden werden – vor allem in den Küstenzonen.» Das Papier weist darauf hin, dass die Küstenregionen zwar nur zwei Prozent der Landfläche ausmachen, dass aber zehn

Prozent der Weltbevölkerung und 13 Prozent der Stadtbewohner dort leben. Vor allem Asien sei davon betroffen. «Ungefähr 75 Prozent aller Menschen in tief liegenden Gebieten wohnen in Asien – und am verletzlichsten sind die Armen.» Bangladesch, eines der ärmsten Länder, könnte ein Viertel seiner Landfläche durch den Meeresspiegelanstieg verlieren. «Abwanderung im großen Rahmen muss als Ergebnis dieser negativen Spirale erwartet werden.» Möglicherweise auseinanderbrechende Staaten und große Flüchtlingsströme – der Klimawandel ist zu einem Thema der Sicherheitspolitik geworden.

Der Klimawandel ist keine Ökokrise

Der Wissenschaftliche Beirat Globale Umweltveränderungen (WBGU) hat im Sommer 2007 die erste umfassende Studie vorgelegt, in der er darstellt, wie sich der Klimawandel auf Gesellschaften und die Sicherheitssituation weltweit auswirkt. Wir befragten dazu Prof. Dr. Dirk Messner, den Direktor des Deutschen Instituts für Entwicklungspolitik und Mitglied des WBGU.

Foto: Privat

Herr Messner, wieso ist der Klimawandel in den letzten Monaten auf die Tagesordnung der Sicherheitspolitik geraten?

Besonders wichtig war bei der Erstellung des WBGU-Berichtes die Zusammenarbeit von Natur- und Sozialwissenschaftlern. Wir konnten dadurch besser verstehen, welche Folgen der Zusammenbruch eines Ökosystems für eine Gesellschaft, für deren Wirtschaft und die internationale Verflechtung hat. Es wurde deutlich, dass ein gefährlicher Klimawandel über zwei Grad Celsius insbesondere bereits heute schwache und fragile Staaten betreffen wird, sodass mit einer Zunahme scheiternder Staaten zu rechnen ist. Dabei hat die Studie vier Konfliktkonstellationen herausgearbeitet, die durch den Klimawandel verschärft werden. Erstens: Dürren und Wasserprobleme werden Nahrungsmittelkrisen in Entwicklungsländern erzeugen. Zweitens: Der Zugang zu Trinkwasser wird für viele hundert Millionen Menschen prekär werden – nicht zuletzt aufgrund von Gletscherschmelzen im Himalaja und in den Anden. Drittens: Extremwetterereignisse, immer stärkere Wirbelstürme und der Meeresspiegelanstieg bedrohen viele Millionenstädte, z. B. in den Ballungszentren an den Ostküsten Indiens und Chinas. Viertens: Aufgrund dieser Probleme werden viele Menschen ihre Heimat verlassen müssen – Klimaflüchtlinge werden zu einer Herausforderung für die ganze Welt. Die Folgen eines ungebremsten Klimawandels würden viele Gesellschaften überfordern und Regionen destabilisieren, Verteilungskonflikte verschärfen – etwa um knappere Land- und Wasserressourcen. Gewaltkonflikte werden wahrscheinlicher, und die Spannungen zwischen den Hauptverursachern des Klimawandels und den Hauptbetroffenen werden zunehmen.

Worauf müssen sich Politiker einstellen?
Seit es Menschen gibt, hat kein vergleichbar radikaler Veränderungsprozess auf der Erde in so kurzer Zeit stattgefunden, wie er durch den Klimawandel droht. Weder einzelne Gesellschaften noch die Weltgemeinschaft als Ganzes sind darauf vorbereitet. Wenn die Kli-

mapolitik versagt, dreht die Menschheit an den großen Stellschrauben des Erdsystems – mit unkalkulierbaren Folgen. Dabei wird immer deutlicher: Der Klimawandel ist keine «Ökokrise». Es wird sich ein neues ökologisches Gleichgewicht einstellen. Der Klimawandel wird vor allem zu Gesellschaftskrisen führen. Er fordert die ganze Welt heraus, sich um das Thema Sicherheit zu kümmern.

In welchen Regionen sehen Sie besonders große Herausforderungen?

Im südlichen Afrika zum Beispiel. Dort gibt es bereits große Konflikte. Viele Staaten können durch zusätzlichen Umweltstress weiter erschüttert werden. Aber das ist nicht die einzige Krisenregion: In Nordafrika treffen zunehmende Dürren, hohes Bevölkerungswachstum und eine gering ausgeprägte Fähigkeit, politische Krisen zu lösen, aufeinander. Das kann eigentlich nicht gut gehen. Ein Meeresspiegelanstieg von 50 Zentimetern würde im Nildelta den Lebensraum von 15 Millionen Menschen bedrohen, im Golf von Bengalen, also an der Grenze zwischen Indien und Bangladesch den von bis zu 130 Millionen Menschen. Grenzüberschreitende Flüchtlingsströme wären die Folge. Die Acht-Millionen-Metropole Lima ist auf das Trinkwasser der Andengletscher angewiesen. Die Gletscher schwinden aber genauso wie im Himalaja. Die Welt wird durch einen ungebremsten Klimawandel zu einem unsicheren Ort. Als Faustregel gilt: Je ärmer Länder und Regionen sind, je abhängiger sie von der Landwirtschaft und je schwächer ihre politischen und institutionellen Strukturen

Resümee:
Weil die Entscheidungen der Klimapolitik über die Köpfe der Hauptbetroffenen hinweg erfolgen, die Vereinten Nationen nicht genügend handlungsfähig sind, Politik und Finanzmarkt zu Kurzsichtigkeit neigen, sich allzu häufig Lobbyinteressen durchsetzen und ganze Staaten ihre Handlungsfähigkeit verlieren, kommen auf die Demokratie und die Sicherheit der Staaten mit dem Klimawandel erhebliche Herausforderungen zu. Aber wir sollten alles tun, damit die Demokratie als die wichtigste erneuerbare Ressource der Politik erhalten bleibt.

> sind, desto größer ist das Risiko, dass die betroffenen Gesellschaften überfordert und destabilisiert werden. In einer global vernetzten Welt können sich die Industrieländer vor diesen Folgen nicht abschotten. Die zentrale Schlussfolgerung aus unserer Analyse lautet: Wirksame Klimapolitik ist die beste Sicherheitspolitik. Wir müssen den Sprung in Richtung einer nicht-fossilen Weltwirtschaft schaffen. Darum geht es in diesem Jahrhundert.

Der Weg ins Solarzeitalter

Ende des letzten Jahrhunderts hat Ernst Ulrich von Weizsäcker gemeinsam mit Amory B. und L. Hunter Lovins eine Effizienzrevolution gefordert: Faktor 4 hieß die Formel. Unsere Gesellschaft sollte den doppelten Wohlstand mit dem halben Material- und Energieaufwand erreichen. Das Motto: Vergeudung dürfe nicht weiter subventioniert werden. Doch es hat sich wenig getan. Es gibt zwar zwischenzeitlich Energiesparlampen, gekauft wird aber die Glühbirne. Und die zunehmende Technisierung mit Computern, Druckern, Großfernsehern frisst zugleich immer mehr Strom. Sanierung maroder Altbauten? Nahezu Fehlanzeige. Und im Autobereich? Spritsparen ein Fremdwort. Der durchschnittliche Flottenverbrauch ging binnen 30 Jahren von zehn auf knapp unter acht Liter zurück. Die Effizienzrevolution ist ausgeblieben. Heute wissen wir: Wir brauchen sie auf allen Ebenen. Neben dem Ausbau alternativer Energien ist die Effizienz das zweite Standbein beim Einstieg ins solare Zeitalter.

Peter Hennicke, bis Anfang 2008 Präsident des Wuppertal Instituts für Klima, Umwelt und Energie, gehört seit Jahrzehnten zu den wichtigsten Streitern für Energieeffizienz. Aus seiner Sicht steht jetzt an, einen von Staat und Konzernen unabhängigen Energieeffizienzfonds aufzubauen, der als Gegengewicht zu den übermächtigen Konzernen des Strommarktes dafür sorgt, dass sich die Energieeffizienz bis 2020 tatsächlich – wie angekündigt – verdoppelt. Eine geringe Energieumlage von 0,1 Cent je Kilowattstunde würde ausreichen, um den Fonds mit jährlich ein bis zwei Milliarden Euro zu speisen: Voraussetzung für einen funktionierenden Fonds wäre eine zentrale und unabhängige Institution in Deutschland, die die Menschen über Energiesparen informiert und sie dazu motiviert. Sie könnte Energiesparprogramme ausschreiben und Energiesparen finanziell belohnen.

Negawatt statt Megawatt

Angenommen, all die Stromsparmaßnahmen greifen: Standby-Verluste gehören der Vergangenheit an, weil die Elektronik- und Computerindustrie nur noch Geräte ohne derartige Leerlaufsysteme anbietet, für Licht sorgen Energiesparlampen oder sogar Leuchtdioden-Strahler, Kühlschränke und Gefriertruhen zeichnen sich durch höchste Effizienz aus. Drucker und Computer stellen sich automatisch aus, wenn niemand damit arbeitet. Der Stromverbrauch eines Haushalts (oder auch der eines Büros) würde sich mindestens halbieren. Eine vierköpfige Familie benötigt dann nicht mehr 4000 Kilowattstunden Strom im Jahr, sondern nur noch die Hälfte. Von einer Familie hochgerechnet auf eine Million sind bereits zwei Milliarden Kilowattstunden auf der Habenseite. Fertig ist das neue «Negawatt-Kraftwerk».

Der amerikanische Physiker und Umweltaktivist Amory B. Lovins hat den Begriff «Negawatt» bereits 1989 in die Debatte gebracht, um damit zu zeigen, dass es sinnvoller und oftmals billiger ist, Energie einzusparen als neue Kraftwerke zu bauen. Gleichgültig, ob man sich die Studien von Umweltbundesamt, vom Öko-Institut oder der Deutschen Energie Agentur (dena) anschaut, sie vermitteln alle das gleiche Bild: Bis zum Jahr 2020 hat Deutschland ein enormes Sparpotenzial. Allein die privaten Haushalte können nach Berechnungen der dena bis dahin ihren Verbrauch um 23 Milliarden Kilowattstunden Strom verringern. Weitere elf Milliarden sind bei Gewerbe, Dienstleistungen und Handel möglich. Und nochmals fünf Milliarden kann die Industrie beitragen.

Unterm Strich kommen 39 Milliarden Kilowattstunden Strom zusammen, das sind sieben Prozent des gesamten Stromverbrauchs. Zu bescheiden, meint das Öko-Institut, es sieht bei konsequenteren Maßnahmen ein Potenzial von zwölf Prozent. Das Zauberwort heißt schlicht: Effizienz. Wenn weniger Strom erzeugt werden muss, hat das zwei enorme Vorteile: Alte Kohlekraftwerke, die vom Netz genommen werden müssen, brauchen nicht ersetzt zu werden. Das «Negawatt-Kraftwerk» tritt an ihre Stelle. Und da ein Kraftwerk weniger durch erneuerbare Energien ersetzt werden muss, beschleunigt das den Weg ins Solarzeitalter.

Contracting

Die Idee ist simpel: Ein Unternehmen, das sich auf effiziente Wärme- und Energietechnik spezialisiert hat, renoviert Bürohäuser, Theatersäle oder Wohnanlagen. Kommunen oder Wohnungsbaugesellschaften bezahlen dafür keinen Cent. Dafür erhält der Sanierer mehrere Jahre lang das Geld, das der jeweilige Besitzer bislang für Öl, Gas und Strom bezahlt hat. Das ist sein Gewinn und somit seine Motivation, möglichst viel Energie einzusparen. Sobald der Vertrag ausgelaufen ist, spart der Besitzer oder Mieter: Jetzt muss er nur noch die Energie bezahlen, die er tatsächlich verbraucht. Contracting heißt diese Form der Zusammenarbeit. Sie ermöglicht es seit Jahren, Gebäude zu sanieren, ohne dass ein Eigentümer Geld in die Hand nehmen muss. In München wurde beispielsweise das Kulturzentrum Gasteig bereits wenige Jahre nach seiner Eröffnung auf diese Weise saniert. Über drei Millionen Kilowattstunden Strom und Wärme werden seither jedes Jahr eingespart.

Nach einer Marktstudie der Prognos AG, die im Auftrag der Deutschen Energie Agentur erstellt wurde, könnten allein in etwa 20.000 Schulen, Justizvollzugsanstalten und Verwaltungsgebäuden der Energieverbrauch um 30 Prozent gesenkt werden. Weitere 18.000 öffentliche Gebäude kommen für ein derartiges Contracting-Modell in Frage. «In den meisten öffentlichen Liegenschaften sind die Kosten für Heizung, Warmwasser, Beleuchtung, Lüftung und Kühlung immer noch viel zu hoch», heißt es bei der dena. «Mit Energie-Contracting können Bund, Länder und Kommunen eine Menge Energie und damit Geld sparen. Gleichzeitig schützen sie das Klima, stärken die Bauwirtschaft und geben ein wichtiges Signal für das Energiesparen in Nichtwohngebäuden.» Und was bei kommunalen und staatlichen Gebäuden funktioniert, lässt sich eins zu eins auf den Privatbereich übertragen. Mit steigenden Energiekosten wird es immer attraktiver, größere Wohnanlagen zu sanieren. Entscheidende Hindernisse: Die wenigsten kennen derartige Möglichkeiten. Und Wohnungsbesitzer, die ihre Wohnungen vermietet haben, müssen zunächst den Aufwand mit Verhandlungen, Verträgen und Sanierung auf sich nehmen – die Vorteile der Einsparung haben später aber die Mieter.

Kraft-Wärme-Kopplung

Bei der Kraft-Wärme-Kopplung (KWK) wird in einem Heizkraftwerk nicht nur Strom gewonnen, sondern die Abwärme dazu genutzt, Wohnungen zu heizen und Warmwasser zu liefern. Je größer ein Kraftwerk ist, desto schwieriger ist es, die Wärme ans Ziel zu bringen, weil so viel Abwärme anfällt, dass sie selbst von einer Großstadt nicht genutzt werden kann. Das Umweltbundesamt hatte eine Studie in Auftrag gegeben, um zunächst den Status quo zu ermitteln. In trockenem Amtsdeutsch heißt es: «Eine signifikante Ausweitung der KWK-Strommengen gegenüber 1998 ist bis zum Jahr 2005 aus den vorliegenden statistischen Daten nicht abzulesen.» Die rot-grüne Bundesregierung, die 1998 angetreten war, der Kraft-Wärme-Kopplung zum Durchbruch zu verhelfen, ist am Widerstand der großen Energieversorger und an dem vom damaligen Wirtschaftsminister Wolfgang Clement kläglich gescheitert. Während es in Finnland, Dänemark und den Niederlanden gelungen ist, den Anteil der Kraft-Wärme-Kopplung auf 35 bis 45 Prozent zu erhöhen, liest sich die Entwicklung der Kraft-Wärme-Kopplung in Deutschland wie eine Geschichte des Scheiterns. Ihr Anteil liegt bei mageren zwölf Prozent.

Der Grund: Um die Vorteile der Kraft-Wärme-Kopplung zu nutzen, darf man nicht länger auf wenige große Kraftwerke setzen. Es bedarf vieler lokaler und regionaler Kraftwerke, deren Wärme genutzt werden kann, oder man nimmt die bislang verpuffende Wärme aus Industrieanlagen vor Ort. Nur dann kann sichergestellt werden, dass die Wärme auch an die Bürger geliefert werden kann, die in der Umgebung wohnen. Daran haben aber die großen Energieversorger E.on, RWE, Vattenfall und EnBW, die noch immer rund 80 Prozent des deutschen Stroms liefern, wenig Interesse. Sie setzen nach wie vor auf große Kohlekraftwerke, mit denen sie ihr Versorgungsmonopol sicherstellen.

Dass es auch anders gehen kann, beweist die Stadt München. Die bayerische Landeshauptstadt versorgt ihre Bürger mit eigenen Kraftwerken und ist damit der sechstgrößte Stromversorger in Deutschland. Weil die Kommune bereits 1991 dem Klima-Bündnis europäischer Städte beigetreten ist und sich seinerzeit dazu verpflichtet hat, die Treibhausgase bis zum Jahr 2010 zu halbieren, hat der rot-grüne Stadtrat die Kraft-Wärme-Kopplung massiv gefördert. «Ziel ist es, alle fünf Jahre die CO_2-Emissionen um zehn Prozent zu reduzieren. Dabei soll der wichtige Meilenstein einer Halbierung der Pro-Kopf-Emissionen – Basisjahr 1990 – bis spätestens 2030 erreicht werden», bekräftigte das Klima-Bündnis im Jahr 2006 sein Ziel.

Dementsprechend sind die Stadtwerke München aktiv geworden: «Die in den Heizkraftwerken Nord, Süd und Freimann in Kraft-Wärme-Kopplung erzeugte Energie hat einen Anteil von 58 Prozent an der gesamten Eigenerzeugung der Stadtwerke.» Damit belegen die Münchner einen europäischen Spitzenplatz, um den sie andere Kommunen beneiden. Die Münchner Privathaushalte werden mit Strom versorgt, der zu 83 Prozent aus Kraft-Wärme-Kopplungsanlagen stammt. Der Rest stammt aus Wasserkraft – hinzu kommen ein wenig Wind- und Sonnenenergie.

Um eine derartige Komplettversorgung zu ermöglichen, investieren die Münchner seit Jahren in neue Fernwärmenetze. 100 Millionen Euro steckt die Stadt derzeit in das Fernwärmenetz der Innenstadt, um das weniger effiziente Fernwärmedampfnetz in ein hocheffizientes Heißwassernetz umzuwandeln, was den Energieaufwand verringert. Ersparnis für das Klima: 100.000 Tonnen Kohlendioxid pro Jahr. Die Wärme für die neue Messestadt Riem auf dem alten Münchner Flughafen wird vollständig über Geothermie gedeckt. Und Neubaugebiete werden gleich mit lokalen Fernwärmeleitungen geplant. Dass die Stadtwerke auch Anteile am Kernkraftwerk Ohu haben – und diesen Strom durch eine Beteiligung am geplanten Kohlekraftwerk Herne ersetzen wollen, trübt die gute Bilanz der Münchner.

Die Bundesregierung ist jetzt gefordert, die Eckdaten so zu setzen, dass das Münchner Beispiel Schule machen kann. Nur dann kann sie ihr Ziel erreichen: «Bis 2020 soll der Anteil der hocheffizienten Kraft-Wärme-Kopplungsanlagen an der Stromproduktion von derzeit ca. 12 Prozent auf ca. 25 Prozent verdoppelt werden», heißt es im «Integrierten Klima- und Rahmenprogramm», das die Bundesregierung Ende 2007 verabschiedet hat. Wie dieses Programm letztlich ausgestaltet wird, stand bei Drucklegung noch nicht fest. Entscheidend wird aber sein, dass in Zukunft Kommunen und Kraftwerksbetreiber dazu gebracht werden, anstatt in wenige große in viele kleine Kraftwerke zu investieren und der Industrie zu gestatten, von ihr erzeugte Wärme einzuspeisen. Nur dann lohnt es sich überhaupt, Fernewärmenetze zu legen und die Abwärme auch in nahe gelegene Haushalte zu liefern.

Windkraft

Wie bei jedem guten Bauwerk muss zunächst die Grundlage stimmen. PS-starke Schlepper haben deshalb 1200 Tonnen Sand, Beton und Stahl herangeschafft. Ein Bautrupp sorgte für das Unterwasserfundament. Das war im September 2005. Der Ort: Rostock, genauer: der Rostocker Überseehafen. Das Ziel: Deutschlands erste Off-Shore-Windanlage in der Ostsee. Im darauf folgenden Januar schließlich die zweite Bauphase: Mit schwerem Gerät wurden vier Turmsegmente verladen und zum Fundament gebracht. Ein Schwimmkran setzte die einzelnen Elemente zusammen, ehe das 109 Tonnen schwere Maschinenhaus nach oben gehievt wurde. Bereits am 2. Februar war es so weit: Nachdem die 45 Meter langen Rotoren – jeder einzelne mit einem Gewicht von zehn Tonnen – befestigt waren, stand die 125 Meter hohe Windkraftanlage. Gegen 19 Uhr begann bei eisiger Kälte das Zeitalter der deutschen Off-Shore-Windkraft. Sieht man von der Planungsphase ab, waren zwischen Baubeginn und Bauabschluss vier Monate notwendig, um das Windrad aufzustellen. Mit einer Leistung von 2,5 Megawatt wird es die nächsten Jahrzehnte 1800 Familien mit Strom versorgen. Vier Millionen Euro hat das Windrad gekostet.

Für das Klima ist jede Anlage hilfreich. Je nach Anlage und Standort sind nach gut zwei bis fünf Monaten die gesamten CO_2-Emissionen wieder ausgeglichen, die für Rohstoffe, Bau, Transport, für die Errichtung, Wartung und später einmal für den Rückbau freigesetzt werden. Danach liefert jedes Windrad 20 bis 25 Jahre lang klimafreundlich Strom.

Das Windrad vor Rostock steht beispielhaft für den gewaltigen Boom der Branche in Deutschland. Mitte 2007 waren hierzulande bereits 19.000 Windkraftanlagen installiert. Ihre Leistung lag bei über 21.000 Megawatt. Damit hat die Windkraft bereits 6,94 Prozent des gesamten Stroms gedeckt und ist inzwischen vor der Wasserkraft die ertragreichste erneuerbare Energie. In den nördlichen Bundesländern sieht die Bilanz noch besser aus: in Mecklenburg-Vorpommern, Schleswig-Holstein und Sachsen-Anhalt deckt Windenergie bereits ein Drittel des gesamten Strombedarfs, in Brandenburg über ein Viertel und in Niedersachsen immerhin ein Fünftel.

Ohne das Erneuerbare-Energien-Gesetz (EEG) wäre dieser Boom der Windenergie nicht denkbar gewesen (siehe S. 141). 1990 hat die Windkraft in Deutschland praktisch bei null angefangen. 1991 gab es die ersten 250 Anlagen, ihre Leistung war allerdings noch bescheiden. Die Explosion begann 1999: Im Jahr vor der Millenniumswende wurden 1700 Windräder mit einer Gesamtleistung von rund 1600 Megawatt installiert. Das entspricht der Leistung eines Kernkraftwerks – auch wenn man fairerweise zugeben muss, dass der Vergleich nicht ganz richtig ist: Weil Windräder nur einen Teil des Jahres unter Volllast laufen, ist ihr Ertrag deutlich geringer. Anfang des neuen Jahrtausends wurden dann Jahr für Jahr neue Wachstumsrekorde aufgestellt. Inzwischen ist die Zahl der neuen Anlagen aber gesunken. Das liegt daran, dass viele ertragreiche Regionen an Land bereits genutzt werden; wesentlich ist aber auch, dass Windräder nicht nur Freunde gefunden haben. Anwohner klagen über Lärm, Lichtreflexe und Schlagschatten, Tourismusmanager über die Verschandelung der Landschaft. Tierschützer wiederum zählen Fledermäuse und Vögel unter den Anlagen, Bürgerinitiativen verzögern vielerorts die Errichtung neuer Parks oder verhindern sie gänzlich. Bereits die rot-grüne Bundesregierung hatte deshalb Abstandsregeln verschärft und in Zusammenarbeit mit Naturschutzverbänden festgelegt, in welchen Regionen Windräder überhaupt gebaut werden dürfen und in welchen nicht. An Land sieht die Branche deshalb vor allem im so genannten Repowering eine Möglichkeit, den Ausbau weiter voranzutreiben. Dabei werden alte Generatoren und Flügel durch leistungsfähigere ersetzt. Kein neues Genehmigungsverfahren ist notwendig, kein Streit mit klagenden Anwohnern zu erwarten, keine weitere Fledermauspopulation gefährdet.

Viele sehen die Zukunft der Windenergie in Deutschland jedoch vor allem auf der offenen See. Die Deutsche Energie Agentur beziffert das Potenzial in der Nordsee auf 18.700 Megawatt, das in der Ostsee auf weitere 1700 Megawatt. Mit anderen Worten: Allein die Off-Shore-Anlagen sind in der Lage, die Windkrafterträge zu verdoppeln. Damit der Erholungswert der Küsten erhalten bleibt, sind die ersten Anlagen weit draußen auf dem offenen Meer geplant: 15 Kilometer vor der Halbinsel Darß entsteht der erste Off-Shore-Windpark Deutschlands mit 21 Windrädern. Er allein soll 57.000 Haushalte mit Strom versorgen.

Voraussetzung dafür, dass Off-Shore-Windräder gebaut und der Strom vom Meer «geerntet» werden kann, ist zunächst das etwas sperrig klingende Infrastrukturbeschleunigungsgesetz, das die Große Koalition auf den Weg gebracht hat. Es regelt, dass die großen Stromversorger für die «Steckdose auf dem Meer» sorgen müssen, sprich: dazu verpflichtet sind, vom Off-Shore-Park ans Land ein Kabel zu verlegen und ans Stromnetz anzubinden. Ganz uneigennützig soll das nicht geschehen. Dafür kassieren die Versorger dann Durchleitungsgebühren. Höhere Vergütungssätze sollen schließlich ab 2009 für eine Initialzündung der Windräder vor deutschen Küsten sorgen.

Das ist auch deshalb wichtig, weil Off-Shore-Anlagen das Geschäft der Zukunft sein dürften, die deutschen Windradbauer aber noch keinen Off-Shore-Windpark vorweisen können. Wie schnell der Markt wächst, zeigt eine Analyse der Deutschen Bank vom Oktober 2007: Weltweit hat sich die installierte Windkapazität seit dem Jahr 2000 vervierfacht, wobei Deutschland mit einem Anteil von 28 Prozent Spitzenreiter vor Spanien, den USA, Indien, Dänemark und China ist. Bis zum Jahr 2015 erwartet die Deutsche Bank ein globales Wachstum von jährlich rund 20 Prozent – mit den größten Steigerungsraten in China, Indien und den USA.

Für Deutschlands Betriebe ist dieser Boom ein Segen. 37 Prozent aller weltweit installierten Masten, Rotoren und Getriebe werden derzeit hierzulande hergestellt. Klimaschutz geht damit Hand in Hand mit Arbeitsplatzsicherung.

Die Windkraft ist ein herausragendes Beispiel dafür, was eine politische Rahmensetzung auslösen kann: Sieht man von der dänischen Vestas Wind Systems als Weltmarktführer einmal ab, haben deutsche Unternehmen durch den Windkraft-Boom die Chance bekommen, sich einen Vorsprung gegenüber der ausländischen Konkurrenz zu verschaffen. Wenn es heute darum geht, in Ägypten oder Marokko, in Frankreich oder Spanien neue Windparks zu bauen, ist vielerorts deutsche Ingenieurleistung gefragt.

Wasserkraft

Wer eine Radtour entlang unserer Flüsse macht, kann es mit eigenen Augen sehen. Alle paar Kilometer steht eine neue Staustufe, mit deren Hilfe Donau, Rhein und Elbe zum Stromlieferanten geworden sind. Und seit Jahren werden immer mehr kleine Nebenflüsse ebenfalls in ein Korsett gezwängt, um möglichst viele umweltfreundliche Kilowattstunden Strom zu erzeugen. Vor allem in Bayern und Baden-Württemberg. Denn in den beiden südlichen Bundesländern liegen noch die größten Potenziale an Wasserkraft.

Wasserkraft ist die am längsten genutzte Form erneuerbarer Energie. Schon im Mittelalter klapperten die Mühlen am rauschenden Bach, um mit Hilfe des fließenden Wassers die Mühlsteine anzutreiben. Seit gut hundert Jahren ist die Technik ausgereift, um mit ihr Strom zu gewinnen. Weltweit liegt ihr Anteil an der Stromerzeugung bei ungefähr 16 Prozent – was der Stromerzeugung von ganz Europa entspricht oder dem gesamten weltweiten Atomstromertrag. Lateinamerika deckt zum Beispiel zwei Drittel seines Strombedarfs mit Wasserkraft. Norwegen sogar 99 Prozent. Und weil Strom aus den Flüssen und Stauseen des Landes billig und im Überfluss vorhanden ist, haben die Norweger den höchsten Stromverbrauch der Welt und darüber hinaus immer noch einen Überschuss, den sie exportieren.

Ein großer Vorteil der Wasserkraft ist ihre Speicherfähigkeit. Staustufen halten das Wasser zurück, es ist damit praktisch jederzeit verfügbar. Steigt der Strombedarf, lässt sich binnen Sekunden eine Turbine dazuschalten, um die Spitzenlasten abzudecken. Sinkt der Bedarf, wird die Turbine wieder zurückgefahren.

Doch Strom aus Wasserkraft ist nicht unumstritten. China beispielsweise hat in den letzten Jahren mit dem Jangtse-Staudamm eines der größten Wasserkraftwerke der Welt errichtet. Zwei Millionen Menschen wurden enteignet und umgesiedelt. Eine Fläche von rund 240 Quadratkilometer Land wurde überflutet – damit ist der See, der hinter der Staumauer entstand, doppelt so groß wie der Bodensee. 13 Städte versanken in den Fluten. Insgesamt hat der Drei-Schluchten-Damm eine Nennleistung von 18.200 Megawatt – grob gerechnet ersetzt er damit 18 Kernkraftwerke.

Doch die Folgen sind dramatisch: Der Jangtse lagert jährlich Millionen Tonnen Treibsand ab, die nun vom Staudamm zurückgehalten werden – und Jahr für Jahr die Kapazität des Stausees einschränken. Noch nirgendwo auf der Welt konnte dieses Problem gelöst werden, das alle großen Flusswasserkraftwerke betrifft. Flussabwärts wiederum fehlt das Sediment, das jahrtausendelang die Äcker gedüngt hat. Aus dem fließenden Strom ist ein stehendes Gewässer geworden, 300 Fischarten sind durch den

Damm vom Aussterben bedroht, u. a. der Chinesische Stör, der Jangtse-Stör und der Schwertstör. Erdrutsche lassen nun ganze Ortschaften in den Fluten versinken. Das neue Ufer brach bereits auf einer Länge von 36 Kilometern ein. Dabei entstanden Wellen, die meterhoch das gegenüberliegende Ufer überspülten. Im Juni 2007 starben bei einem derartigen Jangtse-Tsunami vier Menschen.

Doch man muss nicht nach China fahren, um die Schattenseiten der Wasserkraft wahrzunehmen. In Deutschland kann man im Kleinen erleben, wie um nahezu jedes neue Wasserkraftwerk gerungen wird. Viele Naturschützer kritisieren, dass die letzten frei fließenden Flusssysteme gestaut werden. Auch das Umweltbundesamt sieht den «Zielkonflikt zwischen Klimanutzen und Gewässerschaden, der umso schärfer ist, je kleiner und naturnäher das betroffene Gewässer ist». Im Ergebnis kommt das Amt, das sich sonst sehr für die Förderung alternativer Energien einsetzt, zu der Einschätzung: «Wasserkraftanlagen an kleineren Gewässern entsprechen nicht dem Leitbild einer nachhaltigen Wasserwirtschaft.» Sprich: Sieht man von der Modernisierung bestehender Werke einmal ab, ist das Potenzial ausgereizt, das Deutschland im Bereich Wasserkraft hat.

Anders sieht es auf dem Meer aus. Jeder, der schon einmal am Wattenmeer Urlaub gemacht hat, weiß, mit welcher Geschwindigkeit sich das Wasser bei Ebbe zurückzieht, um Stunden später mit der gleichen Wucht wieder zurückzukehren. Zwischen Sandbänken entstehen regelrechte Flussläufe, die jedem Schwimmer zum Verhängnis werden können, wenn er in deren Sog gerät. Gezeitenkraftwerke sollen diese Energie in Strom umwandeln. Dabei werden – vergleichbar einem Unterwasserwindrad – die Rotoren von der Strömung angetrieben. Das älteste ist bereits seit über 40 Jahren in der Bucht von St. Malo in der Bretagne in Betrieb. Vor der Westküste Englands plant der britische Ableger des Energieriesen E.on ein Gezeitenkraftwerk mit einer Leistung von acht Megawatt. 2008 soll eine Testturbine in Betrieb genommen werden, in zwei Jahren die gesamte Anlage ans Netz gehen. Damit werden weitere 5000 Familien klimafreundlich mit Strom versorgt.

Die britische Regierung will aber noch viel weitergehen: Das Wirtschaftsministerium lässt prüfen, ob in der Severn-Mündung vor der Küste Cornwalls ein Gezeitenkraftwerk verwirklicht werden kann, das jedes andere Kraftwerk in den Schatten stellen würde. Mit einem 16 Kilometer langen Damm soll die Bucht des Severn abgeschlossen werden. Kommt die Flut, treibt sie große Unterwasserturbinen an, zieht sie sich wieder zurück, steht die gleiche Energie ein zweites Mal zur Verfügung. Das Kraftwerk soll 20 Milliarden Euro kosten und fünf Prozent des gesamten britischen Strombedarfs decken. Weil das Delta jedoch durch eine riesige Barriere praktisch abgeschlossen würde, ist noch nicht absehbar, ob das Projekt überhaupt genehmigungsfähig und mit Naturschutzvorgaben unter einen Hut zu bringen ist – etwa den Anforderungen der Flora-Fauna-Habitat-Richtlinie, mit der schon weit kleinere Vorhaben gekippt worden sind.

Auch wenn heute noch nicht absehbar ist, in welchem Ausmaß die Kraft des Meeres genutzt werden kann, so steht dennoch außer Frage: Durch Wellen und Gezeiten steht überall auf der Welt sehr viel Energie zur Verfügung, die nachhaltig und – zumindest, was die Gezeiten angeht – auf die Minute genau berechenbar ist.

Geothermie

Auf den ersten Blick hat Geothermie, Wärme und Strom aus dem Inneren der Erde, nichts Spektakuläres. So zeugt ein trister Betonschacht in Unterhaching, einer kleinen Stadt im Süden von München, von einem der größten Erdwärmeprojekte in Deutschland. Hinter dem Schacht verbirgt sich ein über drei Kilometer tiefes

Bohrloch, das es aber in jeder Hinsicht in sich hat. In 3350 Meter Tiefe stießen die Ingenieure auf heißes Wasser mit einer Temperatur von 122 Grad Celsius. Eine Hitze, mit der die Gemeinde ihre Bürger versorgen kann. Seit Oktober 2007 wird die Wärme aus der Tiefe ins Unterhachinger Fernwärmenetz gepumpt, das in den letzten Jahren auf eine Gesamtlänge von 21 Kilometern ausgebaut worden war. Viele Anwohner haben sich – nicht zuletzt wegen steigender Ölpreise – bereits zum Umstieg auf klimafreundliche Wärmeerzeugung entschlossen und nehmen derzeit eine Wärmeleistung von 27 Megawatt ab. Mittelfristig sind 70 Megawatt geplant. Damit werden dann jährlich 30.000 Tonnen CO_2 eingespart. Darüber hinaus treibt ein Dampfgemisch mit einer Leistung von 3,9 Megawatt elektrischer Leistung einen Generator an und versorgt über 15.000 Haushalte mit Strom. Das bringt nochmals eine Einsparung von 22.000 Tonnen CO_2. Mit seiner Ausbeute an Strom und Wärme ist das Geothermie-Projekt in Unterhaching eines der wichtigsten Pilotprojekte zur Nutzung von Geothermie in Europa.

Diese Geothermieanlage nutzt nur die Energie des heißen Wassers. Nachdem die Wärme Kraftwerksturbinen angetrieben und Wohnungen mit Wärme versorgt hat, wird das Wasser in zwei Kilometer Entfernung wieder in die Erde gepumpt. Damit bleibt die Wassermenge in der Tiefe konstant. Einzig die Temperaturen ändern sich. Nach den Erwartungen der Betreiber wird das Wasser in der Umgebung des Bohrlochs in einigen Jahrzehnten so abgekühlt sein, dass sich die Ausbeutung nicht mehr lohnt. Doch selbst das bedeutet noch nicht das Ende. Der entscheidende Unterschied zum Abbau von Öl, Kohle oder Gas ist nämlich der, dass sich das Wasser durch die radioaktiven Zerfallsprozesse in der Erdkruste wieder erwärmt – und erneut genutzt werden kann, während fossile Bodenschätze nur einmal verbrannt werden können.

Obwohl die Erde ein schier unvorstellbares Energiepotenzial in sich trägt, spielt Geothermie unter den erneuerbaren Energien bislang nur eine bescheidene Rolle. Ganze 0,2 Prozent beträgt ihr Anteil am weltweiten Energieverbrauch. Ihre Nutzung konzentriert sich auf Regionen mit besonders günstigen Voraussetzungen. In Lardarello in der Toskana beispielsweise liefert eine heiße Therme seit über 100 Jahren Energie zur Stromerzeugung. Und nördlich von San Francisco ging 1960 das größte geothermische Kraftwerk der Welt ans Netz. Insgesamt sind weltweit rund 9000 Megawatt elektrischer Leistung installiert. Das entspricht der Leistung von neun großen Kernkraftwerken oder Kohlemeilern mit jeweils 1000 Megawatt. Die USA, Island, Italien, Mexiko, Neuseeland, Japan, Indonesien, Kenia und die Philippinen treiben seit langem mit heißen Quellen Kraftwerke an.

Deutschland zählte bislang nicht dazu. Aber das wird sich ändern. Denn mit einer neuen Kraftwerkstechnik sind einige Gegenden ideal für eine Geothermie-Nutzung. «Hier in Oberbayern gibt es einen ungeheuren Boom», schwärmen die Betreiber in Unterhaching. Das grundsätzlich Bemerkenswerte bei allen Geothermie-Projekten: Während Photovoltaikanlagen auf Sonne angewiesen sind und in der Nacht oder an trüben Tagen gar keinen oder nur wenig Strom erzeugen, während Windräder bei Flaute stillstehen, sind geothermische Anlagen rund um die Uhr am Netz. Sie sind damit in der Lage, über Jahrzehnte die Grundlast abzudecken, die heute von Atomkraftwerken oder Kohlemeilern garantiert wird.

«Unser Projekt in Unterhaching ist mit 36 Millionen Euro veranschlagt», rechnet Bürgermeister Knapek vor – angefangen bei den Bohrungen über die moderne Stromerzeugungsanlage bis zum Verlegen des Fernwärmenetzes. «Die Gemeinde will hier natürlich kein Minusgeschäft machen», versichert der Bürgermeister. Feste Vergütungen durch das Erneuerbare-Energien-Gesetz, günstige Darlehen der Kreditanstalt für Wiederaufbau und direkte Demonstrationsförderungen aus dem Umweltministerium machen das Vorhaben finanzierbar. «In zehn bis zwölf Jahren schreiben wir dann hoffentlich schwarze Zahlen.»

In anderen Kommunen der Region können die Stadtväter ebenfalls rechnen: Bereits seit 1999 wird ein Teil der niederbayerischen Stadt Straubing mit Erdwärme beheizt. In Unterschleißheim nördlich von München fördert das kommunale Geothermie-Unternehmen 81 Grad heißes Wasser und speist es ins Fernwärmenetz ein. Die 16.000 Einwohner der Messestadt Riem auf dem ehemaligen Münchner Flughafen werden in der Grundlast durch 90 Grad heißes Wasser aus 3300 Meter Tiefe mit Wärme versorgt. Pullach, Geretsried, Wasserburg, Garching – immer mehr Gemeinden lassen den Erdmantel anbohren, um heißes Wasser an die Oberfläche zu fördern.

Rund 150 Projekte waren Ende 2007 deutschlandweit in Planung, meldete das Bundesumweltministerium und schätzt, dass in zehn Jahren in Deutschland eine elektrische Leistung von 1000 Megawatt installiert sein wird. Damit könnte Geothermie einen Kernkraftreaktor ersetzen. Die Erwartungen sind allerdings erheblich größer: In einigen Jahrzehnten, so gibt das Ministerium die Einschätzung von Experten wieder, könnten in Deutschland 25 Prozent des Stroms und 35 Prozent des Wärmebedarfs mit Geothermie gedeckt werden.

Photovoltaik

Ein halbes Jahr waren an die 100 Ingenieure, Handwerker und Arbeiter am Werk. Rund 11.000 Pfosten haben sie in den Boden gerammt, die ersten 2600 Aluminiumtische verschraubt und 100.000 Solarmodule befestigt und verkabelt. Auf einer Fläche, die 200 Fußballfeldern entspricht, ging im August 2007 im sächsischen Muldentalkreis der erste Bauabschnitt des Solarparks Waldpolenz ans Netz. Bis Ende 2009 werden die Männer an dem Standort bei

Leipzig noch fixieren, bohren und montieren müssen – dann ist das mit einer maximalen Leistung von 40 Megawatt größte Photovoltaikkraftwerk der Welt fertig.

Solche Rekorde gibt es in Deutschland seit der Jahrtausendwende praktisch im Jahresrhythmus zu verzeichnen. Im November 2001 gingen in Markstetten bei Regensburg 1,6 Megawatt ans Netz. Gut ein Jahr später folgte Hemau, ebenfalls in der Nähe von Regensburg. 2003 übernahm Fürth diese Position, um gleich danach von Darmstadt und schließlich von Espenhain bei Leipzig überflügelt zu werden. Im Juni 2005 meldete der Solarpark Bavaria bei Neumarkt in der Oberpfalz 6,3 Megawatt, im September 2006 das Weingut Erlasse in Franken bereits 12 Megawatt. Vorher hatte die rot-grüne Bundesregierung mit ihrem 100.000-Dächer-Programm schon dafür gesorgt, dass viele Hausbesitzer in Deutschland zu Stromproduzenten werden. Und mit der festgelegten Förderung durch das Erneuerbare-Energien-Gesetz werden es immer mehr. Kein Zweifel: Deutschland ist Photovoltaik-Weltmeister.

Der Titel ist allerdings teuer erkauft. Weil es aufwendig ist, aus Sand – dem Rohstoff aller Photovoltaikzellen – Silizium zu gewinnen und daraus Solarmodule herzustellen, muss die Technik mit weit höheren Sätzen gefördert werden als etwa Strom aus Windkraft oder Biomasse. Je nach Größe und Anlage erhalten die Bauherren zwischen 44,47 und 46,75 Cent pro Kilowattstunde. Für Anlagen, die in die Fassade integriert werden, erhalten sie sogar noch einen Aufschlag von weiteren fünf Cent. Damit ist Photovoltaikstrom aus der Fassade heute sogar teurer geworden. Etwas günstiger kommen Anlagen, die auf dem freien Feld wie im sächsischen Muldentalkreis – also auf Äckern und Wiesen – aufgestellt werden. Dort gibt es 35,49 Cent pro Kilowattstunde. Dafür weiden jetzt keine Kühe mehr auf der Wiese, und der Bauer besorgt sich als Futter Soja, das preisgünstig in Brasilien angebaut worden ist – möglicherweise auf Kosten des Regenwalds.

Die hohe Vergütung müssen die Energieversorger über einen Zeitraum von 20 Jahren an die Betreiber für jede eingespeiste Kilowattstunde Strom bezahlen. Letztlich zahlt das der Stromkunde. Im Jahr 2006 haben deutschlandweit alle Photovoltaikanlagen insgesamt zwei Milliarden Kilowattstunden Strom geliefert. Das hört sich zwar nach viel an, doch damit konnten nur 0,3 Prozent des gesamten Strombedarfs gedeckt werden, verschwindend geringe 23 Kilowattstunden Sonnenstrom im Jahr pro Bundesbürger. Die Stromkunden in Deutschland haben dafür aber rund eine Milliarde Euro an die Betreiber bezahlt.

Die Kritiker argumentieren: Wenn unsere Gesellschaft Klimaschutz betreiben wolle, dann solle sie ihre finanziellen Mittel dort einsetzen, wo am meisten CO_2 eingespart werden kann. Und da ist die Photovoltaik bisher Schlusslicht.

Die Befürworter betonen dagegen, dass es letztlich nicht sehr viel sei, wenn jeder Bundesbürger zur Förderung der Photovoltaik mit nur rund einem Euro pro Monat belastet werde. Dadurch hätten deutsche Unternehmen zunächst die Chance, in einer wichtigen Zukunftstechnologie Marktführer zu werden. Vor allem aber hilft diese Förderung, Photovoltaik im Markt richtig einzuführen – denn mit einem Anteil von 0,3 Prozent ist sie hierzulande immer noch ein Nischenprodukt. Nur dann wird die Technik konkurrenzfähig. SolarWorld-Chef Franz Asbeck rechnet damit, dass schon im Jahr 2015 Solarstrom zum gleichen Preis produziert werden kann wie konventioneller Strom. Das wiederum würde auch den Milliarden Menschen helfen, die bislang nicht ans Stromnetz angeschlossen sind. Ohne Netzanschluss könnten sie dann kostengünstig mit Photovoltaik versorgt werden.

Biomasse

Jühnde – kaum ein Mensch wäre vor Jahren auf die Idee gekommen, den kleinen Ort im Süden Niedersachsens zu besuchen. Weder die paar Fachwerkhäuser im Zentrum noch die Kühe auf den angrenzenden Wiesen hätten einen Besucher in das 800-Seelen-Dorf gelockt. Und doch kann Jühnde sich inzwischen vor Besuchern aus aller Welt kaum retten. Denn Jühnde ist das erste Bioenergiedorf Deutschlands. Wissenschaftler der Uni Kassel-Witzenhausen hatten die Gemeinde als Modelldorf ausgewählt und die Bürger davon überzeugt, Biogas herzustellen, ein Blockheizkraftwerk zu errichten, Fernwärmeleitungen zu legen und Strom und Wärme selbst zu erzeugen. Drei Viertel der Haushalte ließen sich anschließen. Wie hat es die Gemeinde geschafft, sich selbst zu versorgen? Die Rechnung ist einfach: Gras, Getreide, Hackschnitzel und die Gülle von 800 Kühen und 1400 Schweinen sind die Grundstoffe für die Biogasanlage. Das angeschlossene Kraftwerk mit einer Leistung von 700 Kilowatt liefert vier Millionen Kilowattstunden Strom im Jahr – und damit doppelt so viel wie in Jühnde gebraucht wird. Und die angeschlossenen Häuser können mit der Abwärme rund ums Jahr ihre Wohnungen heizen. Jühnde könnte theoretisch sechs bis sieben Dörfer mit Energie versorgen. Denn bereits 15 Prozent der Ackerfläche reichen, um das Dorf energieautark zu machen. Und weil der Strom mit 17 Cent pro Kilowattstunde gefördert wird, kann die Wärme kostengünstig an die Haushalte geliefert werden – für fünf Cent pro Kilowattstunde. Im Vergleich zum Heizen mit Gas oder Heizöl spart jeder Haushalt zwischen 600 und 1000 Euro und sieht in Zukunft allen Ölpreisrekorden gelassen entgegen. Dass sich auch die CO_2-Bilanz glänzend liest, ist eine Selbstverständlichkeit.

Jühnde ist längst nicht mehr das einzige Energiedorf. Barlissen und Atzenhausen, Erbsen, Hemeln, Krebeck – lauter kleine Dörfer im Süden Niedersachsens treten in die Fußstapfen Jühndes.

Und die Gäste aus aller Welt nehmen die Idee mit in ihre Heimat. Diese Entwicklung zeigt, was mit Biomasse möglich ist. Das Öko-Institut rechnet vor: Holzhackschnitzel, Pellets, Gülle, Mais und Stroh können bis 2030 16 Prozent des deutschen Stroms und zehn Prozent der Wärme liefern. Schon heute ist Bioenergie im Bereich der erneuerbaren Energien die mit Abstand wichtigste Energiequelle bestätigt das Landwirtschaftsministerium: Rund 60 Prozent der in Deutschland genutzten regenerativen Energien stammen aus Biomasse. Weit dahinter folgen Wind- und Wasserkraft mit jeweils knapp unter 20 Prozent. Photovoltaik kann man im Vergleich geradezu vernachlässigen.

Und doch wird noch viel zu wenig getan. Nach Einschätzung des Öko-Instituts könnten zehn Städte von der Größe Münchens mitsamt den ansässigen Gewerbe- und Industriebetrieben mit Strom aus Biomasse versorgt werden, wenn nur die bereits vorhandenen Reststoffe verwertet würden – Durchforstungshölzer, Holzabfälle aus Sägewerken, altes Baumaterial, Schnittreste aus der Industrie oder Gülle und Stroh. Nochmals das gleiche Potenzial sieht das Institut im Anbau energiereicher Pflanzen wie Miscanthus und Leinsamen oder schnell wachsender Hölzer wie Pappeln und Weiden.

Noch deutlicher wird die Bedeutung von Energiepflanzen beim Blick über die Grenzen. Vor allem in den dünn besiedelten Ländern Osteuropas, in der Ukraine, Rumänien, Bulgarien und Polen, stehen riesige Flächen für die Biomasse-Produktion zur Verfügung. Selbst wenn man den steigenden Bedarf dieser Länder berücksichtigt, bleiben große Mengen für den Export nach Zentraleuropa.

Das virtuelle Kraftwerk

Tausende kleiner Windräder, Geothermie-, Biomasse-, Blockheiz- und Pumpspeicherkraftwerke, Kleinwasser- und Photovoltaikanlagen lassen sich zu einem Verbund zusammenschalten, der gemeinsam ein großes Kohle- oder Kernkraftwerk ersetzen kann. Oder auch mehrere. Im Verbund können die verschiedenen alternativen Energieträger die Stromversorgung garantieren. Ohne Rückgriff auf Kohle und Kernkraft.

Dass ein derartiger Verbund keine Zukunftsmusik mehr ist, haben der Photovoltaikkonzern SolarWorld, der Windkraftbauer Enercon und die Schmack Biogas Anfang Oktober 2007 in einem weltweit einzigartigen Kombikraftwerk bewiesen. 36 dezentrale Kraftwerke für Wind, Wasser, Sonne und Biogas sind so miteinander verbunden, dass sie rund um die Uhr und bei jedem Wetter die Stromversorgung gewährleisten können. «Das Kombikraftwerk zeigt, dass erneuerbare Energien genug Strom liefern, jederzeit regelbar sind, im Verbund funktionieren und sich über das Netz ausgleichen», erklärt Ulrich Schmack, Vorstandssprecher des führenden Biogasunternehmens. Das Kraftwerk deckt den Strombedarf einer Kleinstadt mit 12.000 Haushalten und demonstriert im Maßstab 1:10.000, wie Deutschland allein mit regenerativen Energien versorgt werden könnte. Die miteinander verbundenen Kleinanlagen werden wie ein Großkraftwerk geschaltet.

Der Zusammenschluss vieler kleiner Anlagen hat mehrere Vorteile: Wenn die Sonne scheint, ist es oftmals windstill – dann müssen Photovoltaik und Biomasse die Stromversorgung garantieren. Wenn wiederum der Wind weht, ist oftmals die Sonne hinter Wolken versteckt, dann sind Windräder gefragt. Lassen sich Sonnen- und Windstrom gleichzeitig ernten, ist möglicherweise zu viel Strom im Angebot. Sofort wird in einem Pumpspeicherkraftwerk das Wasser auf ein höheres Niveau gepumpt, um es bei Bedarf durch die Turbinen wieder abzulassen. Das virtuelle Kraftwerk, wie ein derartiger Zusammenschluss verschiedener kleiner Kraftwerke genannt wird, kann damit die Stromversorgung Tag und Nacht garantieren.

Je mehr Strom aus erneuerbaren Energien zur Verfügung steht, desto realistischer ist es, die verschiedenen Energieträger durch intelligente Steuerung in übergreifenden Verbundsystemen zusammenzuschließen. Jeder einzelne kann dadurch besser genutzt werden. Sinnvollerweise wird dies noch damit gekoppelt, dass jeder Kunde signalisiert bekommt, wann er Strom sparen sollte und wann – etwa weil der Wind kräftig bläst – seine voll gepackte Spül- und Waschmaschine automatisch eingeschaltet wird.

Heute, im Zeitalter von Atom- und Braunkohlekraftwerken, bleiben die großen Meiler aus steuerungstechnischen und wirtschaftlichen Gründen rund um die Uhr am Netz. Während der Nachtstunden ist Energie im Überfluss vorhanden. Was nicht in Speicherkraftwerken zwischengelagert werden kann, verglimmt an künstlich geschalteten Widerständen und verpufft damit ungenutzt. Ein virtuelles Kraftwerk aus vielen kleinen Anlagen kann überhaupt nicht in eine derartige Überflussnotlage kommen. Die eingespeiste Strommenge wird je nach Bedarf niedriger oder höher ausgelegt.

Biosprit

Hundert Liter Ethanol schluckt ein Geländewagen, füllt man den Tank bis zum Anschlag. Zur Destillation dieser Tankfüllung braucht man 259 Kilogramm Weizen. Eine Getreidemenge, die ausreicht, um einen Menschen ein Jahr lang zu ernähren. Wer es nicht glaubt, kann es nachrechnen: Ein 80-Kilo-Mann, der in irgendeinem Büro arbeitet, benötigt rund 2500 Kilokalorien am Tag. Ein Kilo Weizenbrot reicht ihm theoretisch dafür, diesen Energiebedarf zu decken. Mit den 259 Kilo Weizen, die im Tank des Geländewagens verschwinden, ließen sich aber 460 solcher Brote backen. Das reicht selbst dann zur Ernährung, wenn dieser Mann täglich Sport treibt und mit dem Fahrrad zur Arbeit fährt. Brasilien ist Vorreiter in Sachen Biosprit. Um die Abhängigkeit vom Erdöl zu verringern, fördert das Land seit 1975 die Herstellung von Ethanol aus Zuckerrohr. Die USA setzen ebenfalls auf Ethanol, vor allem aus Mais. Weil das den Bauern mehr bringt als der Weizenanbau, stellen Landwirte derzeit massenhaft von Weizen- auf Maisanbau um. In den nächsten zehn Jahren will die US-Regierung die Ernte für den Autotank auf jährlich über 100 Millionen Tonnen steigern. Auch Europa entwickelt sich in eine ähnliche Richtung. 2020 sollen zehn Prozent der Kraftstoffe vom Acker kommen – auch wenn die Umsetzung des Ziels in jüngster Zeit angesichts möglicher negativer Konsequenzen in immer mehr EU-Staaten ins Stocken gerät.

Der Weizenpreis hatte sich bereits 2007 innerhalb eines Jahres verdoppelt. Im Januar 2008 machte er an der wichtigsten Getreidebörse der Welt, der Minneapolis Grain Exchange, nochmals einen Sprung von 10 Dollar auf 24 Dollar pro Scheffel Weizen. Vieles kommt dabei zusammen. Vor allem in China und Indien wächst die Nachfrage nach Fleisch und damit nach Getreide rasant schnell. Um ein Kilogramm Rindfleisch zu erzeugen, braucht man acht Kilogramm Getreide. Der hohe Ölpreis lässt auch die Kosten für Dünger und Pestizide steigen. Zugleich treibt er die Nachfrage nach Biosprit an. Auf der anderen Seite haben in den letzten zehn Jahren immer häufiger Wetterkapriolen die Ernte verdorben. Aus einem wichtigen Getreideexporteur wie Australien ist wegen der anhaltenden Dürre ein Importeur geworden. Die Nachfrage steigt und wird von Ernteausfällen begleitet. Kann das gut gehen? Und sollten in dieser Situation tatsächlich mit Weizen, Mais, Soja, Raps, Reis, Palmöl oder Zuckerrohr landwirtschaftliche Produkte im Tank landen, die bislang der Ernährung von Menschen dienen – direkt als Nahrungsmittel oder zumindest indirekt als Futter für

Rinder, Schweine und Hühner? «Mehr Mais im Tank bedeutet mehr Hungernde in Entwicklungsländern», warnt etwa Stefan Tangermann, OECD-Direktor für Handel und Landwirtschaft. Ein Riesenproblem? Ein Teil der Experten bestreitet dies und ist überzeugt, dass höhere Getreidepreise in Afrika, Lateinamerika und Südostasien sogar einen Beitrag dazu leisten, den Hunger zu bekämpfen – aber nur, wenn die Kleinbauern dort von den gestiegenen Preisen auch etwas erhalten. Bislang leben zwei Milliarden Menschen von weniger als zwei Euro am Tag. Zwei Fragen werden darüber entscheiden, was in Zukunft stärker wiegt: die steigenden Kosten unter anderem wegen der Nahrungsmittelkonkurrenz durch das Auto oder die neuen Einkommensmöglichkeiten für die Landbevölkerung. Erstens: Wird der höhere Preis für Getreide einen derart starken Anstieg der Weltproduktion anregen, dass das Angebot auch in Zukunft die wachsende Nachfrage decken kann? Immerhin meldete die UN-Welternährungsorganisation FAO für 2007 eine Rekordernte. Allerdings reichte noch nicht einmal das aus. Die Nachfrage nach Getreide wuchs schneller als das Angebot. Wie wird das bei steigenden Preisen weitergehen?

Die zweite große Frage lautet: Werden die Not leidenden Kleinbauern vom Biospritboom profitieren? Dazu müssten sie an der Wertschöpfung beteiligt werden, wofür aber nur wenige Entwicklungsländer Konzepte entwickelt haben. Es gibt kaum Genossenschaften für die Kleinbauern, und die Menschen vor Ort werden bei Herstellung und Vertrieb so gut wie nicht einbezogen.

Wenn aber weltweit das Getreideangebot der Nachfrage nicht nachkommt und die Kleinbauern vom Biosprit-Boom keine Vorteile haben, dann wird Lester Brown, der Präsident des Earth Policy Institute in Washington, recht behalten: «Die Bühne ist frei für den Konflikt zwischen den 800 Millionen Autobesitzern und den weltweit zwei Milliarden Allerärmsten.» In Mexiko-Stadt gingen im letzten Frühjahr bereits über 100.000 Menschen auf die

Straße, weil sich der Preis für ein Kilo Tortilla – hergestellt aus Maismehl – binnen weniger Wochen verdoppelt hat, nicht zuletzt wegen des Ethanol-Booms. Im Januar 2008 gab es Massenproteste in Indonesien. Die Vereinten Nationen stufen beide Länder neuerdings als vom Hunger gefährdet ein. Anfang 2008 zählte die Organisation für Ernährung und Landwirtschaft der Vereinten Nationen bereits 82 Länder zu den Leidtragenden, mehr als die Hälfte davon in Afrika. Deren Importkosten für Getreide werden 2008, so die Prognose Ende Februar, wie schon im Vorjahr, um mehr als ein Drittel steigen. Auf der Gewinnerseite stehen demnach nur wenige Getreideexporteure wie Argentinien.

Wenn der Preis für Mais durch den Anbau von Pflanzen für die Gewinnung von Biosprit steigt, hat das auch zur Folge, dass mehr Mais auf Kosten von Weizen und Soja angebaut wird. Das verringerte Angebot führt dann zu einem steigenden Preis auch dieser Produkte. Als sich der Maispreis zwischen Anfang 2006 und Anfang 2007 an der Börse in Chicago fast verdoppelte, stieg dort der Preis für Weizen um ein Drittel, der für Soja um ein Viertel. Ein hoher Sojapreis ist aber gleich bedeutend mit einem hohen Abholzungsdruck für den Regenwald – etwa in Brasilien. Denn je höher der Preis für Soja, desto rentabler wird es, neue Sojaplantagen in den Regenwald hineinzutreiben. Auf Satellitenbildern kann man diesen Prozess verfolgen.

Doch auch das ist noch nicht die ganze Wahrheit: Nach einer neuen Studie des Nobelpreisträgers Paul Crutzen ist Biosprit meist klimaschädlicher als Benzin. Durch Raps und Mais wird doppelt so viel Lachgas freigesetzt, wie bislang angenommen. Wird gar Regenwald vernichtet, sieht die Bilanz noch verheerender aus: Für jede Tonne Palmöl, die aus einer neuen Plantage kommt, wird dann zehnmal so viel CO_2 freigesetzt wie durch den Ersatz von Rohöl eingespart wird. Die Ausbauziele für die jetzige Generation Biosprit sollten in der EU angesichts dieser Probleme auf Eis gelegt werden.

Doch welche Lösungen gibt es? In allererster Linie brauchen wir kleinere und effizientere Autos oder den Umstieg auf andere Verkehrsträger. Wird Biosprit überhaupt gefördert, muss die CO_2-Effizienz im Vordergrund stehen. Derzeit werden die so genannten BTL-Kraftstoffe – BTL steht für Biomass to liquid – entwickelt, bei denen die gesamte Pflanze verwertet wird, was den Ertrag deutlich erhöhen könnte. Nicht zuletzt müssen Kleinbauern unterstützt werden, damit auch sie vom Biosprit-Boom profitieren können. Eine Zertifizierung von Biokraftstoffen ist sinnvoll, aber sie kann nur Auswüchse, nicht das Grundproblem der gesteigerten Nachfrage beheben. Leider ist eine weltweite Initiative dazu auf dem letzten G8-Gipfel in Heiligendamm am Widerstand der US-Regierung gescheitert. Jetzt geht die EU das Thema im Alleingang an. Zu Recht sprechen immer mehr Organisationen nicht mehr von Bio-, sondern vom Agrosprit. «Bio» weckt viel zu positive Assoziationen. Es wäre allerdings fatal, würden wir statt auf Agrosprit auf noch dramatischere Formen der Spritgewinnung setzen. In den USA und in Kanada werden bereits der Abbau von Ölschiefer und die Verflüssigung von Kohle massiv gefördert. Für das Klima ist es eine Katastrophe, wenn Erdöl durch andere fossile Energien ersetzt wird, die noch weit mehr CO_2 freisetzen als Erdöl.

Sonnenstrom aus der Wüste

Henry Fonda wartet im staubigen Gelände auf sein letztes Duell mit dem mysteriösen Mundharmonikaspieler. Charles Bronson schickt ihn zu den Klängen von Ennio Morricone in den Tod. Welcher Westernfreund erinnert sich nicht an die finale Abrechnung in Sergio Leones «Spiel mir das Lied vom Tod». Gedreht wurde der Film vor fast 40 Jahren im Marquesado-Hochtal vor der gewaltigen Kulisse der spanischen Sierra Nevada mit ihren bis zu 3400 Meter hohen Bergen.

Die Region rückt derzeit wieder ins Blickfeld. Nicht als Szenerie für ein neues Filmepos, sondern als Schauplatz der Energiewende. AndaSol 1 – so heißt das erste Parabolrinnenkraftwerk Europas. Es liegt nur acht Kilometer von dem Bahnhof entfernt, den sich Sergio Leone ausgesucht hatte. Entwickelt wurde das Kraftwerk von der Solar Millennium AG mit Sitz in Erlangen. Mit einer Leistung von 50 Megawatt soll es jährlich 179 Gigawattstunden Strom liefern und 200.000 Menschen mit Elektrizität versorgen – so viele Einwohner hat Freiburg.

Das Hochtal Marquesado ist als Standort nahezu perfekt. Zunächst liefert die Sonne pro Quadratmeter und Jahr 2200 Kilowattstunden Strahlungsenergie. In Deutschland ist es nicht einmal halb so viel. «Hier scheint die Sonne sogar nachts», scherzt Antonio Valverde. Der Bürgermeister des benachbarten Dorfes Aldeire mit seinen 1000 Einwohnern freut sich über rund 100 langfristige Arbeitsplätze, die für Wartung und Pflege neu entstehen. Nachdem vor 20 Jahren eine Eisenerzmine geschlossen wurde, sind viele Bewohner ausgewandert. AndaSol ist ein Glücksfall für die Region.

Auch Naturschützer sehen keine Probleme, Gutachter haben dem Projekt grünes Licht gegeben. Die Vegetation ist spärlich. Auf der ebenen Fläche wächst Trockengras, vereinzelt gibt es ein paar Oliven- und Mandelbäume, hier und da ein paar Felder, die künstlich bewässert werden. Nichts besonders Schützenswertes.

Die Zukunft heißt Sonnenstrom. «Wir haben vor über zwei Jahren mit dem Bau begonnen», erklärt Oliver Vorbrugg von der spanischen Milenio Solar Desarrollo de Proyectos, einer Tochter von Solar Millennium. Der Ingenieur ist als technischer Leiter für die Standortqualifizierung, die erforderlichen Umweltstudien, die Baugenehmigung und den Anschluss ans Netz zuständig. Über Monate wurde das Gelände in eine Großbaustelle verwandelt, auf einer Länge von 1300 Metern wurden anderthalb Millionen Kubikmeter Erde bewegt.

Seit Mai 2007 waren die Mechaniker in einer eigens dafür aufgestellten Montagehalle dabei, die Kollektoren zu montieren: die Metallstruktur, die der ganzen Anlage die Form gibt, die Hohlspiegel, die Steuerungs- und Antriebselemente und die Absorberrohre. «Der Zusammenbau muss mit einer Präzision von Zehntelmillimetern erfolgen», betont Oliver Vorbrugg. «Jede Abweichung bedeutet Energieverlust.» Etwa dann, wenn auch nur Bruchteile des Sonnenlichts den Absorber verfehlen.

Die Energie der Sonne soll aber nicht direkt in Strom umgewandelt werden, sondern zunächst in Wärme, die in einem Speicher zwischengelagert wird, der im Sommerhalbjahr 20 Stunden am Tag zuverlässig Strom liefert. Noch vor Weihnachten 2007 wurde die Montage abgeschlossen. Nach einem längeren Probelauf soll das Kraftwerk Mitte 2008 ans Netz gehen. Seine Energiebilanz liest sich beachtlich: Nach nur fünf Monaten Betrieb ist die gesamte Energie zurückgewonnen, die für den Bau notwendig ist. Von der Erzgewinnung über die Herstellung der Komponenten bis zum Transport und zur Installation. Danach liefert AndaSol 1 mindestens 25 Jahre lang Sonnenstrom – völlig schadstofffrei.

Die Parabolrinnenkraftwerke, die Solar Millennium derzeit im spanischen AndaSol errichtet, kosten 900 Millionen Euro. Ihre Leistung liegt bei 150 Megawatt. Rechnet man im Winterhalbjahr mit der halben Leistung, liefert allein dieses eine Sonnenkraftwerk über eine halbe Milliarde Kilowattstunden Strom im Jahr. Nach dieser einfachen Rechnung hat AndaSol bereits nach vier Jahren so viel Strom geliefert wie alle Photovoltaikanlagen, die in Deutschland bis Ende 2006 installiert worden waren, in einem Jahr zusammen liefern. Fürs gleiche Geld bekommt man damit fünfmal so viel Sonnenstrom aus Spanien wie mit heimischer Photovoltaik – optimistische Betrachter rechnen damit, dass die Parabolrinnentechnik schon 2010 wettbewerbsfähig ist. Die Kosten werden also weiter sinken.

Möglich geworden ist das Projekt durch Spaniens Einspeisevergütung. Nach dem Vorbild des deutschen Erneuerbare-Energien-Gesetzes hat die Zentralregierung für solarthermische Kraftwerke eine Vergütung von 21 Cent pro Kilowattstunde vorgeschrieben. Wegen des guten Ertrags muss die Technik mit nicht einmal der Hälfte des Geldes subventioniert werden im Vergleich zum Sonnenstrom in Deutschland (49 Cent/kWh) und mit nur wenig mehr als Windkraft (15 Cent/kWh).

«Ich bin davon überzeugt, dass AndaSol der Startschuss für einen weltweiten Boom solarthermischer Kraftwerke sein wird», sagt Henner Gladen, Technikvorstand bei Solar Millennium. Dabei sind solarthermische Kraftwerke nichts Neues. In der kalifornischen Mojave-Wüste unterstützte der ehemalige US-Präsident Jimmy Carter bereits Ende der 70er Jahre den Bau mehrerer Anlagen. Sie bringen es auf eine Gesamtleistung von 354 Megawatt. Weil die Einspeisevergütung seinerzeit an den Ölpreis geknüpft war, entfiel mit dem fallenden Preis in den 90er Jahren der Anreiz, weitere Anlagen zu bauen.

Solar Millennium hat die Technik nicht nur wiederentdeckt, sondern erkannt, welches Potenzial in ihr steckt. Heute kann das Unternehmen auf schon bestehende Verträge und vielversprechende Verhandlungen verweisen:

- AndaSol 2 mit ebenfalls 50 Megawatt ist bereits im Bau, AndaSol 3 genehmigt. Vor Ort entsteht das größte Sonnenkraftwerk der Welt.

- Mit zwei spanischen Partnern sind nochmals zehn weitere 50-Megawatt-Kraftwerke geplant. Anvisierte Standorte will Solar Millennium derzeit nicht nennen – sonst explodieren die Grundstückspreise.

- Griechenland hat ein vergleichbares Einspeisegesetz wie Spanien verabschiedet, in Italien und Portugal ist es angekündigt. Die ersten Projekte sind in diesen Ländern geplant.

- In China gibt es mit zwei Partnern ein Rahmenabkommen über den Bau solarthermischer Kraftwerke mit einer Leistung von 1000 Megawatt. Das entspricht fast der Leistung eines Kernkraftwerks. 200 Megawatt sollen in den nächsten vier Jahren realisiert werden.

- Die Weltbank hat für Solarkraftwerke in Marokko und Ägypten jeweils 50 Millionen Dollar bewilligt. Die Ausschreibung läuft.

- Kalifornien, Mexiko, Indien, Abu Dhabi – von überall her signalisieren Investoren und Energiekonzerne Interesse an einer Zusammenarbeit mit Solar Millennium.

Viele Regionen der Welt eignen sich für den Betrieb solarthermischer Kraftwerke. Nach einer Studie der Deutschen Luft- und Raumfahrtindustrie stehen allein in Nordafrika Flächen zur Verfügung, mit denen der Weltstrombedarf über solarthermische Kraftwerke zigfach gedeckt werden könnte. Sie können im so genannten «Sonnengürtel der Erde» wirtschaftlich betrieben werden. Dort scheint die Sonne mit einer Energie von mindestens 1900 bis 2000 Kilowattstunden (kWh) pro Quadratmeter und Jahr. In Spanien liefert die Sonne in der Regel 2100 kWh/m². In Kalifornien und in Namibia werden Spitzenwerte von 2700 kWh erreicht. In Deutschland scheint die Sonne lediglich mit einer Leistung von 900 kWh/m² und Jahr. Deshalb macht es keinen Sinn, diese Zukunftstechnik hierzulande einzuführen.

Die Internationale Energieagentur in Paris sieht bereits für solarthermische Kraftwerke bis 2020 ein Potenzial von 20.000 bis 40.000 Megawatt. Eine Studie, die im Jahr 2005 von Greenpeace und dem Europäischen Verband der Solarthermischen Kraftwerksindustrie erstellt wurde, geht noch weiter: Die Befürworter der Energiewende kommen zu dem Ergebnis, dass in den nächsten Jahrzehnten solarthermische Kraftwerke mit einer Leistung von 630.000 Megawatt ans Netz gehen könnten – vor allem in Saudi-Arabien, Algerien, Ägypten und den USA. Das ist mehr, als alle Kernkraftwerke der Welt zusammen an Leistung bringen.

Utz Claasen, ehemals Chef des Energiekonzerns EnBW, plädierte als erster Top-Manager eines großen Energiekonzerns dafür, «Sonnenstrom aus Afrika» über große Stromtrassen nach Deutschland zu leiten. Das Deutsche Luft- und Raumfahrtzentrum – in der Entwicklungsphase ein Partner von Solar Millennium – geht davon aus, dass bis 2050 erneuerbare Energien fossile weitgehend verdrängen und dabei solarthermische Kraftwerke doppelt so viel Strom liefern werden wie Wind, Photovoltaik, Biomasse und Geothermie zusammen. Der erwartete Erfolg kommt auch durch sinkende Kosten zustande: Nach einer Einschätzung der Western Governor's Association, in der sich die Gouverneure von 19 US-Bundesstaaten zusammengeschlossen haben, können Parabolrinnenkraftwerke bis 2015 Strom für zehn Cent pro Kilowattstunde oder noch weniger erzeugen. Er wäre damit nicht teurer als Strom aus einem neuen Braunkohlewerk. Mit anderen Worten: Es ist schon jetzt absehbar, dass Strom aus solarthermischen Kraftwerken ohne jede Subvention konkurrenzfähig sein wird.

Das Besondere all dieser Prognosen: Mit Solar Millennium hat derzeit nicht nur ein deutsches Unternehmen bei der Verwirklichung die Nase vorn. Es sind auch deutsche Zulieferer, die für die entscheidenden Komponenten sorgen. Receiver und Spiegel kommen von der Schott Rohrglas GmbH aus Mitterteich und der Fürther Flabeg GmbH. So hat Schott für den Receiver – so heißt das Absorberrohr, in dem ein Ölgemisch auf 400 Grad erhitzt wird – ein Spezialglas entwickelt, das sich genauso ausdehnt wie das Metall, mit dem es verbunden ist. «Unser Receiver kann auf 250

Grad erhitzt und problemlos mit kaltem Wasser abgeschreckt werden – er ist um Quantensprünge besser als die der Konkurrenz», sagt Christoph Fark, Vertriebschef bei Schott. Die Folge: In Mitterteich in der Oberpfalz sind die Auftragsbücher restlos voll und über 100 Mitarbeiter für die Fertigung eingestellt worden.

Vergleichbar Positives lässt sich von Flabeg berichten – zumindest bis Ende 2007 das einzige Unternehmen auf der Welt, das Parabolspiegel für thermische Solarkraftwerke liefern konnte. «Glas biegen kann jeder, aber keiner mit der Präzision wie wir», ist sich Thomas Deinlein, Marketingchef bei Flabeg, sicher. «Unsere Spiegel sind so exakt, dass über 99 Prozent der reflektierenden Strahlung das Absorberrohr treffen.» Wenn man bedenkt, dass bei einem 50-Megawatt-Kraftwerk schon ein Prozent mehr Strahlung jährlich fünf Millionen Kilowattstunden mehr an Strom bringt, kann man abschätzen, wie wichtig derartige Präzision ist. Sie verhilft der Technik zum Durchbruch.

100 Prozent Ökostrom für Europa

«Mit den technischen Möglichkeiten, die wir haben, können wir schon heute eine Komplettversorgung mit Ökostrom verwirklichen – und zwar zu sozialverträglichen Kosten.» Davon ist der Elektrotechniker und Physiker Gregor Czisch überzeugt. Von rein dezentralen Lösungen hält der Kasseler Physiker nichts. In einem «sehr konservativen Grundszenario» zeigt Gregor Czisch, dass die Stromversorgung in ganz Europa und den direkt benachbarten Regionen in Asien und Afrika sich allein mit regenerativen Energieträgern decken lässt. «Konservativ» bedeutet in diesem Szenario, dass einzig heute schon marktreife Technologien – Wind- und Wasserkraft sowie Biomasse und thermische Solarstromkraftwerke – die Stromversorgung gewährleisten sollen. Neue Wasserkraftwerke werden in diesem Szenario genauso wenig angenommen wie Photovoltaik. Weitere Flüsse aufzustauen hieße, Auenlandschaften zu überfluten und massiv ins Ökosystem Fluss einzugreifen. Und Photovoltaik sei schlicht zu teuer. Die jeweiligen Techniken werden dort ausgebaut, wo die besten Potenziale vorhanden sind, wo der Wind am stärksten weht, die Sonne am häufigsten scheint, Wasserkraft zur Verfügung steht und es ausreichend Biomasse gibt. In einem riesigen Verbundgebiet, das sich von Westsibirien über ganz Europa bis nach Nordafrika erstreckt, ließe sich praktisch der gesamte Strom in diesem Gebiet mit erneuerbaren Energien decken: Wind- und Wasserkraft aus Nordeuropa, in der Sahara Windstrom sowie Strom aus solarthermischen Kraftwerken, Biomasse aus Zentraleuropa, Windenergie aus Nordrussland und Westsibirien.

Der Vorteil einer solch großräumigen Nutzung erneuerbarer Energien: Wenn die verschiedenen Energiequellen über ein riesiges Stromnetz miteinander verbunden werden, gleichen sich Schwankungen bei der Stromerzeugung aus. Wenn an der Nordsee und in Nordeuropa Windflaute herrscht, werden die Flügel dafür an anderer Stelle rotieren. In der Sahara wiederum steht die Sonne praktisch das ganze Jahr über am Himmel. Salzspeicher garantieren inzwischen, dass die Energie an jedem einzelnen Kraftwerksstandort zwischengespeichert und der Strom im Laufe eines Tages dann ins Netz gespeist werden kann, wenn er am dringlichsten gebraucht wird. Beispielsweise dann, wenn während der Sommermonate in Südeuropa die Klimaanlagen auf Hochtouren laufen oder im Winter in Mitteleuropa für Licht und Heiztechnik besonders viel Strom gebraucht wird. Die großen Wasserspeicher im Norden Europas wiederum können genauso als Puffer eingesetzt werden wie die Biomasseanlagen in Deutschland, Tschechien, Österreich, Polen und Frankreich. Wasserkraft und Biomasse sind dann gefordert, wenn Sonne und Wind insgesamt zu wenig Energie liefern.

Aber ist das alles auch bezahlbar? Das Szenario von Gregor

Czisch geht davon aus, dass die Mittel für den Bau der Anlagen zu einem Zinssatz von fünf Prozent beschafft werden. Das ist extrem wenig, weil private Investoren normalerweise mit einer Rendite von bis zu 20 Prozent rechnen. Um eine derart niedrige Verzinsung zu gewährleisten, wäre also die Zivilgesellschaft gefordert oder der Staat. Gregor Czisch sieht bei der Mammutaufgabe, unseren Ausstoß an Klimagasen zu senken, den Staat in der Pflicht. Er muss zum «Garanten für sozialverträgliche Stromkosten» werden: «Unterstellt man eine Lebensdauer von 20 Jahren und zudem jährliche Aufwendungen in Höhe von zwei Prozent der Anfangsinvestition für Wartung und Instandhaltung – beide Annahmen sind typisch für die Stromerzeugung aus erneuerbaren Energien –, dann würde es im Schnitt 4,7 Cent kosten, um eine Kilowattstunde Strom zu erzeugen. Das ist bei den derzeitigen Gaspreisen billiger als eine Kilowattstunde Strom aus einem neuen und effizienten Gaskraftwerk. Dort liegen die Kosten zwischen sieben und acht Cent, Tendenz steigend.»

Eine dezentrale Lösung, wie sie von vielen Befürwortern der Energiewende gefordert wird, ist das allerdings nicht. Dieses Modell hat nichts damit zu tun, dass sich möglichst viele Menschen bei uns eine Photovoltaikanlage aufs Dach bauen lassen oder im Keller die Heizung zum Stromlieferanten umfunktionieren und die Kommunen massenhaft eigene, dezentrale Blockheizkraftwerke errichten, um von den großen Energieversorgern unabhängig zu werden. Mit diesem Modell werden die alten Machtstrukturen nicht zerschlagen, wie es etwa von Eurosolar-Präsident Hermann Scheer gefordert wird: «Wir wollen uns nicht mehr allein auf die Förderung der alternativen Energien konzentrieren, wir müssen vielmehr das bisherige System der Energieversorgung in seiner Gesamtheit angreifen und für dessen Ablösung sorgen.»

Die Versorgung mit erneuerbaren Energien aus Russland, Nordeuropa oder Afrika wäre das genaue Gegenteil: Dieses Szenario geht nicht nur von riesigen Windparks und Parabolrinnenkraftwerken aus, es setzt auch ein weiträumiges Stromnetz voraus. Ein Netz, über das große Mengen Strom von Spanien nach Deutschland oder von Norwegen nach Frankreich geliefert werden könnte, gibt es noch nicht einmal innerhalb der Europäischen Union. Nach Afrika oder Nordrussland gibt es überhaupt keine Stromtrassen.

Im Moment scheitert das an den politischen Vorgaben. «Ohne langfristig kalkulierbare Rahmenbedingungen, die eine solche verbrauchsferne Stromerzeugung stützen und eine angemessene Kapitalverzinsung ermöglichen, dürfte es schwer sein, das immense Kapital zum Ausbau der Erzeugungsanlagen und Netze zu mobilisieren», betont die Konzernkommunikation von RWE. Mit anderen Worten: Solange die Energieversorger sich nicht sicher sein können, dass eine derartige großräumige Stromversorgung erwünscht ist, werden sie kein Geld dafür in die Hand nehmen. Armin Haas vom Potsdam-Institut für Klimafolgenforschung befragte Anfang 2008 in einem gemeinsam mit Germanwatch durchgeführten Projekt die europäischen Banken, wie sie das Projekt einschätzen. Ihre Antwort ähnelte der von RWE, sie war nur deutlich optimistischer: «Wenn die Politik für die notwendigen Rahmensetzungen sorgt, dann ist dies ein hochinteressantes Projekt für uns.»

Notwendig ist aber ein Hochspannungs-Gleichstrom-Übertragungsnetz, mit dem es möglich ist, elektrische Energie mit Leitungsverlusten unter zehn Prozent über große Entfernungen zu transportieren. Der Wissenschaftliche Beirat der Bundesregierung Globale Umweltveränderungen hat 2007 den Vorschlag unterbreitet: «Als technischer Leuchtturm für Europa wird die Realisierung eines transeuropäischen Hochleistungsnetzes für elektrische Energie vorgeschlagen. Dieses Netz mit einer Übertragungskapazität im Bereich von zehn Gigawatt ermöglicht den innereuropäischen Stromaustausch und dient damit dem Ziel einer kostengünstigen Stromversorgung. Dieses leistungsfähige

Netz ist aber auch notwendig, um einerseits die stark schwankenden Einspeiseleistungen z. B. der Windenergie auszugleichen, andererseits um die großen Kapazitäten der Speicherkraftwerke Norwegens für ganz Europa verfügbar zu machen. Das Netz ist weiterhin in der Lage, Anschlusspunkte für die Verbindung mit anderen Netzen (z. B. Nordafrika) zu bilden und wesentlich zur europäischen Netzstabilität beizutragen.» Gefordert sind jetzt die EU und die nationalen Regierungen. Nur sie können die Rahmenbedingungen dafür schaffen, dass ein derartiges Modell verwirklicht wird. Erste Voraussetzung: Der Strommarkt muss geöffnet werden, damit Strom aus erneuerbaren Energien überhaupt aus Afrika oder Russland nach Europa geliefert werden darf. Zweite Voraussetzung: Vergleichbar den Regelungen des Erneuerbare-Energien-Gesetzes bedarf es langfristiger Abnahmegarantien. Nur dann lohnt es sich für Investoren, weitab der Heimat zu investieren. Ganz nebenbei würden Entwicklungsländer zu echten Wirtschaftspartnern.

Beispiel Marokko: Die Küstenlandschaft östlich von Tanger im Norden des Landes ist bergig und für Touristen ein wunderbares Ausflugsziel. Hier an der Straße von Gibraltar ist bereits im Jahr 2000 der erste Windpark des Landes errichtet worden. Sieben Windräder sind seinerzeit gebaut worden, die rund 20.000 Menschen mit Strom versorgen. Finanziert wurde das Projekt von der deutschen Kreditanstalt für Wiederaufbau. Ihr Ziel: Zu demonstrieren, dass es prinzipiell möglich ist, in Marokko das gewaltige Potenzial der Windenergie zu nutzen.

Hier an der Küste von Tanger weht der Wind mit einer durchschnittlichen Geschwindigkeit von elf Metern pro Sekunde (Windstärke 5). Das ist vergleichbar mit der Windstärke, wie sie mitten in der Nordsee herrscht. Gleich nebenan ist inzwischen ein zweiter Windpark mit französischer Unterstützung gebaut worden. Der dänische Windradbauer Vestas hat 84 Windräder aufgestellt, die insgesamt eine halbe Million Menschen klimafreundlich mit

Strom versorgen und bereits ein Prozent des marokkanischen Strombedarfs decken.

Beispiel Ägypten. Das Rote Meer steht in Deutschland vor allem bei Tauchern und Schnorchlern in der Beliebtheitsskala ganz oben. Doch die Region ist inzwischen aus einem anderen Grund ins Blickfeld geraten. Seit der Jahrtausendwende wird rund 120 Kilometer südlich von Suez von der deutschen Nordex AG und der dänischen Vestas Systems der Windpark Zafarana errichtet. Wenn alles nach Plan läuft, soll er 2008 fertig gestellt werden, eine Leistung von insgesamt 160 Megawatt haben und 340.000 Familien mit umweltfreundlichem Strom versorgen. Das deutsche Entwicklungshilfeministerium hat dafür insgesamt 149 Millionen Euro locker gemacht. Der Bau der nächsten Anlagen mit weiteren 440 Megawatt wird bereits vorbereitet, das Windpotenzial allein bei Zafarana wird von den Windkraftbetreibern auf 3000 Megawatt geschätzt.

Auch hier wird in einem Land, das seinen Strom bislang hauptsächlich mit Hilfe von Gas- und Schweröl-Turbinen gewonnen hat, bewiesen, welches Potenzial die Windkraft hat. Denn die Region ums Rote Meer ist vom Wind verwöhnt. Die durchschnittliche Windgeschwindigkeit beträgt zehn Meter pro Sekunde (Windstärke 4). Das ist weniger als bei Tanger, aber immer noch doppelt so viel wie an den deutschen Nord- und Ostseeküsten. Auch wenn die Anlagen gegen die heißen Wüstenwinde und die salzige Luft geschützt werden müssen, der Mehraufwand dafür lohnt sich und zeigt für Ägypten Perspektiven jenseits von fossilen Brennstoffen auf.

Die Region ist aber auch aus einem anderen Grund ideal, um Windräder aufzustellen. In der Wüstenregion leben praktisch keine Menschen. Die meisten Ägypter konzentrieren sich im Nildelta. Abseits von Kairo und Alexandria gibt es deshalb ungeheure Flächen, die für Windparks – oder auch Parabolrinnenkraftwerke – genutzt werden können. Während in Mitteleuropa und speziell in Deutschland bei fast jedem Windrad um Abstandsgrenzen und Schlagschatten gerungen werden muss und vielerorts Bürgerinitiativen und Gerichtsverfahren den Bau neuer Anlagen unmöglich machen, gibt es um den Windpark Zafarana niemanden, der auch nur daran denkt, eine Klage einzureichen.

Ähnlich gut eignen sich auch die weiten Steppen Sibiriens und Kasachstans. Dort können Windräder während 1500 Stunden im Jahr unter voller Leistung betrieben werden. Der Physiker Gregor Czisch hat ermittelt, dass in dem von ihm umrissenen Areal – Westsibirien, Europa, Nordafrika – allein mit Windstrom hundertmal mehr Strom erzeugt werden könnte, als derzeit in diesem riesigen Gebiet gebraucht wird. Und das bereits mit den heute vorhandenen Windrädern. Die Kosten: weniger als fünf Cent pro Kilowattstunde. Einzige Voraussetzung: ein weiträumiges Stromverbundnetz.

Wenn solche Länder Wind- und Sonnenstrom in großem Stil nach Europa liefern, dann hat das mehrere Folgen. Im ersten Schritt müssen die Anlagen gebaut werden. Das führt zu neuen Aufträgen deutscher Anlagenbauer, die sowohl im Bereich Windkraft wie im Bereich Parabolrinnentechnik weltweit führend sind. Es entstehen also hierzulande neue Arbeitsplätze. Die Montage und die Wartung vor Ort werden jedoch vor allem den jeweiligen Ländern einen wahren Auftragsboom bescheren. Denn dort ist die Hauptarbeit zu leisten. Ingenieure, Handwerker und Hilfskräfte müssen ausgebildet und angelernt werden. Arbeiter müssen das Gelände für die Anlagen ebnen und vorbereiten, Fundamente errichten, Masten aufstellen, Rotoren befestigen oder Sonnenspiegel montieren. Sind die Kraftwerke in Betrieb, müssen sie dauerhaft gewartet werden. Das wiederum schafft langfristig Arbeit für die Menschen vor Ort. «In Anbetracht der teils vergleichsweise winzigen Volkswirtschaften könnte es zu einem enormen Wirtschaftswachstum kommen, das ein wahres Jobwunder auslösen könnte», fasst Gregor Czisch die Situation zusammen. Das könnte Entwicklungspolitik im besten Sinne sein.

Warum nutzen wir all diese Flächen nicht? Manche werden einwenden, dass wir damit auch im Strombereich abhängig werden, so wie wir es heute in Sachen Rohöl von den Ölscheichs im Nahen Osten oder von den Gaslieferungen russischer Oligarchen sind. Uns könnte einfach die Stromzufuhr gekappt werden – wir wären erpressbar. Allerdings gibt es einen wesentlichen Unterschied zu den Öl- und Gaslieferungen, von denen alle europäischen Länder tatsächlich existenziell abhängig sind. Anders als Öl und Gas ist Strom nur sehr begrenzt speicherbar. Beispielsweise in den vergleichsweise wenigen Stauseen von Pumpspeicherkraftwerken.

Während zurückgehaltene Öl- und Gaslieferungen am nächsten Tag oder vielleicht auch in drei Wochen auf den Markt gebracht und verkauft werden können, ist Strom, der aus Windenergie oder Sonnenkraft gewonnen wird, einfach weg. Das bedeutet – er kann nicht mehr verkauft werden. Der Windparkbetreiber macht nicht irgendwann später Profit mit dem Strom, den er zurückgehalten hat, er bekommt keinen einzigen Cent. Von daher besteht im Strombereich ein gegenseitiges Interesse daran, den Strom reibungslos durchs Netz laufen zu lassen. Damit sinkt das Risiko sehr stark, Strom als politische Waffe zu nutzen. Zumal dann, wenn in ein Verbundnetz nicht nur ein Lieferant seinen Strom einspeist, sondern viele: beispielsweise Norwegen Wasserkraft, Ägypten und Marokko Windenergie, England Wellenkraft und Spanien Sonnenstrom. Dies würde auch die Anfälligkeit der Leitungsnetze gegen mögliche Terroranschläge minimieren.

CO_2-Lagerung

Al Gore hat seinen preisgekrönten Film über den Klimawandel «Eine unbequeme Wahrheit» genannt. Aber auch für diejenigen, die seine Mahnungen beherzigen, gibt es unbequeme Themen in der Diskussion um die richtige Klimaschutzstrategie. Dazu gehört, was unter der sperrigen Bezeichnung «Carbon Dioxide Capture and Storage», kurz CCS diskutiert wird. Unter diesem Kürzel entwickeln Ingenieure derzeit Techniken, um Kohlendioxid aus Kohlekraftwerken so weit wie möglich aufzufangen und etwa dort zu deponieren, wo früher Erdgas lagerte.

Es gibt eine Menge guter Gründe, das Thema mit spitzen Fingern anzufassen. Zunächst frisst die Abtrennung von CO_2 im Kraftwerk eine Menge Energie und verschlechtert den Wirkungsgrad der Kohlekraftwerke deutlich. Die Ausbeute an nutzbarer Energie schrumpft damit von derzeit rund 50 Prozent in hochmodernen Kohlekraftwerken auf etwa 40 Prozent. Das bedeutet, dass rund ein Viertel mehr Kohle verfeuert werden muss, um die gleiche Menge Strom zu erzeugen. Da sich ohnehin «nur» rund 90 Prozent des Kohlendioxids abtrennen lassen, ist die Bezeichnung CO_2-frei ohnehin falsch. Die verbleibenden zehn Prozent entweichen weiter in die Atmosphäre.

Noch ist nicht erwiesen, ob die Technologie hält, was sie verspricht. Zwar wurden sowohl die Abscheidung von Kohlendioxid, als auch sein Transport und die Lagerung für sich genommen erprobt. Aber es gibt noch keinen Nachweis, dass das Zusammenspiel der drei Komponenten auch großtechnisch klappt. Und falls doch, dann steht es noch in den Sternen, ob die Technik auch bezahlbar sein wird.

Vor allem gibt es bislang keine Garantie, ob das in der Erdkruste gelagerte Kohlendioxid dann tatsächlich über Jahrtausende in den unterirdischen Speichern bleibt und nicht in ein paar Jahrzehnten doch wieder entweicht. Fachleute stufen die Gefahr großer Lecks zwar als eher gering ein. Doch für das Klima wäre es genauso katastrophal, wenn das Gas allmählich entweichen würde. «Wir fürchten eher einen schleichenden Prozess, der vielleicht 100 Jahre dauert», gibt Christoph Erdmenger vom Umweltbundesamt zu bedenken, «und keinen abrupten Ausstoß.» In Sachen Klimaschutz wäre nichts erreicht. Ja schlimmer: Weil die ganze Technik sehr energieaufwändig ist, würde in diesem Fall die Abscheidung von CO_2 dazu führen, dass unterm Strich mehr Kohlendioxid in die Atmosphäre gelangt als ohne diese Technik.

Die Energiewirtschaft nutzt das Thema «CCS» derzeit als Lockvogel. Bereits heute setzt sie alles daran, um neue Kohlekraftwerke zu bauen. Doch erst in ein paar Jahren, wenn die technischen und finanziellen Fragen der CO_2-Abscheidung geklärt sind, will sie über die Nachrüstung von Kraftwerken reden. Dabei wissen die Betreiber sehr genau, wie teuer es würde, die Technik nachträglich zu installieren.

Doch trotz all dieser ungeklärten Fragen: Es gibt gute Gründe für die Annahme, dass wir ohne diese Technologie den globalen Temperaturanstieg nicht unter zwei Grad begrenzen können: Seit der Jahrtausendwende ist der weltweite CO_2-Ausstoß weit schneller gestiegen als im Jahrzehnt zuvor. Zwischen 1990 und 2000 nahmen die Emissionen im Schnitt jährlich um 1,3 Prozent zu. Doch seit dem Jahr 2000 steigen sie rasant – um 3,3 Prozent per anno. Ein Grund ist, dass die Emissionen in Osteuropa nicht mehr sinken, sondern steigen.

Über eine zweite Ursache wird derzeit viel gesprochen: Über das Wirtschaftswunderland China, das einen großen Teil dieser Zunahme verursacht. Zur Zeit geht dort alle eineinhalb bis zwei Wochen ein großes Kohlekraft ans Netz. Damit erweitert das Reich der Mitte alle zwei bis drei Jahre seine Kraftwerkskapazität um eine Leistung, die in etwa der aller deutschen Kraftwerke entspricht. Nach den vorläufigen Zahlen hat China 2006 erstmals die USA als weltweit größten CO_2-Emittenten abgelöst. Und dies, obwohl die Pro-Kopf-Emissionen nur ein knappes Drittel des EU- und ein Sechstel des US-Durchschnitts betragen. Die chinesische Regierung erwartet aber, dass sich die Wirtschaftsleistung des Landes gegenüber 2005 bis 2020 vervierfacht. Sie will dabei massiv auf Energieeffizienz setzen, sodass sich der Energieeinsatz «nur» verdoppeln soll. Zugleich will das Land Weltführer in Sachen erneuerbare Energien werden. Wind, Biomasse, Sonne und kleine Wasserkraftwerke sollen bis dahin etwa 12 Prozent des Energiemixes ausmachen. Damit wird China das Land mit dem größten erneuerbaren Kraftwerkspark der Welt. Selbst wenn die Chinesen diesen Anteil gegenüber ihrer Planung verdoppeln würden, blieben noch drei Viertel übrig für die ungeliebten Alternativen: Kohlestrom, Atomenergie und große Wasserkraft.

Der dritte Grund hat viele überrascht. Es ist der starke Anstieg der Öl- und in ihrem Gefolge der Gaspreise. Dadurch hat sich zwar auch die Wettbewerbsfähigkeit der erneuerbaren Energien enorm verbessert. In nur drei Jahren, zwischen 2004 und 2007, hat sich weltweit die Menge des Stroms aus Wind, Sonne, kleiner Wasserkraft und Geothermie verdoppelt. Aber Kohle ist eben auch zu einem vergleichsweise günstigen Energieträger geworden. Und weil Kohle im Gegensatz zu Öl und Gas in sehr vielen Ländern vorkommt, wurden seit der Jahrtausendwende so viel neue Kohlekraftwerke hinzugebaut wie noch nie. Dabei ist Kohle der mit Abstand klimaschädlichste Energieträger. Nie wurde global vehementer über den Klimawandel debattiert – und noch nie wurde mehr in Kohlekraftwerke investiert. Hundert Jahre lang hatte im weltweiten Schnitt Jahr für Jahr zumindest pro Wirtschaftseinheit der CO_2-Ausstoß abgenommen. In den letzten drei Jahren ist dies erstmals ins Gegenteil gekippt. Im Durchschnitt wird jetzt für jeden weltweit ausgegebenen Euro mehr und nicht weniger CO_2 freigesetzt als noch vor fünf Jahren. Angesichts dieser Entwicklung bleibt nur die Alternative, die CO_2-Abscheidung als Übergangstechnologie einzusetzen oder aber das Zwei-Grad-Limit zu verfehlen. Und das, obwohl heute noch niemand weiß, ob diese Technologie tatsächlich zur Verfügung stehen wird. Deswegen ist es dringend erforderlich, die Technologie zügig und umfassend in Pilotprojekten zu prüfen. Nicht nur hier, sondern vor allem in Schwellenländern. Immerhin spricht vieles dafür, «dass das Risiko geringer ist, wenn CO_2 unter der Erde und nicht in der Atmosphäre gespeichert wird» – so Regine Günther, die Klima-Chefin vom WWF-Deutschland.

Wenn nur noch Kohlekraftwerke mit CCS gebaut werden dürfen, würde dies zugleich die Wettbewerbsfähigkeit der erneuerbaren Energien deutlich verbessern. Denn dann werden die Klimakosten in die fossile Stromerzeugung eingerechnet. Manfred Fischedick vom Wuppertal Institut hat das durchkalkuliert: «Dann wird auch zum ersten Mal ein Kostenvergleich auf Augenhöhe mit den regenerativen Energien möglich sein.» Der Wissenschaftler rechnet vor, mit welcher Technik es wieviel kostet, eine Tonne CO_2 zu vermeiden. Bei der CO_2-Abscheidung hält er eine Summe zwischen 40 und 70 Euro für realistisch. Beim Einsatz von Windenergie aber kommt Fischedick schon heute auf 40 bis 60 Euro. Ein kategorisches «Nein» zu Carbon Dioxide Capture and Storage wäre hingegen Wasser auf die Mühlen derer, die einer Renaissance der Atomenergie das Wort reden.

Atomkraft

«In Kernkraftanlagen wird während des Betriebs kein CO_2 erzeugt. Hätte man an ihrer Stelle ursprünglich Kohlekraftwerke gebaut, so würden heute 150 Millionen Tonnen CO_2 mehr pro Jahr produziert werden.» So wie der Informationskreis Kernenergie versuchen heute viele die Klimadebatte für eine Renaissance der Atomenergie zu nutzen. Die US-Regierung unter George Bush geht so weit, Kernenergie als «green energy» zu bezeichnen.

Die Zahlen des Informationskreises sagen jedoch längst nicht die ganze Wahrheit. Es ist zwar richtig, dass eine einzige Kilowattstunde Steinkohlestrom im Altbestand 1050 Gramm CO_2 verursacht und Strom aus Braunkohle sogar 1150 Gramm, Atomkraft in Deutschland dagegen nur 32 Gramm. «Aber an dieser Stelle brechen Befürworter der Atomkraft den Vergleich gerne ab», weiß Peter Hennicke. Der ehemalige Präsident des Wuppertal Instituts denkt weiter: Weil wir neben Strom auch Wärme brauchen, verändert sich die Gesamtbilanz. Wer seinen Strombedarf mit Atomenergie deckt, braucht heute zumeist Öl oder Gas, um im Winter zu heizen.

Käme der Strom hingegen aus Blockheizkraftwerken, lieferten diese beides: Strom und Wärme – pro Kilowattstunde Strom durchschnittlich zwei Kilowattstunden Wärme. Werden solche regionalen Kraftwerke genutzt, sieht der Systemvergleich völlig anders aus. Eine Kilowattstunde Strom und zwei Kilowattstunden Wärme aus einem Erdgas-Blockheizkraftwerk verursachen rund 430 Gramm CO_2. Wird Erdgas durch Biogas ersetzt, werden ganze 48 Gramm freigesetzt. Die gleiche Energiemenge Atomstrom, kombiniert mit Wärme aus Öl, emittiert 780 Gramm. Hätte man in den 70er und 80er Jahren in den Aufbau der Kraft-Wärme-Kopplung und Fernwärmenetze investiert, würden wir heute deutlich weniger CO_2 ausstoßen als mit unseren Atomkraftwerken.

Doch nicht nur aus diesen Gründen spricht wenig dafür, dass die Atomenergie eine sinnvolle Lösung ist. Wenn die Industriestaaten auf Atomkraft zur Lösung ihrer Klimaprobleme setzen, werden dies die Schwellen- und Entwicklungsländer ebenfalls machen. Was das bedeuten kann, sieht man am Beispiel Pakistans. Das Land hat die zivile Atomkraft für die Waffentechnik zweckentfremdet und ist heute Atommacht. Zwei der großen derzeitigen Weltkrisen – der Streit um die Atomprogramme Irans und Nordkoreas – haben genau hier ihre Ursachen. Die Terrororganisation al-Qaida hat versucht, an atomwaffenfähiges Material zu kommen. Was passiert, wenn das gelingt, etwa durch den Zusammenbruch des Militärregimes in Pakistan? In letzter Konsequenz lassen sich diese Gefahren nur durch den weltweiten Ausstieg aus der Atomtechnik minimieren.

Hinzu kommt, dass bei den Uranabbaustätten die Umgebung

verstrahlt wird und die Frage der Endlagerung nirgendwo auf der Welt geklärt ist. Das ist eine Hypothek für viele Generationen. Und immer wieder zeigen Störfälle im derzeitigen Kernkraftwerksalltag, dass ein atomarer GAU zumindest nicht auszuschließen ist.

Wofür nimmt die Weltgemeinschaft all diese Risiken in Kauf? Die Kernenergie deckt mit ihren 437 Kernkraftwerken, die weltweit in Betrieb sind, insgesamt nur etwa zwei Prozent des weltweiten Energiebedarfs. Würden die Staaten, die Atomenergie nutzen, sich dazu entschließen, die Atomkraftkapazität auf das 2,5-fache wachsen zu lassen, wie von der Internationalen Atomenergiebehörde prognostiziert, dann müssten nochmals 500 bis 600 neue AKW gebaut werden. Dieser Ausbau würde den weltweiten CO_2-Ausstoß um ungefähr drei Prozent verringern. Das allein verdeutlicht ohne große Rechenleistung, dass Atomenergie wenig zur Senkung des weltweiten CO_2-Ausstoßes beitragen kann. Eine Renaissance der Kernenergie wäre der Versuch, auf das unkontrollierte Großexperiment des Klimawandels mit einem zweiten zu reagieren. Mit der Diskussion um die Renaissance der Kernenergie lenken vor allem diejenigen, die mit Atomkraft ihre Gewinne machen, davon ab, was wir brauchen: Energie auf der Basis von Sonne, Wind und Biomasse.

Lebensstile für die Zukunft

Klimaschutz und Gesellschaft

«Bis zur Mitte des Jahrhunderts müssen die globalen CO_2-Emissionen halbiert werden.» So Bundespräsident Horst Köhler. In seinem Grußwort zur Verleihung des Deutschen Umweltpreises am 28. Oktober 2007 in Aachen wird er noch deutlicher: «Die größte Umstellung steht dabei den Bewohnern der industrialisierten Welt bevor: Wir Deutschen verursachen im Jahr durch unseren Energie- und Ressourcenverbrauch – kurz gesagt: durch unseren Lebensstil – im Durchschnitt jeder rund elf Tonnen Kohlendioxid, ein Amerikaner etwa 20 Tonnen und ein Chinese dreieinhalb.» Und der Bundespräsident lässt keinen Zweifel daran, dass es nur gerecht sei, die Pro-Kopf-Werte langfristig auf dem Niveau eines weltweit vereinbarten Klimaschutzziels anzugleichen. «Einfacher gesagt: Jeder Mensch auf dieser Erde hat grundsätzlich das Recht auf dasselbe – begrenzte – Maß an CO_2-Emissionen.» Konkret bedeutet diese Forderung, dass die Treibhausgasemissionen bis Mitte des Jahrhunderts pro Person auf ein bis zwei Tonnen CO_2 gesunken sein müssen. Die bis dahin wahrscheinlich acht Milliarden Menschen würden dann maximal rund 16 Milliarden Tonnen CO_2 in die Luft blasen.

Was aber heißt es, wenn der Bundespräsident sagt, «durch unseren Lebensstil» würden wir im Durchschnitt elf Tonnen Kohlendioxid pro Kopf ausstoßen? Vorsicht ist hier in doppelter Weise angebracht. Denn zum einen verschleiert dieser Durchschnittswert, dass sich moderne Gesellschaften gerade durch die große Vielfalt der Lebensstile ihrer Bürger auszeichnen – und es eben nicht bedeutet, dass jeder genau gleich viel emittiert. Zum anderen könnte der Eindruck entstehen, alle müssten jetzt dem *einen*, klimaverträglichen Lebensstil frönen. Beides ist falsch.

Der Vorschlag, sich an dem langfristigen Ziel eines weltweit gleichen CO_2-Pro-Kopf-Ausstoßes zu orientieren, ist einerseits richtig. Germanwatch hält es andererseits für notwendig, die historische Verantwortung und die finanzielle Fähigkeit der Staaten als Kriterien zu berücksichtigen. Die Industriestaaten sind aus zwei Gründen in der Pflicht: Sie waren es, die im Laufe der Industrialisierung CO_2 in der Atmosphäre angereichert haben. Gleichzeitig haben sie weit größere finanzielle Möglichkeiten, Klimaschutz zu betreiben. Diese Verantwortung muss sich letztlich darin niederschlagen, dass jeder auf seine Weise bemüht sein sollte, seine persönliche CO_2-Last zu verringern. Dies allen Bürgern deutlich zu machen ist Aufgabe der Politik.

Allerdings kann es in einer pluralistischen Gesellschaft nicht gelingen, eine einheitliche und *bestimmte* Lebensweise als vorbildlich oder gar allgemein verbindlich vorzuzeichnen. In den 70er und 80er Jahren gab es durchaus den Versuch, bestimmte ökologisch-alternative Lebensstile zu etablieren – und den «Rest» der Gesellschaft allmählich zu einer solchen Lebensweise zu bewegen. Durchgesetzt haben sie sich nicht. Zu stark waren die Widerstände der großen Mehrheit, zu viel hat der Lebensstil mit der Frage unserer Identität zu tun: Wer sind wir, und was wollen wir sein? Zu sensibel reagieren Menschen, wenn ihnen jemand sagen will, was sie zu tun oder zu lassen haben.

Dennoch war dieser Ansatz in gewisser Weise erfolgreich – aber ganz anders, als die meisten damals dachten. Inzwischen zeigt sich nämlich, dass sich *verschiedene* Lebensformen mit ganz unterschiedlichen umweltfreundlichen und nachhaltigen Verhaltensweisen und Einstellungen entwickelt haben. Die einen sparen Energie, weil für sie Sparsamkeit eine hohe Tugend ist. Andere installieren eine Solaranlage auf dem Dach, weil sie für ihr Leben gerne selbst Hand anlegen. Wieder andere investieren in erneuerbare Energien, weil für sie wirtschaftliche Kriterien eine große Rolle spielen. Es gibt Erfinder- und Rechnertypen, Orientierungssuchende und solche, die Grenzen beachten und wieder andere, die sie gerne überschreiten. Die einen praktizieren Klimaschutz mit der Scheckkarte, die anderen mit Hammer und Zollstock.

Die schiefe Ebene

Eine weltweite Umfrage brachte Erstaunliches zu Tage: «Sage und schreibe 80 Prozent sagten, dass jeder Einzelne sicher oder wahrscheinlich seinen Lebensstil ändern müsse, um die Menge an Treibhausgasemissionen zu verringern», so das *Handelsblatt* Ende 2007. «70 Prozent sagten, sie würden dafür auch persönlich Opfer erbringen.» Noch erstaunlicher aber war der Wert für Deutschland: Nur 36 Prozent der Befragten gaben an, dass sie eine Änderung ihres Lebensstils für notwendig halten. Deutschland – ein Land der Ökomuffel?
Das Ergebnis lässt sich auch anders interpretieren. Vielleicht steckt die Einsicht dahinter, dass es nicht hilft, allein den eigenen Lebensstil zu verändern. Nur bei einem Drittel der in Deutschland ausgestoßenen CO_2-Emissionen ist der Einzelne direkt beteiligt: je nachdem, ob man sich für eine Öl- oder Pelletsheizung entscheidet, für Glühbirnen oder Energiesparlampen, für Strom von einem Ökostromanbieter oder gezielt langlebige Produkte, kann man seine persönliche CO_2-Bilanz beeinflussen. Selbst wenn man sich in all diesen Fällen für die klimafreundlichste Variante entscheidet, ist man noch weit davon entfernt, das Pro-Kopf-Ziel von ein bis zwei Tonnen CO_2 im Jahr zu erreichen. Die anderen zwei Drittel

> kann niemand direkt beeinflussen – den Straßenbau, die gesamte Verwaltung, Krankenhäuser, die Telekommunikation oder den Energieverbrauch von Unternehmen.
> Ernst Ulrich von Weizsäcker hat dafür schon vor einigen Jahren ein prägnantes Bild benutzt: «Jeder, der sich heute für Klimaschutz und Rohstoff-Effizienz entscheidet, muss ständig gegen eine schiefe Ebene anlaufen. Erfolg werden wir aber nur haben, wenn die Politik die Ebene so verstellt, dass wir in Zukunft mit der schiefen Ebene laufen können.» Das heißt: Solange die Rahmenbedingungen nicht stimmen und Unternehmen nicht in allen Bereichen klimafreundliche Produkte anbieten, kann der Einzelne sich abstrampeln, solange er will – er wird das Klimaziel nicht erreichen können. Nur wenn durch Ökosteuer und Emissionshandel die Preise zunehmend «die Wahrheit sagen», nur wenn die klimaschädlichen Subventionen für fossile Energieträger zügig abgebaut werden und wenn es klare, langfristige und verbindliche Rahmensetzungen dafür gibt, in Zukunftstechnologien zu investieren, können auch die Änderungen unseres Lebensstils tatsächlich in ausreichendem Maß zu einer Wende beitragen.

In diesem Kapitel geben wir Anregungen für Produkte, die hilfreich bei der Entwicklung und Veränderung verschiedener Lebensstile sein können. Indem die Bürger ihren Einkaufszettel als Stimmzettel für den Klimaschutz nutzen, stoßen sie ambitionierte politische und wirtschaftliche Veränderungen an.

Grundlage für die hier vorgestellten Produktberichte ist die Zusammenarbeit mit dem Öko-Institut. Das Institut ermittelt im Rahmen seiner EcoTopTen-Kampagne in allen wichtigen Konsumbereichen in vieler Hinsicht «gute» Produkte: die auf der einen Seite die Klima- und Umweltbelastung so gering wie möglich halten und auf der anderen Seite nicht zu teuer sind. Das Magazin *natur+kosmos* informiert seit drei Jahren regelmäßig als Medienpartner über die von der Verbraucher-Informations-Kampagne vorgeschlagenen Produkte.

Bauen und Wohnen

Weil der Trend zu immer größeren Wohnungen geht und die meisten Gebäude schlecht gedämmt sind, spielt der Energieverbrauch fürs Heizen im privaten Bereich die größte Rolle in Sachen CO_2-Ausstoß. Allerdings sind die Handlungsmöglichkeiten sehr unterschiedlich, je nachdem, ob man im Eigenheim lebt oder nicht und ob man Vermieter oder Mieter ist. Es ist nicht nur eine Frage des Lebensstils und der Mentalität, auch die *soziale Situation* entscheidet über den Handlungsspielraum. Wer wenig Geld hat, verursacht zumeist weniger CO_2 als jemand mit einem großen Bankkonto. Wer in einer kleinen Wohnung lebt, setzt weniger CO_2 frei als derjenige, der ein großes Haus besitzt. Und Mieter können in ihren vier Wänden viel weniger machen als Eigentümer.

Schlechte Dämmung als Standard

«Wohlstand für alle» lautete das Motto, das Wirtschaftsminister Ludwig Erhard in den 50er Jahren ausgab. Es entsprach nach dem Zweiten Weltkrieg dem deutschen «Traum vom guten Leben». In den 50er Jahren, der Zeit des raschen wirtschaftlichen Wachstums, entstand in Westeuropa, was es in den USA bereits vor dem Krieg in Grundzügen gegeben hatte: die moderne Konsumgesellschaft. Modernität und die scheinbar unbegrenzte und kostengünstige Verfügbarkeit von Energie hingen eng zusammen.

Die Politik setzte deshalb alles daran, eine kostengünstige Energienutzung zu ermöglichen: Die heimische Kohle wurde massiv gefördert, in die Atomtechnik investiert und die Schwerindustrie aufgebaut. Die weltweite Suche nach Öl, Gas, Kohle und Uran sorgte für billige Energie – sowohl national wie international. Der Schweizer Historiker Christian Pfister spricht vom «1950er Syndrom»: Seit den 50er Jahren habe sich die tatsächliche Knappheit an Energieressourcen nicht in volkswirtschaftlich angemessenen Energiepreisen ausdrückt. Anders gesagt: Energie wurde einfach verschwendet. Es gab keinerlei Anreiz, energiesparende Produkte zu entwickeln und zu verkaufen.

Noch 1970 kostete ein Barrel Rohöl auf dem Weltmarkt weniger als drei Dollar. Der Liter Heizöl wurde für zwölf Pfennig frei Haus geliefert. Millionenfach wurden Ölheizungen in alte und neue Häuser eingebaut. Ließ sich doch auch ein schlecht gedämmtes Einfamilienhaus mit 5000 Liter im Jahr behaglich warm halten. Das kostete damals gerade mal 600 Mark. Aufgrund dieser Entwicklung wird in Deutschland noch heute rund ein Drittel aller Häuser mit Öl beheizt.

Weil Energie seinerzeit so billig war, sind vor allem die nach 1950 gebauten Stadtviertel zum «Reich der Klimaschleudern» geworden. Die damals errichteten Häuser haben 30, 35, 40 und noch mehr Liter Öl (bzw. die entsprechende Menge Gas oder Strom) pro Quadratmeter verschlungen – allein zum Heizen. Die meisten sind bis heute unzureichend gedämmt, die Fenster schlecht isoliert. Erst 1977 begrenzte die erste Wärmeschutzverordnung den Heizölbedarf bei Neubauten auf 20 Liter pro Quadratmeter und Jahr. Auch das ist nicht klimaverträglich, egal, ob mit Öl oder Gas geheizt wird. Doch die Ölkessel pusten bei gleicher Wärmeleistung 50 Prozent mehr CO_2 in die Atmosphäre als Gasheizungen. Diese Wohnungen sind aber nicht nur für das Klima ein Problem geworden. Der Preis für Rohöl kletterte inzwischen auf über 100 Dollar pro Barrel. Eigenheimbesitzer mussten Mitte Februar

2008 für 5000 Liter Öl 3500 Euro auf den Tisch legen. Zwölfmal so viel wie 1970.

Deshalb sind auch die nach 1977 gebauten Häuser in jeder Hinsicht sanierungsbedürftig. Ein Einfamilienhaus mit einer Wohnfläche von 150 Quadratmetern, das dem damaligen Stand der Technik genügt, verbraucht immer noch 3000 Liter Heizöl. Nach mehreren Verschärfungen sind für Neubauten derzeit maximal acht Liter Öl pro Quadratmeter erlaubt. Zwischen 1996 und 2004 verbesserte sich die Energieeffizienz bereits pro Quadratmeter um 15 Prozent. Weil der Trend zu immer mehr Single-Haushalten aber ungebrochen ist und jeder Einzelne mehr Wohnraum für sich beansprucht, wird diese Einsparung praktisch wieder aufgebraucht: Die Wohnfläche nahm im gleichen Zeitraum pro Person um zehn Prozent zu.

Mit ihrem neuen Klimaschutzprogramm vom Dezember 2007 will die Bundesregierung den Standard nochmals erhöhen: Ab 2009 sollen Neubauten einen Teil der Wärme mit erneuerbaren Energien decken und 30 Prozent weniger Energie verbrauchen, 2012 sollen die Anforderungen in der gleichen Größenordnung verschärft werden.

Brennwertkessel und Pelletsheizungen

Weil die meisten Altbauten noch nicht saniert sind, sind sie das Hauptproblem. Im Schnitt werden hierzulande jährlich 180 Kilowattstunden Heizenergie gebraucht, um einen einzigen Quadratmeter Wohnfläche zu heizen. Das entspricht ungefähr 18 Litern Öl oder 18 Kubikmetern Erdgas. Moderne Heiztechnik, energiesparende Fenster und effektive Dämmung können den enormen Verbrauch unseres Altbaubestandes halbieren, ja vierteln.

Das Öko-Institut rechnet in einer Marktübersicht zu Brennwertkesseln und Pelletsheizungen vor, was allein der Wechsel zu einer effizienten Heizanlage bringen kann: «Wer nur seinen alten Gasniedertemperatur- durch einen Gasbrennwertkessel ersetzt, verringert seine CO_2-Emissionen fürs Heizen bereits um zehn bis 15 Prozent.» Diese Technik nutzt die Hitze, die sonst einfach durch den Schornstein gepustet wird. Zu teuer, wird manch einer einwenden. Doch obwohl die anfangs notwendigen Investitionen für ein Brennwertgerät um 1000 bis 2000 Euro höher sind, sinken die durchschnittlichen jährlichen Kosten um bis zu 190 Euro. Allein durch den geringen Verbrauch.

Was in Einfamilienhäusern funktioniert, rechnet sich auch in größeren Anlagen. So sanierten die Bewohner des Ramolthofes, einer Wohnanlage mit 71 Parteien im Südosten Münchens, vor ein paar Jahren ihre fast 20 Jahre alte Gasheizung. Durch die Umstellung auf Brennwerttechnik sank der Gasverbrauch von 18 Kubikmetern Gas pro Quadratmeter Wohnfläche im Jahr 2001 auf 15,6 Kubikmeter im Jahr 2004. «Durch den geringeren Gasverbrauch haben die Bewohner insgesamt über 5000 Euro gespart», weiß der Hausverwalter. Und insgesamt 13.000 Kubikmeter Gas weniger verbraucht, sodass unterm Strich 33 Tonnen Kohlendioxid vermieden wurden. Die Mehrkosten für die Brennwertanlage beliefen sich einmalig auf rund 23.000 Euro. Nach viereinhalb Jahren waren sie bereits eingespart. Bei einer Lebensdauer von voraussichtlich 15 bis 20 Jahren sparen die Anwohner damit mindestens 50.000 Euro.

Noch größere Vorteile hat die Umstellung auf Pelletsheizungen. Pellets – das sind kleine Röllchen, die aus Sägemehl und Holzspänen gepresst werden. Sie stammen aus Sägewerken oder der Holzindustrie und fallen ohnehin als Abfallstoffe an. Wer auf diese Holzreste als Heizmaterial umsteigt, verringert die CO_2-Belastung um 90 Prozent. Ohne Komfortverlust, denn die vollautomatische Pelletsanlage arbeitet vergleichbar einer Ölheizung: Die gepressten Holzstücke werden in einem Tank gelagert, über eine Schnecke, eine Art Förderband, in den Brenner befördert und elektrisch gezündet. Ein Thermostat regelt die Heizleistung, sodass jemand, der auf diese Technik setzt, lediglich darauf achten muss, dass der Pelletsvorrat nicht zur Neige geht.

Pelletsheizungen sind nicht nur bei Neubauten, sondern vor allem für Hausbesitzer eine Alternative, die eine Ölheizung im Keller haben, und natürlich bei allen Neubauten. Denn dort, wo der Öltank untergebracht ist, können die Pellets gelagert werden. Der dafür benötigte Raum ist also schon vorhanden.

Weil viele Hausbesitzer die Vorteile der kleinen Pressholzstifte erkannt haben, entwickelt sich der Pelletsmarkt atemberaubend. 1999 gab es in Deutschland nur ein paar hundert Eigenheimbesitzer, die in ihrem Keller eine Pelletsheizung stehen hatten. Schon im Jahr 2001 waren es 8000, 2004 27.000 und 2006 bereits 70.000. Im Jahr 2007 kamen nochmals 20.000 hinzu. Das sind jährliche Steigerungsraten zwischen 30 und 100 Prozent. Ergebnis: Ende 2007 waren 90.000 Pelletsheizungen installiert.

Die Ursachen für den Umstieg auf Pelletsheizungen sind vielfältig. Zunächst haben die Rohölpreise immer neue Rekordwerte erreicht. Die Pelletspreise sind zwar auch gestiegen, aber wesentlich moderater. So kostete es im Februar 2008 sieben Cent, eine Kilowattstunde Wärme mit Heizöl zu erzeugen. Gas war sogar noch etwas teurer. Die reinen Brennstoffkosten für Pellets lagen dagegen unter vier Cent.

Doch das ist längst nicht alles. Die Mehrzahl derjenigen, die sich im Keller eine Pelletsheizung installieren lassen, kombinieren die Anlage mit Solarkollektoren auf dem Dach. Damit kann zwischen März und Oktober der gesamte Warmwasser- und Wärmebedarf gedeckt und der Pelletsofen vom Netz genommen werden.

Pellets sind bislang in der Regel ein heimisches Produkt, unabhängig von Krisen und Kriegen im Nahen Osten oder in Zentralasien. Und es gibt eine ganze Menge Holz für Pelletsheizungen. In Deutschlands Wäldern wachsen jährlich 120 Millionen Kubikmeter Holz nach. Genutzt werden davon aber nur etwa 65 bis 70 Millionen. Fast die Hälfte des zusätzlich nachgewachsenen Rohstoffes bleibt derzeit im Wald stehen, könnte aber problemlos genutzt werden. Theoretisch würde das reichen, um 25 Millionen Tonnen Pellets herzustellen und über vier Millionen Haushalte zu versorgen. Ein dichtes Händler- und Herstellernetz sorgt inzwischen dafür, dass in den meisten Teilen Deutschlands ein regionaler Pelletsmarkt entstanden ist, um die Kunden schnell und ohne lange Anfahrtswege zu versorgen. Wer darauf setzt, stärkt zugleich regionales Wirtschaften – die heimischen Waldbauern, die Pelletswerke, die lokalen Händler, die Hersteller der Pelletskessel und Monteure, die die Anlage installieren. Die Wertschöpfung bleibt im Lande. Allerdings zeigen verschiedene Szenarien, dass durch die Nutzung von Energieholz in Deutschland – unter anderem aufgrund weiterer Förderungen in der Gesetzgebung – vor 2030 das gesamte inländische Holzpotenzial aufgebraucht sein könnte und dann eventuell auch Importe in erheblichem Umfang nötig werden.

Beim Verfeuern der Pellets wird nur so viel CO_2 freigesetzt, wie vorher von den Wäldern aus der Atmosphäre gebunden wurde. Rechnet man Herstellung und Transport hinzu, bleiben nur noch zehn Prozent der CO_2-Belastung einer Ölheizung. Einzig die Anschaffung ist deutlich teurer als die einer Öl- oder Gasheizung. Je nach Anlage muss ein Hausbesitzer mit insgesamt 10.000 bis 15.000 Euro rechnen. Wie das Öko-Institut zeigt, können Pelletsheizungen aufgrund der niedrigen Brennstoffkosten mit Öl und Gas nicht nur mithalten, sondern bei einer Lebensdauer von mindestens 15 Jahren sogar günstiger sein. Die Förderung durch Bund und Länder tut ein Übriges. Sie erleichtert den Umstieg jedes einzelnen Hausbesitzers ins solare Zeitalter. Weg von Öl und Gas, hin zu einem Rohstoff, den die Sonne immer wieder nachwachsen lässt. Carlo Jaeger vom Potsdam-Institut für Klimafolgenforschung und Eberhard Jochem vom Fraunhofer Institut für System- und Innovationsforschung gehen davon aus, dass bei anhaltendem Trend zu Erdgas, Pellets und Solarkollektoren die CO_2-Emissionen der Haushalte bis 2020 um fast 20 Prozent gesenkt werden können.

Gutes Geld für gute Technik

Verschiedene Förderprogramme unterstützen die Umstellung auf umweltfreundliche Energietechniken im Haus:

- Das Marktanreizprogramm zur Förderung erneuerbarer Energien unterstützt den Bau von Solarkollektoren, Biomasse- und Biogasanlagen. Für Solarkollektoren zur kombinierten Warmwasseraufbereitung und Heizungsunterstützung gibt es 105 Euro je Quadratmeter Kollektorfläche. Für Pelletsheizungen gibt es mindestens 1000 Euro pro Anlage. Bundesamt für Wirtschaft und Ausfuhrkontrolle, Tel. 06196/90 86 25, www.bafa.de

- Das CO_2-Gebäudesanierungsprogramm des Bundes: Die Kreditanstalt für Wiederaufbau vergibt Zuschüsse und zinsgünstige Darlehen, Tel. 069/743 10, www.kfw-foerderbank.de

- Das Markteinführungsprogramm Nachwachsende Rohstoffe fördert die Verwendung von Dämmstoffen auf Basis nachwachsender Rohstoffe. Fachagentur Nachwachsende Rohstoffe, Tel. 03843/693 01 80, www.fnr.de

- Unter www.energiefoerderung.info kann jeder nachsehen, welche Unterstützung es von Kommunen, Ländern und Unternehmen gibt.

> - KfW40/60-Haus: Die Kreditanstalt für Wiederaufbau (KfW) vergibt im Rahmen ihres Förderprogramms «Ökologisch Bauen» zinsgünstige Darlehen für den Neubau von besonders energieeffizienten Häusern. Weitere Infos unter www.kfw.de
>
> - co2-online unterstützt die Umstellung mit einem Heiz-Check. Unter www.co2online.de/index.php?id=heiz_checko kann jeder selbst ausrechnen, was er sparen kann. Adressen von Handwerkern und Energieberatern in der Nähe sollen die Umstellung unterstützen.

Im Eigenheim spricht vieles dafür, bei der nächsten Heizungsmodernisierung die ökologischere Variante zu wählen. Bei Mietshäusern hingegen hat letztlich keiner ein ernsthaftes Interesse daran, die notwendigen Investitionen vorzunehmen. Der Vermieter müsste das Heft in die Hand nehmen, aber er profitiert nicht von der verringerten Heizkostenrechnung. Mieter wiederum wollen nicht selbst investieren, weil ihnen das Haus nicht gehört und sie selten wissen, wie lange sie noch dort wohnen werden. Es ist eine der zentralen Aufgaben der Politik, dieses *Mieter-Vermieter-Dilemma* aufzulösen.

Insbesondere für Mehrfamilienhäuser sind so genannte Contracting-Modelle eine Möglichkeit (S. 207). Mit steigenden Energiekosten wird es immer attraktiver, größere Wohnanlagen zu sanieren. Doch das Mietrecht erschwert ein solches Modell – es lässt die «einseitige Umstellung der Wärmeversorgung durch den Vermieter im laufenden Mietverhältnis» nicht zu. Ein neues Rechtsgutachten für den Zentralverband Elektrotechnik und die Elektronikindustrie zeigt, wo eine Regelung im Rahmen des Mietmodernisierungsrechts ansetzen müsste: Notwendig ist ein praktikables Verfahren, wie im laufenden Mietverhältnis ein Übergang zum Contracting gelingen kann – gerade bei mehreren Mietern. Notwendig ist vor allem Transparenz für Mieter und Vermieter: Welche Effizienzsteigerung wird erwartet, wie hoch werden die Kosten für Wärme nach der Sanierung sein? Wie viel CO_2 und welche fossilen Energieträger werden eingespart? Werden erneuerbare Energien eingesetzt? Für den Fall, dass doch eine Zusatzbelastung für den Mieter entsteht – wird sie durch staatliche Zuschüsse aufgefangen?

Altbausanierung: Aus alt mach neu

Annelies Kernegger und Hayo Wetzlar blicken ganz entspannt auf die Nebenkostenabrechnung ihres kleinen Hauses. Strom für Kühlschrank, Gefriertruhe und Radio kommt von der eigenen Photovoltaikanlage. Warmes Wasser fürs Heizen oder Duschen liefert ein Sonnenkollektor vom Dach. Und wenn die Sonne einmal nicht oder zu wenig scheint, sorgt ein Holzofen im Erdgeschoss für Behaglichkeit.

Insgesamt braucht das Paar im Jahr drei bis vier Kubikmeter Holz und nur noch 385 Kilowattstunden Strom aus dem öffentlichen Netz. Die jährlichen Kosten liegen damit ungefähr zwischen 200 und 250 Euro, die gesamten Kohlendioxid-Emissionen bei rund 250 Kilogramm. Das ist ein Zwanzigstel von dem, was ein durchschnittlicher Zweipersonenhaushalt im Jahr benötigt. Im Rahmen der Klimaschutzkampagne «Klima sucht Schutz» wurde das Paar für seine besonderen Maßnahmen als «Energiesparmeister 2006» ausgezeichnet.

Das Besondere der Auszeichnung: Das Paar wohnt in einem alten Bauernhaus. 1993 hat es ein paar Kilometer südlich von Freiburg in dem kleinen Dorf Au ihr Haus gekauft – Baujahr 1840. Der Zustand war miserabel. Die Fenster waren nur einfach verglast, der Dachboden war lediglich mit Schlacken und Bauschutt gedämmt, und der Wind pfiff durch alle möglichen Ritzen und Spalten. Für warmes Wasser und die Wärme im Haus sorgten ein Elektroboiler und mehrere einzelne Holzöfen. Einzig die 60 Zentimeter dicke Außenmauer aus Feldsteinen sicherte ein Mindestmaß an Dämmung.

Weil sie sehr viel selbst gemacht haben, waren zehn Jahre und 50.000 Euro für die gesamte Hausrenovierung notwendig, um das Haus in den heutigen Zustand zu bringen – er lässt das Herz jedes Energieberaters hüpfen. Die Mehrkosten für besondere Energiesparmaßnahmen und sparsame Haushaltsgeräte lagen bei etwas mehr als 10.000 Euro. Der Speicherboden erhielt eine 30-Zentimeter-Dämmung aus Altpapierschnipseln, die Außenwände wurden durch Kork- und Mineralfaserplatten isoliert. «Damit wir den Charakter des Hauses erhalten konnten, haben wir die alte Haustür mit Styropor nach hinten aufgedoppelt und das vorhandene Fenster durch Isolierglas ersetzt», schwärmt Hayo Wetzlar. Hochwertige Doppelglasfenster halten die Wärme im Haus (k-Wert 1,1), dauerelastische Dichtungen – die gibt es in jedem Baumarkt – sorgen dafür, dass Zugluft der Vergangenheit angehört. «An windigen Tagen sind wir mit Kerzen durchs Haus gegangen, um auch die letzte undichte Stelle zu finden», beschreibt Annelies Kernegger ihre Suche nach Wärmeschlupflöchern.

Die alten Holzöfen, die in jedem Zimmer standen, wanderten auf den Sperrmüll. Für Heizung und Warmwasser sorgen jetzt ein Sonnenkollektor (4,9 Quadratmeter Fläche) und ein neuer Holzherd in der Küche, der das Erd- und Obergeschoss mit Wärme versorgen kann. Der Kollektor reicht aus, um zwischen März und Oktober den gesamten Warmwasserbedarf zu decken. Im Winter ist hauptsächlich der Holzherd in Betrieb.

Das vor 168 Jahren gebaute Haus braucht heute nur noch 75 Kilowattstunden Wärme pro Quadratmeter zum Heizen. Das entspricht ungefähr 7,5 Litern Öl und genügt den Anforderungen, die einem Niedrigenergiehaus entsprechen. «Vergleichbare Maßnahmen kann eigentlich jeder Besitzer eines älteren Hauses machen», ist sich Hausrenovierer Wetzlar sicher. «Und schon nach wenigen Jahren rechnet sich das.»

Wer Mieter in einem Haus ist, für den kommt ein derartiges Engagement nicht in Frage. Aber Mieter haben es in anderer Hinsicht leichter. Während in vielen Häusern nach dem Auszug der Kinder das halbe Haus leer steht, können Mieter eher umziehen – und so die Größe der Wohnung dem aktuellen Bedarf anpassen. Der von der Bundesregierung seit Juli 2008 vorgeschriebene Energieausweis hilft ihnen dabei, eine Wohnung oder ein Haus zu finden, das wenig Energie verbraucht: Gebäude mit mindestens vier Wohnungen, die vor 1977 gebaut worden sind, müssen den tatsächlichen Bedarf kennzeichnen. Er ist letztlich ein Maß für den technischen Zustand eines Hauses. Bei allen anderen reicht der Verbrauch. Für einen Mieter ist das problematisch, weil er nicht einschätzen kann, ob ein Vermieter die letzten beiden Winter vielleicht auf Mallorca verbracht hat und gar nicht heizen musste.

Erste Wahl: Passivhaus

Wer ein neues Haus baut, hat es leichter als derjenige, der nachträglich saniert. Er kann den Standard selbst setzen und im besten Fall ein Passivhaus bauen lassen. Und bei den derzeit explodierenden Kosten für Energie ist das eine Entscheidung, die in den kommenden 80 bis 100 Jahren auch den Geldbeutel entlastet – also auch den der Kinder und Enkelkinder. Die derzeitige Wärmeschutzvorschrift lässt immer noch einen Verbrauch von 80 Kilowattstunden Wärmeenergie pro Quadratmeter (kWh/m^2) zu, allerdings sind ab 2009 fossile Heizungen nur eingeschränkt erlaubt. Geht es nach dem Willen der Bundesregierung, soll ein

Neubau ab 2012 maximal noch ungefähr 40 kWh/m² an Energie brauchen.

Passivhäuser gehen noch weiter. Für ein Passivhaus muss die Einhaltung folgender Grenzwerte rechnerisch nachgewiesen werden: Der Heizwärmebedarf muss unter 15 kWh/m² im Jahr betragen. Damit braucht ein Passivhaus keine Heizung. Dämmung, Lüftung und Wärmetauscher sind so gut, dass die anfallende Wärme durchs Kochen oder durch die Abstrahlung der Bewohner zum behaglichen Wohnen ausreicht.

Wie bei allen Neubauten gibt es ein breites Kostenspektrum. Als Faustregel gilt: Die Mehrkosten für ein Passivhaus liegen unter zehn Prozent der Kosten, die man für ein «normales» Haus auf den Tisch legen muss. Bei typischen Fertighauskosten von 250.000 Euro ab Oberkante Kellerdecke sind das weniger als 25.000 Euro. Die Mehrkosten für ein Passivhaus amortisieren sich bei den derzeitigen Heizkosten in etwa 20 bis 25 Jahren. Wenn man von der realistischen Annahme ausgeht, dass die Energiekosten weiter steigen werden, jedoch wesentlich früher. Das Öko-Institut rät deshalb in jedem Fall dazu, sich die Alternative Passivhaus durchrechnen zu lassen. Dem Klima bringt es in jedem Fall etwas. Und der eigene ökologische Fußabdruck sieht richtig gut aus.

Technik im Haus

Kühlen mit Köpfchen

120 Euro sind kein Pappenstiel. Um so viel Geld in der Tasche zu haben, muss ein Industriearbeiter, der für brutto 9,80 Euro die Stunde am Band steht, zwei ganze Tage lang arbeiten. 120 Euro – so viel muss er aber auch drauflegen, wenn er sich beim Kauf eines neuen Kühlschranks für ein Topmodell entscheidet. «Das Geld kann ich mir sparen», denken sich die meisten – und greifen zu billigeren Geräten, die auf den ersten Blick identische Leistungen bringen. Kühlschrank und Gefrierteil sind gleich groß. Der kleine Unterschied: Das Topmodell erreicht Energieeffizienzklasse A++, etliche vergleichbare Modelle nur Effizienzklasse A.

Seit 1995 muss der spezifische Energieverbrauch all dieser Geräte auf einem Etikett angegeben werden. Die Einteilung der Effizienzklassen reichte ursprünglich von A bis G. Weil Kühl- und Gefriergeräte seit Einführung der Effizienzklassen immer besser geworden sind, die Kriterien aber nicht verschärft wurden, genügen inzwischen die meisten Modelle der Energieeffizienzklasse A. Gesunder Menschenverstand würde sagen: «Prima, dann verschärfen wir die Kriterien, und nur noch die Topgeräte von heute, aber nicht mehr die von gestern, erhalten die Bewertung A.» Das haben Lobbyisten der Elektrobranche verhindert. Dann würden sich viele Geräte ja schlechter verkaufen lassen. So wurde die Skala lediglich um A+ und A++ erweitert. Es zeigt sich aber, dass die wenigsten Käufer wissen, dass es diese Erweiterung gibt und wie groß der Unterschied zwischen den Geräten ist – genau um das zu verschleiern, hat die Branche ja auch diesen Weg gewählt. Deshalb kaufen heute zwischen 50 und 70 Prozent der Kunden Kühl-Gefrier-Kombinationen oder Kühl- oder Gefrierschränke, die der Effizienzklasse A entsprechen und damit scheinbar zu den besten gehören. Und nur zehn Prozent greifen zu Geräten der Güteklassen A+ oder gar A++.

Der Kauf eines Gerätes der Klasse A++ lohnt sich langfristig in jeder Hinsicht. Die Geräte sind zwar etwas teurer, weil sie aber im Jahr meist über 100 Kilowattstunden weniger verbrauchen als A-Geräte, spart ein Haushalt rund 20 Euro. Jedes Jahr, wohlgemerkt. Ökologisch sind Geräte mit der Auszeichnung A++ ohnehin unschlagbar. 100 Kilowattstunden weniger entlasten die Atmosphäre jährlich um 66 Kilogramm Kohlendioxid.

Das gilt bereits gegenüber einem Neugerät, das immerhin auch mit A ausgezeichnet ist. Umso mehr lohnt es sich, Altgeräte zu ersetzen. In den deutschen Haushalten sind rund 40 Prozent aller Kühl- und Gefriergeräte älter als 13 Jahre. Je nach Größe verbrauchen alte Kühlschränke bis zu 700 Kilowattstunden Strom im Jahr. Ein neuer Kühlschrank braucht nicht einmal ein Drittel, die besten Modelle kommen mit weniger als 100 Kilowattstunden aus. Oft hat sich der Neukauf eines Gerätes nach sieben bis zwölf Jahren ausgezahlt. Das gilt allerdings nur, wenn der alte Kühlschrank nicht als Zweitkühlschrank im Keller weiter in Betrieb bleibt. Dann kann der Käufer sich zwar oben in der Wohnung im Image eines Öko-Vorreiters sonnen. In Wirklichkeit belastet er jedoch das Klima stärker als zuvor.

Coole Spartipps

Größe: Überdimensionierte Geräte verbrauchen unnötig viel Strom. Als Faustregel gilt: ein Ein- bis Zweipersonenhaushalt braucht 100 bis 120 Liter zum Kühlen. Und 50 bis 80 Liter zum Gefrieren.

Neukauf Gefriergeräte: Gefriertruhen sind in der Anschaffung günstiger als Gefrierschränke und verbrauchen rund zehn Prozent weniger Strom.

Gefrierfach: Ein Gefrierfach im Kühlschrank ist überflüssig, sofern ein separates Gefriergerät im Haushalt vorhanden ist. Kühlschränke ohne Gefrierfach verbrauchen deutlich weniger Strom.

Altgeräte: Geräte, die vor mehr als zehn Jahren gekauft wurden, sind meist in der Energieeffizienzklasse B, C oder noch schlechter einzustufen und verbrauchen ein bis anderthalb Kilowattstunden Strom mehr am Tag als ein modernes Spitzengerät. Da rechnet sich die Neuanschaffung oftmals allein durch die Stromersparnis.

Regelung: Kühlschränke sollten nicht zu kalt eingestellt werden, meist reicht die kleinste Stufe. Stellen Sie die Temperatur im Kühlschrank auf +7 Grad und im Gefriergerät auf −18 Grad. Das reicht völlig.

Öffnen: Kurzes Öffnen der Kühlschranktür verhindert Reifansatz, der ansonsten den Stromverbrauch erhöht.

Abtauen: Vereiste Flächen erhöhen den Strombedarf. Sofern der Kühlschrank über keine Abtauautomatik verfügt, muss man ihn regelmäßig abtauen.

Auftauen: Gefrorenes im Kühlschrank auftauen. Damit wird die beim Auftauen frei werdende Kälte zum Kühlen genutzt.

> **Abkühlen:** Keine warmen Speisen in den Kühlschrank stellen. Das erhöht unnötig den Stromverbrauch.

Waschen und Trocknen

Waschmaschinen sind in den letzten Jahren immer besser und effizienter geworden. Moderne Geräte verbrauchen allesamt im vergleichbaren Normprogramm deutlich weniger als eine Kilowattstunde Strom und unter 40 Liter Wasser pro Waschgang. Im Vergleich zu einem Gerät, das 15 Jahre auf dem Buckel hat, ist das nicht einmal die Hälfte. Damit kann selbst eine vierköpfige Familie, in der dreimal die Woche gewaschen werden muss, mit weniger als 150 Kilowattstunden Strom im Jahr auskommen.

Doch das Problem beim Waschen sind oftmals nicht nur alte Geräte, sondern auch ihre Besitzer. Unabhängig davon, ob die Menschen ansonsten auf Klimafreundlichkeit und Umweltaspekte achten – wenn es ums Waschen geht, werden bei allen gesellschaftlichen Gruppen die guten Vorsätze über Bord geworfen. Denn im Schnitt werden Waschmaschinen nur zur Hälfte gefüllt. Das liegt zum Teil an der Gedankenlosigkeit vieler Hausfrauen und Hausmänner, zumeist aber schlicht daran, dass kaum einer die Füllmenge richtig einschätzen kann und viele Haushalte zu wenig Wäsche haben, um eine Trommel richtig füllen zu können. Mit anderen Worten: Wenn die Mehrzahl der Verbraucher die Trommel richtig füllen würde, könnte im Bereich Waschen bereits die Hälfte der benötigten Energie gespart werden – schlicht dadurch, dass die Waschgänge halbiert würden.

Nach Einschätzung des Öko-Instituts gehen aber auch die Waschmaschinenhersteller einen falschen Weg. Viele bieten ihre

Spitzengeräte nur noch mit 6-, 8- oder inzwischen sogar 10-Kilo-Trommel an. Aber unsere Haushalte werden immer kleiner und bringen allein deshalb nicht genügend Wäsche zusammen. Lebten 1960 noch durchschnittlich 2,9 Personen unter einem Dach, so sind es heute kaum mehr als zwei. Single-Haushalte machen bereits mehr als ein Drittel aus. Ein weiteres Drittel lebt im Zweipersonenhaushalt. Die klassische Familiengröße mit vier Personen gibt es dagegen nur noch in 11,1 Prozent aller Fälle. «Die deutschen Markenhersteller reagieren auf diesen Trend überhaupt nicht», moniert das Öko-Institut.

Wer beim Waschen Strom und Wasser sparen will, sollte deshalb darauf achten, ein Gerät zu kaufen, das den eigenen Bedürfnissen angepasst ist – oder das per Sensor die Befüllung erkennen kann und dementsprechend den Verbrauch reguliert.

Wasch-Tipps

Cool bleiben: Bei leicht und normal verschmutzter Wäsche reichen 30 bis 40 Grad zum Waschen. Einzig stark verschmutzte Wäsche muss mit 60 Grad gewaschen werden. Auf Kochprogramme kann man vollständig verzichten – auch Bakterien erfordern keine 90 Grad. Ein einziger Waschgang mit 95 Grad und Vorwäsche verursacht – selbst mit einem neuen Gerät – 1,4 Kilogramm CO_2. Wer auf die Vorwäsche verzichtet und seine Wäsche mit 40 Grad wäscht, kommt mit 300 Gramm aus. Ersparnis: 80 Prozent.

Volle Trommel: Wer die Waschmaschine nur in Gang setzt, wenn die Trommel optimal beladen ist, spart Wasser, Energie und Geld.

> **Trocknen zum Nulltarif:** Die Sonne trocknet am besten, kostet nichts und führt zu keiner Klimabelastung.
>
> **Trocknen im Winter:** Wer seine Wäsche auf dem Speicher, in der Waschküche oder im Heizkeller trocknet, spart Energie. Wer seine Wäsche dagegen in der Wohnung trocknet, verschleudert Heizenergie – weil die Verdunstung des Wassers zur Abkühlung der Wohnung führt und so mehr geheizt werden muss. Ein Wäschetrockner mit guten Verbrauchswerten ist in diesem speziellen Fall klimafreundlicher. Ebenfalls hilfreich: Eine hohe Schleuderdrehzahl verringert die Restwassermenge.

Energiesparlampen

Ein stattlicher Haufen Kohle von über 200 Kilogramm – so viel spart jede einzelne Energiesparlampe im Laufe ihres Lampenlebens. Und ist dabei auch noch unschlagbar preiswert. Wie kaum ein anderes Produkt ist die kompakte Röhre zum Symbol für umweltfreundliches Wirtschaften geworden. Der geringe Stromverbrauch und die lange Lebensdauer sorgen dafür, dass etwa eine 15-Watt-Lampe bei einer Lebensdauer von 10.000 Stunden auf Gesamtkosten von rund 35 Euro kommt. Wer dagegen auf normale Glühbirnen setzt, belastet die Haushaltskasse mit 139 Euro. Bedenkt man, dass etliche Energiesparlampen im Dauertest der Stiftung Warentest auch nach 15.000 Stunden noch immer ihren Dienst verrichteten, verschiebt sich der Kostenvorteil weiter zu ihren Gunsten. Das gilt besonders für Markenartikel.

Es gibt nichts, was heute gegen Energiesparlampen spricht. Vor zehn Jahren störten sich viele noch am bläulich kalten Licht der sparsamen Lampen. Inzwischen bieten die Hersteller die unterschiedlichsten Farbnuancen. Sie reichen vom Tageslicht- und Extra-Warmweiß, was ungefähr der Farbe von Glühlampen entspricht, bis zu Blau, Gelb und Rot. Selbst in puncto Form und Design gibt es gewaltige Verbesserungen – Leuchtstofflampen werden in den unterschiedlichsten Varianten angeboten und können damit auch das Wohnzimmer erhellen.

Als Anfang der 80er Jahre die ersten Sparlampen auf den Markt kamen, bedeutete es auch noch den schnellen Lampentod, wenn Kinder sich einen Spaß daraus machten, das Licht im Bad und Flur ständig an- und auszuknipsen. Und mancher Papa hat die ganze Familie ermahnt: Wenn man nur ein paar Minuten das Zimmer verlässt, macht es ökologisch mehr Sinn, Energiesparlampen durchleuchten zu lassen. Die Stiftung Warentest hat schon vor Jahren Entwarnung gegeben: Die geprüften Modelle leuchteten im Dauertest zwei Jahre – sprich über 17.500 Stunden – und haben dabei 200.000-mal Ein- und Ausschalten unbeschadet überstanden.

Manch einer fürchtet, dass Energiesparlampen die Strahlenbelastung erhöhen. Eine Studie des Schweizer Bundesamtes für Gesundheit zeigt, dass sich die elektromagnetische Strahlung von Energiesparlampen im Rahmen der Abstrahlung herkömmlicher Glühbirnen bewegt. Und die hochfrequenten Felder der Vorschaltgeräte sind gering.

Auch die Sorge, Energiesparlampen würden die Umwelt mehr belasten, ist unberechtigt. Es stimmt zwar, dass jede Sparlampe Quecksilber enthält und als Sondermüll entsorgt werden muss. Weil aber bei der Stromerzeugung im Kraftwerk ebenfalls Quecksilber freigesetzt wird und Glühbirnen fünfmal mehr Strom verbrauchen als Sparlampen, kommt die Glühbirne unterm Strich auf höhere Quecksilberemissionen, wie das Öko-Institut in einem Systemvergleich errechnet hat. Einzige Kritik an den Sparlampen: Vor allem Billigmodelle halten in Sachen Schaltsicherheit und Lebensdauer oftmals nicht, was sie versprechen.

Trotz aller Vorteile sind Sparlampen noch immer nicht erste Wahl beim Kauf: So werden in Deutschland jährlich 470 Millionen Lampen verkauft. Die Energiesparlampe hat dabei nur einen bescheidenen Anteil von 25 Prozent. Und die Glühbirne bleibt nach wie vor die beliebteste Lichtquelle. Dabei verpuffen 95 Prozent der Energie in Form von Wärme. Nur fünf Prozent der Energie werden in Licht umgewandelt. Sparlampen haben eine Ausbeute von 20 bis 25 Prozent. Sie verringern deshalb den Stromverbrauch um 80 Prozent.

Welche Einsparungen möglich wären, zeigt ein Blick aufs große Ganze: In Deutschland benötigt jeder Haushalt im Jahr im Durchschnitt rund 300 Kilowattstunden Strom für die Beleuchtung. Wenn wirklich jeder seine Glühlampen auf den Müll werfen und durch Sparlampen ersetzen würde, könnte er 200 Kilowattstunden einsparen. Bei rund 37 Millionen Haushalten verpuffen damit Jahr für Jahr über sieben Milliarden Kilowattstunden Strom. Sie verursachen 4,6 Millionen Tonnen CO_2. Der bereits erwähnte Kohlehaufen wächst auf schier unvorstellbare anderthalb Millionen Tonnen. Jahr für Jahr. Damit könnte man einen Güterzug mit 37.500 Waggons füllen – der quer durch Deutschland von Basel bis nach Rostock reicht.

Um es deutlich zu sagen: Man muss nur einmal fünf bis 15 Euro pro Sparlampe ausgeben, bei einem Schnäppchenkauf oftmals sogar weniger als die Hälfte. Wenn alle diese wahrlich überschaubare Investition von 50, 100 oder 150 Euro für alle Lampen machen würden, könnte die Atmosphäre um Millionen Tonnen CO_2 entlastet werden. Stattdessen zahlen wir in Deutschland für den Strom, den Glühbirnen verschlingen, jedes Jahr über eine Milliarde Euro zusätzlich.

Grüner Strom

Lange sah es so aus, als wäre Öko-Strom etwas für wenige überzeugte Öko-Aktivisten. Hier, wo Mieter wie Hausbesitzer ohne große Zusatzkosten ein deutliches Signal geben könnten, bewegte sich wenig. Zwar war schon 1998 das Monopol der Stromversorger gefallen, so dass seither jeder zu einem Stromanbieter wechseln kann, der seine Kilowattstunden klimafreundlich und atomstromfrei anbietet. Aber nur wenige Menschen ließen sich zum Umstieg bewegen. Dabei wollen nach einer Forsa-Umfrage fast 90 Prozent aller Deutschen ihren Kaffee am liebsten mit Sonnenstrom kochen. Kohle- und Atomstrom wünscht sich dagegen nicht einmal ein Drittel aller Bürger. Aber in der Praxis selber umsteigen? Theorie und Praxis klafften lange auseinander.

Dabei erfordert der Wechsel zu einem grünen Stromanbieter lediglich einen Antrag bei der gewünschten Firma. Alles andere geht dann von selbst. Niemand braucht einen zweiten Stromzähler oder neue Leitungen. Der örtliche Versorger – in der Regel das jeweilige Stadtwerk – ist weiterhin für ein intaktes Leitungsnetz verantwortlich, die Kosten dafür sind mit dem Strompreis abgegolten und werden mit dem neuen Anbieter verrechnet. Wechselgebühren entstehen keine.

Die ökologischen Vorteile sind dagegen erheblich. Das Öko-Institut hat errechnet, dass grüner Strom, wie ihn z. B. die Elektrizitätswerke Schönau oder LichtBlick bieten, die Klimabelastung um 75 Prozent im Vergleich zum üblichen Strom-Mix verringert. So verursacht eine Kilowattstunde grüner Strom 150 Gramm Kohlendioxid, eine konventionelle dagegen 660. So kommen in einem durchschnittlichen Zwei-Personen-Haushalt im Jahr 3030 Kilowattstunden oder fast zwei Tonnen CO_2 zusammen. Bei einem alternativen Anbieter würden rund 1,5 Tonnen eingespart.

Während zunächst der Zuspruch nur schleppend verlief, hat er 2007 deutlich an Fahrt gewonnen. Das Klimathema zeigte vielen, dass endlich etwas getan werden muss. Kohlekraftwerke gerieten genauso in die Kritik wie Atommeiler. Allein der Energieversorger Vattenfall hatte binnen kurzer Zeit den Verlust von 250.000 Kunden zu beklagen, nachdem der Konzern monatelang eine Panne nach der anderen in den Kernkraftwerken Brunsbüttel und Krümmel einräumen musste. Dementsprechend haben die Naturstromanbieter Rekordzahlen an Umsteigern verzeichnet. «Der Preis spielt beim Wechsel die wichtigste Rolle», sagte Eberhard Meller, Geschäftsführer des Verbandes der Elektrizitätswirtschaft. Seit der Strommarkt liberalisiert wurde, haben sich vier Millionen Haushalte für den Wechsel des Anbieters entschieden, weitere 15 Millionen ein anderes Produkt ihres alten Stromanbieters gewählt. Nach einer Umfrage des VDEW haben 87 Prozent gewechselt, weil ihnen der Strom zu teuer wurde. Immer mehr Menschen achten auf ein umweltfreundliches Produkt, beobachtet auch Meller: «Jeder fünfte Kunde, der zu einem anderen Anbieter gewechselt ist, hat sich für Ökostrom entschieden.»

Ein herausragendes Beispiel ist die Leipziger Medienfachfrau Ulla Gahn. Sie erhielt im August 2007 den Klimaschutzpreis der Deutschen Umwelthilfe für die von ihr initiierten Ökostromwechselparties. Ulla Gahn war zunächst selbst von ihrem Stromversorger zu einem Anbieter umwelt- und klimafreundlichen Stroms gewechselt. Dann hatte sie bei einer «Stromwechselparty» in den eigenen vier Wänden Freunden und Bekannten ihre Motive erklärt. Bei Kaffee und Kuchen und mit Unterstützung von Fachleuten informierte sie über die Wechselmodalitäten, über die Herkunft von Ökostrom und dessen Preis. Viele unterzeichneten noch am selben Abend ihren Antrag zum Wechsel.

Der Zuspruch auf den Wechselparties war immens. Zunächst fanden sie in Clubs statt, in Räumlichkeiten von Bürgervereinen, schließlich in veritablen Sälen. Das Ergebnis der ehrenamtlich und unentgeltlich organisierten Veranstaltungen war immer dasselbe: Die Besucher ließen sich in entspannter Atmosphäre beraten, genossen Kaffee und Kuchen – und wechselten in Scharen ihren Stromversorger. Und die Medien feierten Ulla Gahn als «Ikone des Stromanbieter-Wechsels». In Leipzig, München und Düsseldorf, in Berlin, Hamburg, Köln und Frankfurt.

Aber nicht nur Privatkunden werden vom Wechselfieber erfasst. Anfang Januar 2008 kündigte der Handelsriese Rewe an, er beziehe seinen Strom ab sofort komplett aus erneuerbaren Energien. Damit sei Rewe der größte Nutzer von grünem Strom in Deutschland, erklärte das Unternehmen. Die bundesweit rund 6000 Märkte sowie Reisebüros und Lager der Handelskette werden nach eigenen Angaben nun durch einen Strommix aus Biomasse, Wasser- und Windkraft versorgt. Die gesamte Rewe-Gruppe habe einen jährlichen Energie-Bedarf von zwei Milliarden Kilowattstunden Strom – mehr als alle Haushalte in Köln.

Auch Kommunen machen erste Schritte in diese Richtung. Die Kleinstadt Wolfhagen bezieht seit Anfang 2008 für ihre 10.000 Tarifkunden nur noch Strom aus den Wasserkraftwerken der Österreichischen Elektrizitätswerke AG mit Sitz in Wien. Die Stadtwerke in Kassel kündigten an, ihren Kunden nur noch Strom aus Wasserkraft zu liefern. Und die Stadt Bonn gab bekannt, dass seit Januar 2008 zumindest im Alten Rathaus und im Stadthaus alle elektrischen Geräte mit Ökostrom laufen. Die beiden Liegenschaften verbrauchen im Jahr rund 7,4 Millionen Kilowattstunden Strom.

Allerdings zeigen die Beispiele Kassel und Bonn auch, dass man genau prüfen muss, ob ein solcher Wechsel tatsächlich dem Klima etwas bringt. Denn beide nutzen die kostengünstige Möglichkeit so genannter RECS-Zertifikate. Diese Zertifikate garantieren, dass kein Betrug stattfindet, indem Ökostrom zwei- oder gar dreimal verkauft wird. Was bei Strom leicht möglich ist, weil niemand einem Elektron ansehen kann, ob es aus Wasser-, Wind- oder Atomkraft gewonnen wurde. Aber die RECS-Zertifikate sorgen nicht dafür, dass tatsächlich mehr erneuerbare Energien ins

Netz eingespeist werden. Wenn nicht zusätzlich sichergestellt ist, dass tatsächlich in neue ökologische Stromerzeugung investiert wird, ändert sich am Strommix nichts. Denn dann bedeutet ein atom- und kohlestromfreies Kassel lediglich, dass all die anderen Kunden einfach einen höheren Anteil an Kohle- und Atomstrom bekommen. Die bundesweit tätigen Ökostromanbieter wissen das: Nur wenn tatsächlich zusätzlicher Ökostrom eingespeist und eine «schmutzige» Strommenge verdrängt wird, verbessert das den europäischen Strommix. Wenn das sichergestellt ist, dann sind – wie etwa bei LichtBlick – auch RECS-Zertifikate sinnvoll.

Dennoch ist die Umstellung Kassels und Bonns ein erster Schritt in die richtige Richtung. Vor allem wegen ihrer symbolischen Bedeutung: Sie demonstriert den Willen zum Wechsel der Energiepolitik – nach all den Risiken und ungelösten Entsorgungsproblemen der Atomkraft und nach all den dramatischen Klimaszenarien. Glaubwürdig ist sie aber nur, wenn es nicht dabei bleibt. Die Stadt Bonn räumte denn auch ein, dass sie aus Kostengründen zunächst nur «Bronze-Ökostrom» – ohne Zuschuss für den Bau zusätzlicher Naturstrom-Erzeugungsanlagen beziehe. Das «bessere» Gold-Zertifikat würde jährlich statt 15.000 Euro das Zehnfache an Mehrkosten verursachen. Mittelfristig, so kündigte Oberbürgermeisterin Bärbel Dieckmann an, wolle man aber auf diesen «Gold-Ökostrom» umsteigen. Das würde Bonn gut zu Gesicht stehen – in der Stadt ist das UN-Sekretariat für die internationalen Klimaverhandlungen angesiedelt.

Unabhängig davon, ob die Kunden die Bronze- oder die Gold-Variante beziehen – je mehr Haushalte, Firmen und Kommunen auf Öko-Strom umsteigen, desto besser. Richtig wirkungsvoll wird der Wechsel vor allem dann, wenn die Abnehmer mehr Öko-Strom kaufen, als derzeit erzeugt wird – im Jahr 2007 waren es in Deutschland 13 Prozent. Dann nämlich müssen die Stromversorger schauen, woher sie die klimafreundlichen Kilowattstunden bekommen. Und das heißt, in Öko-Strom zu investieren.

Bundesweite Ökostromer

Es gibt verschiedene Labels für grünen Strom, die garantieren, dass der neu bezogene Strom-Mix auch tatsächlich besser ist. Das ok-power- (entwickelt von WWF, Öko-Institut und Verbraucherzentrale NRW) und das Grüne-Strom-Label (von BUND, NABU und Eurosolar) schließen Atom- und Kohlestrom aus, setzen beide auf höchstens 50 Prozent Kraft-Wärme-Kopplung aus hocheffizienten Kraftwerken und garantieren, dass neue umweltfreundliche Kraftwerke entstehen, die über das hinausgehen, was vom Erneuerbare-Energien-Gesetz ohnehin gefördert wird. Das Grüne-Strom-Label steht darüber hinaus dafür, dass im Jahresdurchschnitt mindestens ein Prozent Photovoltaik-Strom eingespeist wird. Das ok-Power-Label fordert zwar keinen Sonnenstrom-Anteil, dafür muss mindestens ein Drittel des Stroms aus Anlagen stammen, die nicht über das Erneuerbare-Energien-Gesetz gefördert wurden. Die Kriterienpapiere von TÜV Nord und TÜV-Süd garantieren nicht den Ausbau erneuerbarer Energie. RECS-Zertifikate garantieren lediglich, dass Öko-Strom nur einmal verkauft wird. Das Öko-Institut empfiehlt im Rahmen seiner Verbraucher-Informationskampagne neun bundesweite und 80 regionale Öko-Strom-Anbieter. Hier die bundesweiten Unternehmen.
Braunschweiger Versorgungs-AG: www.bs-energy.de
Elektrizitätswerke Schönau GmbH: www.ews-schoenau.de
EWE NaturWatt GmbH: www.naturwatt.de
GENO Strom GmbH: www.geno-strom.de
Greenpeace Energy e.G.: www.greenpeace-energy.de
LichtBlick GmbH: www.lichtblick.de

> Naturstrom AG: www.naturstrom.de
> Stadtwerke Hannover: www.oekostrompool.org
> Trianel Energie GmbH: www.trianel-energie.de
> Germanwatch hat mit LichtBlick und den Elektrizitätswerken Schönau vereinbart, dass derjenige, der über die Homepage von Germanwatch zu einem der beiden Unternehmen wechselt, für ein Jahr kostenlos eine Probemitgliedschaft von Germanwatch erhält. Weitere Info: www.ecotopten.de, www.atomausstieg-selber-machen.de, www.germanwatch.org

Mobilität

Von den 24 Stunden eines Tages verwendet jeder Mensch in allen bislang untersuchten Kulturen im Durchschnitt etwas mehr als eine Stunde, um von A nach B zu kommen – zu Fuß, mit der Kutsche, dem Fahrrad, der Straßenbahn, dem Auto oder mit dem Flugzeug. Verkehrswissenschaftler sprechen von der *Konstanz des Reisezeitbudgets*. Diese weltweit geltende Zeitkonstante hat eine verblüffende Konsequenz. Wenn wir die Geschwindigkeit der Verkehrsmittel erhöhen, kommen wir im Durchschnitt nicht schneller ans Ziel, sondern überbrücken weit größere Entfernungen. Mit der S-Bahn kommt man in einer halben Stunde einmal quer durch München. Durch den ICE wurde Augsburg zur Pendelstadt vor den Toren der bayerischen Landeshauptstadt – Fahrtzeit 40 Minuten. Mit dem Flieger kommt man in der gleichen Zeit fast bis nach Frankfurt.

Fliegen

Fürs Klima ist diese Entwicklung fatal. Denn solange die Reisezeit konstant bleibt, aber immer leistungsfähigere Verkehrsmittel zur Verfügung stehen, nimmt die Zahl der zurückgelegten Kilometer ständig zu. Das ist die größte Krux am Flugzeug. Johann Wolfgang von Goethes Reise nach Italien dauerte zwei Jahre. Heutzutage ist Rom an einem Wochenende zu machen. Wenn Flugreisen billig sind, ist das zwangsläufig die Konsequenz. Und mit dem Flieger werden zehnmal mehr Kilometer zurückgelegt als mit dem Auto und fünfzigmal mehr als mit dem Fahrrad.

Fair fliegen (www.atmosfair.de)

Ganze 96 Euro kostet der Flug München–Madrid und zurück. Billiger geht's kaum. Da ist schon eine Zugfahrt nach Würzburg teurer. Und weil man für 200 Euro nach New York oder für 500 Euro nach Rio kommt, kennt der Flugverkehr nur eine Richtung: steil nach oben. Er ist das am schnellsten wachsende Klimaproblem. Weil aber die Abgase in den hohen Schichten der Atmosphäre eine zwei- bis sechsmal höhere Treibhauswirkung haben als am Boden, entwickelt sich der Flugverkehr zu einem richtigen Klimakiller. Nur eine kleine Lebensstil-Elite saß jemals im Flugzeug – etwa acht Prozent der Menschheit. Allein auf ihr Flugverhalten gehen zwischen zwei und zehn Prozent der weltweiten Klimaerwärmung.

Seit 1993 mischt sich Germanwatch in die Debatte um den Flugverkehr ein – und wirbt für CO_2-Abgabe, Einbezug in den Emissionshandel bzw. Kerosinsteuer. Nach langem Ringen beginnen zumindest Europas Politiker zu reagieren: Ab 2013 sollen die Emissionen für die Flüge in, von und nach Europa begrenzt werden. Für jede weitere Menge müssen die Fluggesellschaften in entsprechender Zahl CO_2-Zertifikate von einem Industrieunternehmen oder Energieversorger kaufen, das seine Emissionen noch stärker als vorgesehen reduziert. Oder aber sie müssen ein zusätzliches Klimaschutzprojekt mit entsprechender Klimaschutzwirkung in Entwicklungsländern finanzieren.

Doch das ist nicht alles. Schon vor Jahren hat Germanwatch eine bemerkenswerte Allianz geschmiedet. 2001 entstand die Idee, die Klimafolgen eines Fluges an anderer Stelle auszugleichen. Die Rechnung ist einfach: Flugpassagiere bezahlen freiwillig eine Klimaschutzabgabe. Die Einnahmen werden verwendet, um Treibhausgase in hochwertigen Klimaschutzprojekten in Entwicklungsländern einzusparen – und zwar so, dass die Klimawirkung derjenigen der Flugreise eines Passagiers vergleichbar ist. Repariert werden kann der angerichtete Schaden dadurch nicht. Nicht zu fliegen wäre die bessere Lösung. Atmosfair aber ist die zweitbeste Lösung. 2004 startete Germanwatch deshalb mit dem forum anders reisen, der Dachorganisation alternativer Reiseveranstalter, und dem Bundesumweltministerium das Pilotprojekt «atmosfair», um zu testen, ob ein solch freiwilliges Angebot angenommen wird.

Die Nachfrage entwickelte sich vielversprechend; bereits 2005 wurde atmosfair als eigenständige gemeinnützige GmbH gegründet: Privatleute, Politiker, Manager, aber auch Firmen – jeder kann sein Fliegen klimafreundlicher gestalten. Einzige Gesellschafterin ist die von Germanwatch gegründete Stiftung Zukunftsfähigkeit. Bis

Ende 2007 hat atmosfair 1,5 Millionen Euro eingenommen. Nach dem «forum anders reisen» war der Evangelische Kirchentag 2005 der erste Großspender. Die Liste der Organisationen, die ganz oder teilweise «fair» fliegen, wird immer länger: Greenpeace Deutschland, die Grünen im Bundestag, die Katholische Landjugendbewegung, der Naturschutzbund Nabu, aber auch Firmen wie die Münchener Rück gehören dazu.

Der Emissionsrechner bei www.atmosfair.de zeigt: ein Trip von München nach Madrid verursacht eine Erwärmungswirkung, die 780 Kilo CO_2 und damit der eines Mittelklassewagens entspricht, der 12.000 Kilometer im Jahr fährt. Was der Rechner auch sagt: Es kostet 19 Euro, um in etwa die Schadenswirkung auszugleichen. Ein einziger Trip nach Sidney vermasselt die Klimabilanz dagegen für einige Jahre. Der Ausgleich für Hin- und Rückflug schlägt mit 121 Euro zu Buche.

Diejenigen, denen die Klimafolgen ihres Fluges nicht egal sind, können damit aber fairer fliegen. atmosfair verpflichtet sich, dass das Geld nur für hochwertige Klimaschutzprojekte verwendet wird, die nach dem von internationalen Umweltorganisationen entwickelten «Gold Standard» und dem UN-CDM-Standard zertifiziert sind. Sie garantieren, dass die Mittel nicht in Projekte fließen, die auch ohne diese Unterstützung gebaut worden wären. Ganz konkret sorgt atmosfair dafür, dass in Indien Großküchen mit Solarkochern ihr Tagwerk verrichten und in Honduras ein kleines Wasserkraftwerk Kohlestrom ersetzt. Weitere Projekte sind in Vorbereitung. Verschiedene internationale Vergleiche zeigen: Atmosfair ist der seriöseste Anbieter solcher Angebote.

Auto

Das Auto ist zu unserem Alltagsvehikel geworden. Durch seine Geschwindigkeit und Flexibilität hat es die Zahl der Kilometer vervielfacht, die Tag für Tag zurückgelegt werden. Es verdrängt dadurch diejenigen, die schwächer sind: Fußgänger, Fahrradfahrer, Straßenbahnen. Es sei denn, es wird städtebaulich gegengesteuert: mit Fußgängerzonen, Spielstraßen oder Radwegen.

Gleichzeitig ist das Auto zum Inbegriff energetischer Ineffizienz geworden. Von der Energie, die im Kraftstoff steckt, dienen nicht einmal ein Prozent dem tatsächlichen Transport, wie John B. Heywood im «Spektrum der Wissenschaft» gezeigt hat. Der Professor für Mechanik am Massachusetts Institute of Technology kommt zu einem vernichtenden Ergebnis: Der heute gängige Ottomotor hat im Stadtverkehr einen Wirkungsgrad von 20 Prozent. Sprich: Nur 20 Prozent der Energie, die im Benzin steckt, wird in mechanische Energie umgewandelt – der große Rest verpufft in Form von Wärme. Kommen dann noch ein kalter Motor, eine niedrige Außentemperatur oder lange Leerlaufzeiten hinzu, sinkt der Anteil der Energie, die auf die Räder übertragen wird, auf gerade noch zehn Prozent. «Doch selbst das ist nur die halbe Wahrheit», betont John B. Heywood. Fährt ein einzelner 80-Kilo-Mann in einem 800 Kilo schweren Auto von A nach B, dienen neun Prozent der Energie dazu, das Auto und nur noch ein Prozent, diesen Menschen zu transportieren. Steigt dieser Mann jetzt auch noch von einem Kleinwagen in einen Geländewagen mit oftmals 2,5 Tonnen Gesamtgewicht um, verringert sich die Effizienz auf winzige 0,3 Prozent. Wenn man auch Produktion und Vertrieb des Kraftstoffs sowie Herstellung, Instandhaltung und Entsorgung des Autos berücksichtigt, dann dienen ganze 0,2 Prozent der eingesetzten Energie dem Transport unseres 80-Kilo-Mannes.

Angesichts solcher Zahlen lauten die entscheidenden Fragen:

Wie können wir unser Mobilitätssystem weiterentwickeln, damit es für die Welt verträglicher wird? Welches Tempo sollen die Verkehrsmittel der Zukunft haben? Und das heißt: Welche Strecken wollen wir regelmäßig zurücklegen? Welche Rolle spielen Bus und Bahn in einem solchen Konzept? Und eher kurzfristig: Wie können Autos einen sinnvollen Platz in einem zukunftsfähigen Mobilitätsmix behalten?

Die deutsche Autowirtschaft gehört bislang zu den wichtigsten und innovativsten Säulen der deutschen Wirtschaft. Aber angesichts der vor uns liegenden Klimaherausforderung hat sie auf der ganzen Linie versagt. Sie hat die eingegangene freiwillige Selbstverpflichtung regelrecht an die Wand gefahren: Bis 2008 sollten Neuwagen im Schnitt nicht mehr als 140 Gramm CO_2 pro Kilometer ausstoßen. Im Durchschnitt kamen alle deutschen Autobauer auf satte 177 Gramm. Das entspricht einem Benzinverbrauch von 7,5 Litern Benzin auf 100 Kilometer.

Die Autokonzerne versuchten den Schwarzen Peter an ihre Kunden weiterzureichen: Volkswagen habe die Produktion des 3-Liter-Lupo Ende 2004 eingestellt, Audi den verbrauchsarmen A2 aus dem Programm genommen, weil kaum einer diese Modelle kaufen wollte. Tatsache ist: Sie waren schlicht zu teuer und wurden kaum beworben. Gleichzeitig haben unsere Autokonzerne an vorderster Front die Kampagne gegen die Ökosteuer unterstützt und dazu beigetragen, dass die Ökosteuer nicht mehr – wie von der damaligen rot-grünen Bundesregierung angedacht – jährlich um zwei Cent steigt. Das hätte den Anreiz erhöht, auf spritsparende Autos umzusteigen.

Dabei war die Ökosteuer ausgesprochen wirkungsvoll. Die Effizienz der Straßenfahrzeuge – also aller Pkw und Lkw – verbesserte sich von 1999 bis 2005 jährlich um 2,5 Prozent. Seit 1998 sank in Deutschland nicht nur – anders als in fast allen westlichen Industrieländern – der Spritverbrauch. Die durchschnittlich mit dem Auto zurückgelegten Kilometer sind in den letzten zehn Jahren von rund 15.000 auf 11.000 Kilometer gesunken. Insgesamt sanken zwischen 1999 und 2005 die CO_2-Emissionen des Straßenverkehrs um etwa 13 Prozent auf insgesamt 23 Millionen Tonnen. Insbesondere eine Weiterführung der Ökosteuer, eine Umstellung der KfZ-Steuer, die den CO_2-Ausstoß zum Maßstab nimmt, und nicht zuletzt ein Tempolimit könnten diesen Trend verstärken.

Mit der BahnCard 100 sich vom Auto verabschieden?

Die BahnCard 100 kann eine Alternative zum Auto sein. Sie kostet 3500 Euro im Jahr. Dafür kann eine Person alle Bahnstrecken in Deutschland sowie in praktisch allen Städten den öffentlichen Verkehr benutzen. Kinder bis 14 Jahre reisen kostenlos mit. Und alle Familienangehörigen erhalten ohne Aufpreis eine Bahncard 25. Die BahnCard 100 lohnt sich vor allem bei größeren Pendlerstrecken oder wenn ein Arbeitgeber einen Teil der Kosten übernimmt, da ja auch Dienstreisen dann umsonst getätigt werden können. Sie lohnt sich gerade dann, wenn es dadurch möglich wird, auf ein Auto ganz zu verzichten. Häufig ist mit der BahnCard 100 dann einiges an Geld einzusparen.

Klimaschutz auf vier Rädern

«Allein mit konventioneller Technik ist eine Halbierung des Kohlendioxidausstoßes unserer Autos möglich», ist sich Andreas Obermeier, wissenschaftlicher Mitarbeiter im Umweltbundesamt, sicher. Wie dringend notwendig das ist, offenbart ein Blick auf die nackten Zahlen: In den vergangenen 30 Jahren sank der durchschnittliche Flottenverbrauch von 10,1 Litern Mitte der 70er Jahre auf 7,9 Liter im Jahr 2006. Effizienzsteigerungen auf der einen Seite wurden durch Annehmlichkeiten wie Klimaanlagen, elektrische Fensterheber oder heizbare Sitze weitgehend aufgefressen. Vor allem aber hat sich die Motorleistung enorm gesteigert: Sie lag im Schnitt 1960 bei 34 PS, 1985 bei 77 PS, 1995 bei 86 PS und 2005 bei 101 PS.

Selbstverständlich gibt es auch ein paar Autos, die in ihren Emissionen einigermaßen verträglich sind. Der Verkehrsclub Deutschland (VCD) präsentiert alljährlich die umweltfreundlichsten in seiner Auto-Umweltliste – jeweils Mitte August. Der Honda Civic Hybrid und der Toyota Prius sind da zu nennen. Aber der Prius kostet stolze 25.000 Euro. Bemerkenswert auch der Polo BlueMotion von VW – er verursacht weniger als 100 Gramm CO_2 auf 100 Kilometern und ist in diesem Punkt besser als die hochgelobte Hybridkonkurrenz aus Japan. Doch insgesamt fehlt es an Autos, die in die Zukunft weisen.

Germanwatch diskutierte bereits Mitte der 90er Jahre mit der damaligen Daimler Benz AG, wie ein Mobilitätskonzern Angebote entwickeln könnte, die nicht auf das Auto fokussiert sind. Es blieb bei der Diskussion. Ein Mobilitätskonzept der Zukunft, das in Industrie- und Entwicklungsländern für eine klimafreundliche Mobilität sorgen könnte, gibt es nicht einmal auf dem Papier. Dabei gibt es so viele Herausforderungen: Es gilt, Masse und Gewicht der Autos zu verringern, Energie- und Rohstoffeffizienz zu verbessern, die Vernetzung verschiedener Verkehrsträger zu gewährleisten und den Flächenverbrauch zu reduzieren. Fragt man bei den großen Autokonzernen nach Konzepten in dieser Richtung, erntet man meist Kopfschütteln.

Wie fatal es ist, dass die Autokonzerne in den Industriestaaten sich keine Gedanken in diese Richtung gemacht haben, zeigt die neueste Entwicklung: Die indische Tata-Gruppe bringt noch in diesem Jahr ein Billigauto auf den Markt, das sich heute weit mehr Menschen leisten können als in der Vergangenheit. Tata Nano heißt das Modell, das äußerlich dem Smart ähnelt. Der Tata Nano wird mit vier Sitzen und vier Türen ausgestattet; wer hinten sitzt, muss allerdings ohne Kopfstützen und Sicherheitsgurte auskommen. Auf Airbags verzichteten die Konstrukteure auch vorn. Wer aber bisher – wie in Indien üblich – zu dritt oder zu viert auf einem Moped unterwegs war, der ist damit auch in Sachen Sicherheit zufrieden. Bei einer Leistung von 33 PS soll der kleine Inder eine Spitzengeschwindigkeit von knapp 70 km/h schaffen. Das Problem: Im Vergleich zu Leistung und Größe verbraucht der Tata Nano viel zu viel Sprit: fünf Liter Benzin auf 100 Kilometer. Für das europäische Durchschnittsauto wäre das ein Traumwert. Sein Verbrauch liegt mit 6,7 Litern deutlich darüber. Und der indische Autobauer hat bereits angekündigt, den Spritverbrauch in wenigen Jahren auf drei Liter zu reduzieren.

Aber aufgrund fehlender Alternativen werden mit diesem «Volkswagen» auch in Indien die Weichen in eine Richtung gestellt, die dramatische Strukturveränderungen anstoßen wird. Zum einen werden die mehrere hundert Millionen Inder, die sich auch derartige Billigautos nicht leisten können, allmählich von der Straße gedrängt – vor allem Fußgänger und Rikschafahrer. Wer das Chaos auf Indiens Straßen kennt, sieht die nächste Konsequenz schon vorgezeichnet: Straßen werden in großem Stil gebaut – und im nächsten Schritt schnellere Autos. Damit aber wird auch in Indien zunehmend eine aufs Auto ausgerichtete Siedlungsstruktur entstehen. Kein Wunder, dass diese Aussichten

Rajendra Pachauri, dem indischen Vorsitzenden des mit dem Friedensnobelpreis geehrten Weltklimarats IPCC, Albträume bereiten. Erstaunlich ist, dass erst jetzt, wo die Menschen in China und Indien dem Lebensstil in den Industriestaaten nacheifern, diesen auffällt, dass wir mehrere Planeten bräuchten, wenn alle so leben würden. Solange aber die Industrieländer kein emissionsarmes Wohlstandsmodell entwickeln, sollte niemand damit rechnen, dass dies in den Schwellenländern geschieht. Die Bedeutung einer ambitionierten Klimapolitik der EU liegt deshalb nicht nur – nicht einmal in erster Linie – darin, die hiesigen Emissionen zu verringern. Sie liegt auch darin, dass sie auf die ganze Welt ausstrahlt.

Wohin die derzeitige Verkehrsentwicklung führen kann, verdeutlicht das Heidelberger Umwelt- und Prognoseinstitut UPI. Es prognostiziert, dass 2030 global 2,3 Milliarden Autos unterwegs sein werden – viermal so viele wie heute. Jedes zweite Auto soll bis dahin in China verkauft werden. Es scheint vielen undenkbar, diese – durch den damit einhergehenden Strukturumbau – sich selbst verstärkende Dynamik noch aufzuhalten. Aber solche Entwicklungen sind weder mit den noch verfügbaren Ölmengen noch mit den notwendigen Klimazielen vereinbar.

Die Weiterentwicklung des Autos zu weit klimafreundlicheren Modellen ist dabei nur ein Baustein für ein zukunftsfähiges Mobilitätssystem. Was möglich ist, zeigt derzeit das kleine Start-up-Unternehmen Loremo mit Sitz in Marl bei Recklinghausen und München. Hier wird an der Entwicklung eines Autos gearbeitet, das alle Chancen hat, zum Spritsparweltmeister gekürt zu werden. Loremo steht für «low resistance mobile» – ein Auto mit geringstmöglichem Widerstand. «Zwei Dinge», so erklärt Chefkonstrukteur Uli Sommer, «entscheiden darüber, wie viel Sprit ein Auto verbraucht.» Zunächst sein Gewicht und dann der Luftwiderstand. Also ist der Loremo extrem windschnittig konstruiert, und weil das Gewicht unter 600 Kilo liegt, ist auch der Verbrauch unschlagbar niedrig.

Die Basisversion, die mit einem Zweizylinder-Turbodiesel und einer Leistung von 20 PS ausgestattet ist, braucht 1,9 Liter Sprit und schafft damit immerhin eine Geschwindigkeit von 160 km/h. Der CO_2-Ausstoß sinkt damit auf 50 Gramm pro Kilometer. Strafzahlungen, weil der von der EU ab 2012 vorgeschriebene Grenzwert von 120 Gramm überschritten wird, muss dieses Auto nicht fürchten. Für sportlich ambitionierte Fahrer bekommt das Auto einen 3-Zylinder-Motor verpasst. Die Höchstgeschwindigkeit klettert auf 200 Stundenkilometer. Bei einem Verbrauch von weniger als drei Litern. Um solche Werte zu erreichen, hat Uli Sommer ein vollkommen neues Fahrzeugkonzept entwickelt.

Die so genannte Linearzellen-Struktur ist die hauptsächliche Erfindung – eine robuste Insassenzelle aus Stahlblech, die nicht durch Seitentüren unterbrochen ist. Das macht sie stabil und sicher – bei einem Gewicht von weniger als 100 Kilo. «Wir bieten extreme Unfallsicherheit mit niedrigstem Materialeinsatz», sagt Uli Sommer. Egal, ob der Loremo einmal von vorn, hinten oder von der Seite in einen Unfall verwickelt sein wird – in Sachen Insassenschutz nimmt er es mit jedem anderen Kleinwagen auf. Statt zweier Türen an der Seite gibt es eine Art Tor zum Einsteigen: eine nach vorn und oben aufklappende Fronttür. «In den Loremo steigen Sie über eine seitliche Schwelle ein – ungewöhnlich, aber angenehm. Fast so, wie Sie in die Badewanne steigen», wirbt das Unternehmen auf seiner Webseite für die Umstellung. Wer sich daran gewöhnt hat, muss dann die geringe Höhe akzeptieren: Das Auto reicht, würde man es ins Wohnzimmer stellen, gerade mal bis zum Lichtschalter. Und damit geht es dem Loremo wie den Sportwagen der Formel 1. Menschen, die über 1,90 oder 1,95 groß sind, haben Probleme, Kopf und Beine unterzubringen. Neu ist auch die Lage der Rücksitze: Weil der Motor hinter den Vordersitzen untergebracht ist, schauen Kinder, die auf der Rückbank Platz finden, nicht nach vorn, sondern nach hinten zum Fenster hinaus.

Das, was die meisten Autos schwerer und teurer macht, sucht man hier vergebens: Klimaanlage, elektrische Fensterheber, beheizbare Sitze – der Loremo ist auf das Notwendige reduziert. «Damit können wir den Loremo zu einem Preis unter 15.000 Euro auf den Markt bringen», versichert Uli Sommer. «Wir haben aber nicht nur ein sparsames Auto entwickelt, sondern eines, mit dem der Fahrer richtig Spaß haben kann.» Das Auto sieht chic aus, ist schnell und sportlich und verspricht durch seine tiefe Straßenlage ein gutes Fahrverhalten. «Wir wollen dieses Auto als ein hochemotionales Produkt verkaufen», bekennt der Ingenieur. Und wie zur Bestätigung hängt in der Firmenzentrale ein Bild von Angelina Jolie, das den Hollywoodstar in einem orangefarbenen Loremo zeigt. Chic und sexy. Bis der Loremo über die Straßen rollt, wird allerdings noch einige Zeit vergehen: 2010 sollen die ersten Modelle vom Band laufen. Im Moment steht aber noch nicht einmal die Fertigungshalle. Einzig das Gelände, auf der sie errichtet werden soll, ist bekannt – in Marl bei Recklinghausen. Jetzt gilt es, eine Summe von rund 60 Millionen Euro aufzubringen, um in Serie gehen zu können. Daran arbeitet derzeit das ganze Team. «Wir sind davon überzeugt, dass wir unsere Ziele schaffen, weil der Markt dafür reif ist», glaubt Uli Sommer. Die Nachfrage gibt ihm recht. 50.000 pozentielle Käufer haben für das Auto bereits Interesse bekundet – wenn auch unverbindlich. Die anvisierte Produktionskapazität von 10.000 Stück im Jahr 2010 wird nicht reichen, diesen Bedarf zu decken. Im Jahr darauf sollen es dann schon doppelt so viele sein. Vielleicht erkennt ja einer der großen deutschen Autobauer das Potenzial, das in dem sportlichen Kleinwagen steckt. Dann könnte er die Technik übernehmen und für den weltweiten Durchbruch sorgen. Und es wäre nicht wieder so wie beim Hybridmotor, dass deutsche Ingenieure zwar die Technik entwickeln, sie aber erst über den Umweg nach Japan auf Deutschlands Straßen kommt.

Car-Sharing

Wenige Wochen bevor er als Nachfolger von Kardinal Lehmann zum Vorsitzenden der deutschen katholischen Bischofskonferenz gewählt wurde, setzte Erzbischof Robert Zollitsch die neuen «Leitlinien zum Klima- und Umweltschutz» für die Erzdiözese Freiburg in Kraft. «Der entschlossene Klima- und Umweltschutz ist eine Frage der weltweiten und generationenübergreifenden Gerechtigkeit», so Zollitsch. Im Rahmen des Mobilitätskonzepts der Kirche regt der Erzbischof nicht nur an, dass kirchliche Mitarbeiter auf innerdeutsche Flüge verzichten sollen und der Wagenpark auf verbrauchsarme Fahrzeuge umgestellt wird. Robert Zollitsch schlägt auch die Nutzung von Car-Sharing vor. Mit diesem Vorschlag reagiert die Diözese Freiburg darauf, dass ein deutsches Auto im Durchschnitt rund 23 Stunden am Tag ungenutzt herumsteht und vor allem in den Städten wertvolle Flächen benötigt. Ist es da nicht naheliegend, dass mehrere Personen gemeinsam ein Auto nutzen? Wer sein Auto mit anderen teilen möchte, schließt einen Vertrag mit einem örtlichen Car-Sharing-Anbieter. Er hinterlegt mitunter eine Kaution, die er bei Kündigung des Vertrages wieder zurückbekommt, entrichtet (in der Regel) ein Anmeldeentgelt und einen geringen monatlichen Fixbetrag.

Von nun an zahlt jedes Mitglied fürs Auto nur noch dann, wenn es es auch wirklich fährt. Für die tatsächliche Nutzung berechnet der Car-Sharing-Anbieter einen Zeit- und einen Kilometertarif. Der ist «all inclusive»: Wertverlust des Fahrzeugs, Reparaturen, Versicherung, Kraftstoff – alles ist damit abgedeckt. Car-Sharer teilen sich die fixen Kosten eines Autos. Entscheidend: Wer nur hin und wieder fährt, spart richtig Geld. Die drei größten Car-Sharing-Anbieter:

Stadtmobil (www.stadtmobil.de) in Berlin, Hannover und Umgebung, Frankfurt am Main und Umgebung, Rhein-Neckar-Region, Stuttgart und Umgebung, Karlsruhe und Umgebung sowie Pforzheim.

cambio CarSharing (www.cambiocar.com) in Aachen, Bielefeld, Bremen (auch Standort der Buchungszentrale), Bremerhaven, Hamburg, Köln, Oldenburg, Saarbrücken sowie in mehreren Städten in Belgien (Antwerpen, Brügge, Brüssel, Gent, Löwen, Lüttich, Namur und Ottignies/Louvain-la-Neuve).

Greenwheels (www.greenwheels.de) in Berlin, Braunschweig, Chemnitz, Dresden, Düsseldorf, Hamburg, Jena, Nürnberg, Pinneberg, Potsdam, Regensburg, Rostock, Schwerin und diversen Städten im Ruhrgebiet.

In den letzten Jahren hat sich eine weitere Form etabliert, gemeinsam ein Auto zu nutzen. Über Mitfahrzentralen im Internet finden sich Millionen Reisende, um Autos besser auszulasten. Das ist kostengünstig und relativ klimaverträglich. Anders als früher stellen heute nicht mehr Studenten den Großteil der Kunden, sondern ein repräsentativer Schnitt durch die 20- bis 40-Jährigen. Das Angebot wird etwas mehr von Männern als von Frauen genutzt. Mitfahrgelegenheit (www.mitfahrgelegenheit.de) finanziert sich allein durch die Vermarktung der Seite. Mit wenigen Klicks ist man beim Angebot. Bei der Mitfahrzentrale (www.mitfahrzentrale.de) ist der Service ausgeweitet. Fahrer und Nutzer können ihre Vertrauenswürdigkeit unterstreichen, indem sie ein Profil anlegen und sich gegenseitig bewerten. Darüber hinaus gibt es eine Homepage, auf der sich Berufspendler bundesweit zu regelmäßigen Fahrgemeinschaften zusammenschließen können (www.pendlernetz.de).

Geldanlage

Kaum ein Anleger macht sich klar, dass sein Geld in jedem Fall arbeitet: entweder für oder gegen den Klimaschutz – je nachdem, wie er es anlegt. Viele achten darauf, mit effizienten Geräten und einer guten Hausdämmung ihren persönlichen Energieverbrauch zu drosseln. Wenn es ums Geld geht, denken sie aber nicht darüber nach, was mit ihrem Vermögen geschieht. Legen es die Geldhäuser in Immobilien in den USA an, wie so viele, die derzeit in Schieflage geraten sind? Investieren sie in Staatsanleihen, weil die eine gute Rendite versprechen – unabhängig davon, ob der jeweilige Staat sich für Klimaschutz engagiert oder nicht? Oder setzen sie einfach auf die Aktien der Schwergewichte auf dem Börsenparkett? Etwa die RWE AG, die mit neuen Kohlekraftwerken dafür sorgt, dass Deutschland seine ambitionierten Klimaziele nur schwer erreichen wird. Oder in Autoaktien von VW, Porsche, BMW und Daimler, weil diese Konzerne eine gute Rendite versprechen?

Rund acht Billionen Euro beträgt das Nettovermögen der Deutschen. Auf fast drei Billionen Euro summiert sich ihr Geldvermögen, weitere fünf Billionen sind in Sachvermögen investiert. Das sind – wenn man nur das Barvermögen nimmt – drei Billionen Euro, die die Welt verändern können oder aber alles beim Alten lassen. Je mehr Menschen bei ihrer Vermögensbildung darauf achten, ihre Mittel dort zu investieren, wo soziale, ethische und ökologische Überlegungen in die Firmenpolitik eingehen, desto mehr werden zunächst Fonds-Manager und dann Unternehmensleiter darauf reagieren.

Der Markt für nachhaltige Geldanlagen wächst schnell – er ist gerade dabei, den Sprung aus der Nische zu schaffen. Dennoch: Nach Angaben des Deutschen Aktieninstituts beläuft er sich im gesamten deutschsprachigen Raum Ende 2006 auf 20 Milliarden Euro – das sind nicht einmal ein Prozent der gesamten Anlagen. Allerdings sind nach Auskunft des Forums Nachhaltige Geldanlagen – in ihm haben sich 75 Unternehmen zusammengeschlossen, die ein gemeinsames Ziel verfolgen: nachhaltige Geldanlagen zu fördern – allein im Jahr 2007 eine Milliarde Euro in einen neu aufgelegten Klimaschutzfonds geflossen, in den Fonds DWS Klimawandel, der von der Deutsche Bank-Tochter DWS Investments aufgelegt wurde. Er setzt auf Unternehmen, die Supraleiter, effiziente Leuchtsysteme, Isolierungen, Heiz- und energiesparende Haustechniken entwickeln.

Mit den strengsten Kriterien aller Fonds wird der Greeneffects-Fonds verwaltet, der einzige Fonds am Markt, der ausschließlich in Unternehmen investiert, die im Natur-Aktien-Index enthalten sind. Zwei der Autoren dieses Buches sind seit 1999 Mitglieder im Anlage-Ausschuss, der über die Einhaltung der Kriterien wacht und dafür zuständig ist, dass Energieeffizienz und erneuerbare Energien eine tragende Säule des Fonds sind.

Bei Geldanlagen fürs Klima geht es aber nicht nur um Fonds-Einlagen oder das direkte Investment in Unternehmen, die sich Klimaschutz auf die Fahne geschrieben haben. Wir haben bereits darauf hingewiesen, dass der größte Teil der langfristigen Geldanlagen in die Altersvorsorge geht (S. 191) und es seit 2001 eine Berichtspflicht gibt, ob und wenn ja wie die jahrzehntelang zurückgelegten Gelder nachhaltig angelegt werden. Wer einen Vertrag abgeschlossen hat oder abschließen will, sollte dieses Recht einfordern: Je mehr Kunden eine klimafreundliche Anlagepolitik wünschen, desto schneller werden Versicherer darauf reagieren.

Eine andere Möglichkeit, sein Geld klimafreundlich arbeiten zu lassen, sind Anleihen. Solar Millennium beispielsweise bietet Kapitalanlegern eine Unternehmensanleihe, die es jedem ermöglicht, zur weltweiten Realisierung von solarthermischen Kraftwerken beizutragen. Mit Beträgen von mindestens 1000 Euro und einer Laufzeit von fünf Jahren kann jeder einsteigen. Die garantierte Verzinsung liegt bei 6,75 Prozent. Vergleichbare Angebote gibt es bei Windparks oder großen Photovoltaikprojekten. Damit kann jeder Anleger sein Geld für den Einstieg ins solare Zeitalter einsetzen.

Grüne Fonds

Es gibt mehrere Internetseiten, die über Wind-, Photovoltaik- oder Biomassefonds informieren:
- Umweltfinanz AG: www.umweltfondsvergleich.de
- Der Solarserver – das Internetportal der Sonnenenergie: www.solar-server.de/service/solaraktien.html
- Internationales Wirtschaftsforum Regenerative Energien: www.iwr.de/wind/fonds/
- Sustainable Business Institut (SBI): www.nachhaltiges-investment.org

Wichtig für alle Interessenten: Die Seiten bieten einen Überblick über die geschlossenen Fonds im Bereich regenerativer Energien und nachhaltiger Geldanlage. Sie geben keine Wertung darüber ab, welche Rendite zu erwarten ist.

Ernährung

Eigentlich waren Butter, Käse, Eier, Fleisch oder Bohnen, Salat, Äpfel und Erdbeeren bislang kaum einer Erwähnung wert, wenn es um Klimaschutz und Klimadebatten ging. Denn zwei Dinge waren lange Zeit eine Art unausgesprochener Konsens: Ernähren müssen wir uns so oder so, und das, was wir essen, wächst auf den Feldern oder im Stall nach. So wie lange Zeit Biosprit als klimaneutral angesehen wurde, weil beim Verbrennen im Motor ja nur so viel CO_2 freigesetzt werden konnte, wie von der Energiepflanze gebunden wurde, genauso wurde auch die Ernährung in der Öffentlichkeit kaum hinterfragt, wenn es ums Klima ging.

Schwein oder Rind?

Doch wie beim Biosprit ist das nur die halbe Wahrheit. Zwar kann jeder von uns tatsächlich nur so viel CO_2 ausatmen, wie vorher von Reis oder Getreide gespeichert wurde, aber genau wie beim Biosprit gibt es eine Vielzahl weiterer Gründe, die über die tatsächliche CO_2-Fracht entscheiden. Der erste wesentliche Unterschied ist zunächst der zwischen einem Vegetarier und einem Fleischkonsumenten. Denn um ein Kilo Rindfleisch zu erzeugen, braucht man acht bis neun Kilo Getreide. Bei einem Kilo Schweinefleisch sind es vier Kilo, bei Geflügel drei Kilo. Noch problematischer wird der Rindfleischgenuss dadurch, dass die Verdauung der Rindviecher immense Mengen Methan freisetzt – ein Klimagas, das für rund 15 Prozent der weltweiten Treibhausgase verantwortlich gemacht wird. Deshalb ist nicht nur Rindfleisch, sondern sind auch Butter, Käse und alle anderen Milchprodukte mit einer ziemlichen Treibhausgasfracht belastet.

Man muss nicht gleich Vegetarier werden, wenn man sich diese Zusammenhänge vor Augen führt. Aber man kann sich die einschlägigen Ernährungsempfehlungen etwas mehr zu Herzen nehmen, die seit Jahren immer wieder das Gleiche sagen: mehr Gemüse, mehr Obst auf den Speiseplan und dafür weniger Fleisch, weniger Fett und weniger Zucker. Das kommt der Gesundheit zugute – und dem Klima.

Regional oder global?

Selbstverständlich braucht es weit weniger Energie, wenn Obst und Gemüse von regionalen Bauernmärkten bezogen werden und nicht vom Discounter, der Gurken aus Holland, Kartoffeln aus Polen und Erdbeeren aus Griechenland über große Verteilzentren anliefert. Für Erdbeeren aus Spanien beispielsweise wird doppelt so viel Erdöl benötigt wie für Erdbeeren aus der Region. Werden die Früchte mit dem Flugzeug aus Übersee angeliefert, ist sogar die 48-fache Menge notwendig. Eine vergleichbare CO_2-Fracht gilt grundsätzlich für Obst und Gemüse, das von weither und per Flugzeug kommt. In Großbritannien dürfen deshalb inzwischen Biolebensmittel, die mit dem Flieger transportiert worden sind, kein Biosiegel mehr tragen – auch wenn bei ihrer Herstellung alle Regeln der Bioanbauverbände beachtet wurden.

Frisch oder gefroren?

Besonders viel Energie schlucken Tiefkühlprodukte. Sie werden in der Regel zunächst auf minus 18 Grad schockgefroren. Dann gilt es, sie bei dieser Temperatur zu lagern, bis sie zum Großhändler geliefert werden. Für die Fahrt dorthin sind spezielle Tiefkühl-Lkw notwendig, in Kühlhäusern werden die Produkte wieder gelagert, bis sie schließlich in den Handel kommen, um wieder in einer Truhe zu liegen, die rund um die Uhr kühlen muss. Werden sie dann gekauft, verlieren sie auf der Fahrt nach Hause ihre Temperatur und müssen in der heimischen Tiefkühltruhe erneut auf Lagertemperatur heruntergekühlt werden. Das Öko-Institut hat den Energieaufwand von Tiefkühlpommes einmal nachgerechnet. Ihre Klimabilanz ist ernüchternd: Ein Kilo verursacht 5714 Gramm CO_2. Im Vergleich: Mit einem Kilo frisch gekochter Kartoffeln kommt man auf 197 Gramm. Zwischen beiden Produkten liegt der Faktor 29. Werden die gefrorenen Pommes dann auch noch, wie auf der Packung empfohlen, direkt aus der Gefriertruhe in den Backofen gesteckt, verschleudert man auch noch enorm viel Energie fürs Auftauen.

Bio oder konventionell?

Nicht nur die Frage, wie hoch der Anteil tierischer Produkte an der Ernährung ist, entscheidet darüber, ob wir beim Essen CO_2-Diät halten oder nicht. Die Art der Herstellung, der Anteil von Düngern und Pestiziden, der Einsatz von Traktoren und Transportern ist auch wichtig. Dabei verursachen Lebensmittel aus Bioanbau unterm Strich zehn bis 20 Prozent weniger CO_2 als konventionelle. Es gibt schon bisher viele gute Gründe für Biolebensmittel. Die Böden werden geschont, die Tiere besser gehalten, die Gewässer nicht belastet. Und jetzt kommt noch ein weiterer guter Grund hinzu. Bio auf dem Teller ist aktiver Klimaschutz.

Fleisch oder Gemüse?

Dennoch ist aus Gründen des Klimaschutzes die Frage «Bio oder konventionell?» weit weniger wichtig als die Frage «pflanzliche oder tierische Ernährung»? Ein Kilo Biorindfleisch bringt es auf die 90-fache Klimabelastung wie ein Kilo frisches Gemüse aus konventionellem Anbau. Und an einem Kilo Biobutter hängt die zehnfache CO_2-Fracht wie an einem Kilo Margarine aus einer herkömmlichen Ölmühle.

Klimabilanz Lebensmittel

	CO_2-Äquivalente in Kilogramm pro Lebensmittel g/kg	
	konventionell	ökologisch
Geflügel	3491	3033
Geflügel tiefgefroren	4519	4061
Rindfleisch	13303	11371
Rindfleisch tiefgefroren	14331	12398
Schwein	3247	3038
Gemüse frisch	150	127
Gemüse Konserven	509	477
Gemüse tiefgefroren	412	375
Kartoffeln frisch	197	136
Kartoffelfertigprodukt	3798	3346
Pommes frites tiefgefroren	5714	5555
Tomaten frisch	327	226
Brötchen, Weißbrot	655	547
Mischbrot	763	648
Feinbackwaren	931	831
Teigwaren	914	766
Butter	23.781	22.085
Margarine	1350	
Joghurt	1228	1156
Käse	8502	7943
Milch	938	881
Quark, Frischkäse	1925	1801
Sahne	7622	7098
Eier	1928	1539

(Quelle: Öko-Institut)

Schlusswort

Die Welt am Scheideweg. In den nächsten Jahren steht die Weltgemeinschaft vor einer entscheidenden Weggabelung. Wird sie ernst machen mit Klimaschutz oder das gefährliche Großexperiment weitgehend ungebremst laufen lassen? Wird ernsthafter Klimaschutz im Sinne einer Strategie der Klima-Apartheid durchgedrückt? Oder werden die Klimaschutzleistungen weltweit fair verteilt, und die reichen Staaten unterstützen massiv die Menschen in den kleinen Inselstaaten und den am wenigsten entwickelten Staaten dabei, sich an den Klimawandel anzupassen?

Der EU und ihrem größten Staat Deutschland kommen bei dieser Entscheidung Schlüsselrollen zu. Jeder von uns kann diesen beeinflussen: als Bürger, indem wir uns in Politik einmischen. Als Konsument, indem wir den Geldschein als Stimmzettel benutzen. Werden wir aus unseren Liegestühlen aufstehen?

Wie dringend notwendig das ist, zeigt erneut Jim Hansen, den wir auf der Seite 49 porträtiert haben. Während wir Anfang April 2008 die letzten Korrekturen an diesem Buch vornehmen, schlägt der Klimachef der NASA mit einer neuen Studie Alarm. Aufgrund ihrer Dramatik möchten wir sie zumindest erwähnen: Das Klimasystem Erde reagiere noch viel sensibler als bislang angenommen. Schon bei geringerer CO_2-Konzentration in der Atmosphäre als bisher vermutet kann es demnach zu unübersehbaren Klimarisiken kommen – ausgehend von Entwicklungen vor allem auf Grönland und in der Arktis. Wenn dies stimmt, müssen wir in den nächsten Jahrzehnten nicht nur drastisch den

Treibhausgasausstoß reduzieren, sondern zusätzlich zum Beispiel durch großflächige Aufforstungen CO_2 aus der Atmosphäre entfernen.

(Genaues ist nachzulesen unter www.germanwatch.org/klima/hansen08.htm)

Anhang

Die wichtigsten Akteure

Der IPCC (Weltklimarat)
Das Umweltprogramm der Vereinten Nationen (UNEP) und die Weltorganisation für Meteorologie (WMO) riefen 1988 den Intergovernmental Panel on Climate Change (IPCC) ins Leben. Er wird gemeinhin als «Weltklimarat» bezeichnet. Mit ihm ist ein in der bisherigen Wissenschaftsgeschichte einmaliges Gremium geschaffen worden. Es fasst den weitverzweigten wissenschaftlichen Kenntnisstand zur Klimawissenschaft zusammen und zeigt Trends auf. Schon die aufgenommenen Forschungsresultate werden von mehreren unabhängigen Fachleuten kommentiert und auf Widersprüche und fehlende Angaben geprüft. Doch dies ist nur der Beginn der Qualitätssicherung. Autorenteams fassen die Ergebnisse in Berichten zusammen, die wiederum von Hunderten von Wissenschaftlern bewertet werden. Ein von den Autoren unabhängiges Redaktionsteam sichtet die Kommentare und überarbeitet den Entwurf entsprechend. Danach folgt eine zweite Begutachtungsrunde. Der Vorteil: die Aussagen sind sehr verlässlich. Die Kernaussagen des ersten IPCC-Berichts im Jahr 1990 haben bis heute Bestand.

Die große Stärke des Weltklimarats ist zugleich seine größte Schwäche: Als Ergebnis ist nur der kleinste gemeinsame Nenner möglich. Es dauert seine Zeit, bis neue Ergebnisse den gesamten Prüfungsprozess durchlaufen haben. Für alle wichtigen Aussagen wird die Wahrscheinlichkeit gekennzeichnet. Existieren abweichende Resultate oder Meinungen, so wird die Wahrscheinlichkeit der Aussage gesenkt oder die Aussage wird gar nicht aufge-

nommen. Für Politiker werden die Ergebnisse zusammengefasst und in allgemeinverständlicher Sprache dargestellt. Diese Zusammenfassung muss auch von allen Regierungen abgesegnet werden. Dabei schrumpft der Minimalkonsens nochmals zusammen. Für seine Arbeit wurde der Weltklimarat 2007 mit dem Friedensnobelpreis ausgezeichnet.
www.ipcc.ch

Der Wissenschaftliche Beirat der Bundesregierung Globale Umweltveränderungen (WBGU)
Der WBGU wurde 1992 von der deutschen Bundesregierung als unabhängiges Beratergremium eingerichtet. Alle zwei Jahre übergibt das Expertengremium dem Bundeskabinett ein Gutachten zu den globalen Umwelt- und Entwicklungsproblemen. In den vergangenen Jahren beschäftigte sich der Beirat mit dem Zusammenhang von Klimawandel und Sicherheit («Welt im Wandel: Sicherheitsrisiko Klimawandel»), dem Zusammenhang von Armut und Umwelt («Welt im Wandel: Armutsbekämpfung durch Umweltpolitik») sowie mit der globalen Energiepolitik («Welt im Wandel: Energiewende zur Nachhaltigkeit»). Das letzte Sondergutachten hatte im Jahr 2006 die Zukunft der Meere angesichts des Klimawandels («Die Zukunft der Meere – zu warm, zu hoch, zu sauer») zum Thema. Zuletzt befasste sich der Beirat mit der aktuellen Klimadebatte im Zusammenhang mit der deutschen Doppelpräsidentschaft in EU und G8 («Neue Impulse für die Klimapolitik: Chancen der deutschen Doppelpräsidentschaft nutzen»).
www.wbgu.de

Das Potsdam-Institut für Klimafolgenforschung (PIK)
Das PIK forscht in den Bereichen globaler Wandel, globale Erwärmung und nachhaltige Entwicklung. Wissenschaftler aus den Na-

tur- und Sozialwissenschaften arbeiten eng zusammen, um interdisziplinär Einsichten zu gewinnen, die Politikern, Managern und Vertretern der Zivilgesellschaft helfen sollen, Entscheidungen zu treffen. Die wichtigsten methodischen Ansätze am PIK sind System- und Szenarienanalyse, quantitative und qualitative Modellierung, Computersimulation und Datenintegration. Das PIK ist u. a. tätig im International Geosphere-Biosphere Programme (IGBP), ein international ausgerichtetes Forschungsprogramm, das die physikalischen, chemischen und biologischen Prozesse auf der Erde und den Einfluss des Menschen auf sie untersucht. Und es unterstützt den Weltklimarat bei seiner Darstellung des wissenschaftlichen Kenntnisstandes über die globale Erwärmung. Gründungspräsident ist Professor Hans Joachim Schellnhuber. Das PIK beschäftigt derzeit etwa 160 Mitarbeiter.

www.pik-potsdam.de

UN-Klimaverhandlungen / UNFCCC
Beim UN-Weltgipfel für Umwelt und Entwicklung in Rio de Janeiro im Jahr 1992 wurde die in den Monaten vorher erarbeitete UN-Klimarahmenkonvention (UNFCCC) verabschiedet, die 1994 in Kraft trat. Fast alle Staaten, auch die USA, haben die Konvention akzeptiert. Da der Klimawandel ein globales Problem ist, braucht es ein globales Abkommen. Es soll die Interessen der Staaten ausbalancieren: Was müssen die Staaten selbst beitragen? Welche Unterstützung brauchen sie, um Klimaschutz zu betreiben und sich an den unvermeidbaren Teil des Klimawandels anzupassen? Nicht zuletzt geht es darum, wer diese Unterstützung leisten soll.

Das zentrale Ziel des völkerrechtlichen Rahmenabkommens ist in Artikel 2 festgehalten: Eine gefährliche durch den Menschen verursachte Störung des Klimasystems soll verhindert werden. Die große Schwäche des Abkommens: Es fehlen völkerrechtlich verbindliche Reduktionsziele für die Länder.

Diese enthält erstmals das Kyoto-Protokoll, die «Tochter» des Rahmenabkommens. In ihm ist festgehalten, dass die Industrieländer ihre Emissionen im Durchschnitt um fünf Prozent bis 2012 gegenüber 1990 verringern müssen. Nicht nur dass dies bei weitem zu wenig ist, um das Ziel der Klimarahmenkonvention zu erfüllen. Der größte Klimasünder, die USA, scherte auch noch aus und ratifizierte das Abkommen nicht. Da auch Russland lange zögerte, trat das 1997 vereinbarte Abkommen erst 2005 in Kraft. Das Kyoto-Protokoll hat aber den Einstieg in verbindlichen Klimaschutz und die Architektur für den internationalen Emissionshandel geschaffen, der seit 2005 eine erhebliche Dynamik entfaltet – allerdings mit vielen «Kinderkrankheiten».

Seit dem UN-Klimagipfel auf Bali wird bis Ende 2009 darüber verhandelt, welche Pflichten die Staaten im Klimaschutz, für die Anpassung, für den Technologietransfer und in Bezug auf Finanzierung für die Zeit nach 2012 übernehmen.

www.unfccc.int

http://unfccc.int/cop5/klima/secret/index.html

Ländergruppen bei den Klimaverhandlungen
Auf den ersten Blick stehen sich bei den UN-Verhandlungen die Industrie- und Entwicklungsländer gegenüber. Doch innerhalb der Industrieländer ist die EU ein wichtiger eigenständiger Akteur, auf den sich für den internationalen Klimaschutz viele Hoffnungen gründen. Daneben spielt die Ländergruppe von USA, Japan, Russland, Kanada und Australien eine wichtige Rolle. Sie hat allerdings seit dem Ausstieg der USA und Australiens aus dem Kyoto-Protokoll (2001) nur noch wenige gemeinsame Positionen entwickelt.

Die Entwicklungs- und Schwellenländer sind in der Gruppe *G77 plus China* organisiert. Sie versuchen meist eine gemeinsame Position zu finden, um wenigstens einigermaßen ein Gegengewicht zu den Industrieländern darzustellen. Doch die Interessen dieser Staaten klaffen immer stärker auseinander. Die Gruppe der vom Meeresspiegelanstieg besonders betroffenen Staaten *(AOSIS)* spielt schon seit den 1990er Jahren eine sehr konstruktive Rolle in den Klimaverhandlungen. In den letzten Jahren sieht auch die große Gruppe der am wenigsten entwickelten Staaten *(Least Developed Countries)* immer deutlicher die auf sie zukommenden Klimarisiken und entwickelt eigenständige Positionen. Das große Gegengewicht zu diesen konstruktiven Entwicklungsländergruppen sind die erdölexportierenden Staaten *(OPEC)*. Angeführt von Saudi-Arabien hat diese Gruppe viele Juristen bezahlt, die nur die Aufgabe haben, den Verhandlungsprozess zu behindern. Dies geschah oft im Schulterschluss mit den USA, Australien und Russland.

Die sich rapide ökonomisch entwickelnden Schwellenländer (vor allem China, Indien, Brasilien, Südafrika) sind formal keine eigene Gruppe. Sie spielen aber auf dem globalen Spielfeld eine immer wichtigere Rolle – am allermeisten China.

Generell betonen die Entwicklungsländer, dass sie Hilfe benötigen, um die Auswirkungen der Erderwärmung meistern zu können. Sie drängen auf starke Klimaschutzziele der Industrieländer, wollen aber eigene Klimaschutzverpflichtungen nur akzeptieren, wenn dies ihre Entwicklungsmöglichkeiten nicht einschränkt.

Daneben gibt es noch die so genannte *Environmental Integrity Gruppe,* zu der sich drei sehr unterschiedliche Staaten – die Schweiz, Mexiko und Südkorea – zusammengeschlossen haben. Aufgrund ihrer blockübergreifenden Zusammensetzung bringt diese Gruppe bisweilen vermittelnde Vorschläge ein.

Climate Action Network (CAN)
Das CAN ist ein internationales Netzwerk von 430 Umwelt- und Entwicklungsorganisationen aus 85 Ländern mit sieben Regionalbüros. In ihm haben sich die großen Nicht-Regierungsorgani-

sationen (NGO) *Greenpeace International, WWF International, Friends of the Earth* und *Oxfam*, aber auch viele kleine oder regionale Organisationen zusammengeschlossen. Das Netzwerk fördert und organisiert die Teilnahme der internationalen Zivilgesellschaft am weltweiten Klimaprozess. Es bewertet Klimapolitik und erarbeitet national, regional und international Klimastrategien und ist der wichtigste weltweite Zusammenschluss von NGO im Klimaschutz. Bei den Klimakonferenzen spielt CAN eine wichtige Rolle. Jeden Morgen fasst dann ihre Konferenzzeitung ECO die wichtigsten Ergebnisse des vorherigen Tages zusammen und spitzt Forderungen für den aktuellen Verhandlungstag zu. Der Vierseiter gehört zur Pflichtlektüre für alle Delegierten. Allabendlich werden die drei größten Bremser der aktuellen Klimaverhandlungen mit einem «Fossil of the Day» ausgezeichnet.

www.climatenetwork.org; www.climnet.org

Zeittafel zur internationalen Klimadiplomatie
1988 Weltklimarat IPCC wird etabliert
1991 Erster Bericht des Weltklimarates
1992 Erdgipfel in Rio de Janeiro: UN-Klimarahmenkonvention wird verabschiedet
1995 Zweiter Bericht des Weltklimarates. Erster Klimagipfel (Conference of the Parties 1, kurz COP 1) in Berlin:Verhandlungsmandat für Kyoto-Protokoll.
1997 Klimagipfel in Kyoto (COP 3): Treibhausgas-Reduktionsziele für Industrieländer verabschiedet (Kyoto-Protokoll)
2001 Regierungen von USA und Australien erklären, dass sie das Kyoto-Protokoll nicht ratifizieren werden. Dritter Bericht des Weltklimarates. Sondergipfel in Bonn (COP 6 bis), auf dem alle anderen Staaten beschließen, dennoch das Kyoto-Protokoll in Kraft zu setzen.
2004 Nach langem Zögern ratifiziert auch Russland das Kyoto-Protokoll. Damit hat die notwendige Zahl an Industrieländern das Kyoto-Protokoll ratifiziert.
2005 Das Kyoto-Protokoll tritt in Kraft.
2007 Vierter Bericht des Weltklimarates. Klimagipfel auf Bali (COP 13): Verhandlungsmandat für ein neues internationales Abkommen nach der ersten Verpflichtungsperiode des Kyoto-Protokolls, die 2012 abläuft.
2009 Auf dem Klimagipfel in Kopenhagen (COP 15) soll das neue Abkommen verabschiedet werden. Dieses muss dann von den Parlamenten ratifiziert werden und soll ab 1. 1. 2013 gelten.

Literaturhinweise

Allgemein zum Klimawandel:
Auf die umfassenden Berichte des Weltklimarats (IPCC) und des WBGU weisen wir im Abschnitt «Die wichtigsten Akteure» hin. Deutsche Übersetzungen der IPCC-Zusammenfassungen sind erhältlich unter:
www.bmu.de/klimaschutz/internationale_klimapolitik/ipcc/doc/39274.php oder www.ipcc.ch/ipccreports/translations.htm

Zum Stand der Klimawissenschaft:
S. **Rahmstorf**/H. J. **Schellnhuber, 2006:** Der Klimawandel – Diagnose, Prognose, Therapie, München, Beck.

Ein spannend geschriebener Überblick:
Tim Flannery, Wir Wettermacher, 2005, Frankfurt a. M., S. Fischer Verlag

Über Grundlagen des Klimawandels und seine Folgen als auch über Handlungsoptionen:
Germanwatch (Hg.) 2008: Globaler Klimawandel: Ursachen, Folgen, Handlungsmöglichkeiten.
(Download und Bestellinformationen siehe www.germanwatch.org/klima/gkw08.htm)

Von der Vielzahl der wissenschaftlichen Studien und Monographien, die vor allem in jüngster Zeit zum abrupten Klimawandel erschienen sind, weisen wir hier nur auf wenige hin, die uns als besonders substanziell oder wichtig für die Debatte erscheinen:

ALLEY, R. ET AL. (2002): National Research Council (NRC) (Hrsg.): Abrupt Climate Change – Inevitable Surprises. National Academy Press. Washington.

ALLEY, R. (2000): Ice-core evidence of abrupt climate changes. In: PNAS, Vol. 97, Nr. 4. Seite 1331–1334, www.pnas.org/cgi/reprint/97/4/1331

ALLEY, R. (2004): Abrupt Climate Changes: Oceans, Ice, and Us. In: Oceanography, Vol. 17, Nr. 4. Seite 194–206.

ALLEY, R. B., J. MAROTZKE, ET AL. (2003): Abrupt climate change. In: Science, Vol. 299 (5615). Seite 2005–2010.

BROECKER, W. (1987): Unpleasant surprises in the greenhouse? In: Nature, Vol. 328. Seite 123.

COX, J. D. (2005): Climate Crash – Abrupt Climate Change and what it means for our future. National Academy Press. Washington.

IPCC – INTERGOVERNMENTAL PANEL ON CLIMATE CHANGE (2007): WORKING GROUP II REPORT (2007): The Physical Basis. Abrufbar unter: http://www.ipcc.ch/ipccreports/ar4-wg2.htm

LENTON, T. M., HELD, H., KRIEGLER, E., LUCHT, W., RAHMSTORF, S. UND H. J. SCHELLNHUBER (2008): Tipping elements in the Earth system. In: PNAS, Vol. 105, Nr. 6. Seite 1786–1793, www.pnas.org/cgi/reprint/0705414105v1.pdf

RAHMSTORF, S. (2005): Abrupte Klimawechsel. In: Graßl, H. et al. (Hrsg): Wetterkatastophen und Klimawandel. München. Seite 70–75.

www.pik-potsdam.de/~stefan/Publications/Other/rahmstorf_abrupteklimawechsel_2004.pdf

SCHELLNHUBER, H. J. ET AL. (2006): Avoiding Dangerous Climate Change. Cambridge.

www.defra.gov.uk/environment/climatechange/research/dangerous-cc

STEFFEN, W. ET AL. (2004): Global Change and the Earth System – A planet under pressure. Stockholm.

Aus der deutschsprachigen populärwissenschaftlichen Literatur empfehlen wir zum abrupten Klimawandel und den Kipp-Punkten vor allem:
Elizabeth Kolbert (2006): Vor uns die Sintflut, Berlin-Verlag, Berlin
Fred Pearce (2007): Das Wetter von Morgen – Wenn das Klima zur Bedrohung wird, Kunstmann, München
Jared Diamonds (2005): Kollaps. Warum Gesellschaften überleben oder untergehen, Frankfurt a. M, S. Fischer

Im Kapitel Auftriebskräfte im Klimastrudel zitieren wir Edgar Allan Poe's, Der Fischer im Mahlstrom, Melzer Verlag, Berlin. Soziologisch ausgewertet hat diese Geschichte: Norbert Elias, 1987: Engagement und Distanzierung, suhrkamp, Frankfurt a. M. Für den Klimabereich setzt etwa Carlo Jaeger vom PIK sie wirkungsvoll ein.

Im Kapitel «Finanzströme und Klimaschutz – long, loud, legal» zur Rolle des Finanzmarktes haben wir Daten und Tabelle zur Größenordnung der finanziellen Herausforderung beim Umbau des globalen Energiesektors dem zweiten Kapitel des World Energy Outlook 2005 der internationalen Energieagentur entnommen (www.worldenergyoutlook.org/2005.asp). Überlegungen zu steuerlichen Anreizen bei der Geldanlage nehmen Bezug auf:
Carlo Jaeger, 2006: Beschäftigung, Innovation und Klimaschutz, KyotoPlus-Papers, Berlin, 2006, www.kyotoplus.org/papers

Zur Bewertung der EU-Klimapolitik:
Luhmanns, Jochen: Klima-Weltmacht Europa in: «Internationale Politik», April 2008, S. 68–71

Im Kapitel «Lebensstile für die Zukunft» stützen wir uns auf Ergebnisse der EcoTopten-Verbraucherkampagne des Öko-Instituts

(www.ecotopten.de) und *Veröffentlichungen des Verkehrsclubs Deutschland (www.vcd.org)*.
Rainer Grießhammer, Der Klima-Knigge. Energie sparen, Kosten senken, Klima schützen, Booklett, Berlin
Pendos CO_2-Zähler. Die CO_2-Tabelle für ein klimafreundliches Leben, Pendo, München und Zürich

Zu den wichtigsten im Buch erwähnten Germanwatch-Papieren zählen:
Bali, Poznan, Kopenhagen – Dreisprung zu einer neuen Qualität der Klimapolitik?
Adaptation to climate change – where do we go from Bali?
Der Klimaschutz-Index
Der Klima-Risiko-Index
Diese sind abrufbar unter: www.germanwatch.org/gipfel.htm
Ebenfalls dort online verfügbar: Eine Video-Dokumentation der dramatischen letzten Stunden des Klimagipfels, die im Kapitel «Bali 2007 – dramatisches Ringen um die Zukunft» geschildert wurden.

Dank

Intensiv haben uns bei den Recherchen für das erste Kapitel zu den Kipp-Punkten Boris Schinke und Karina Hennig, ebenso wie Dagmar Friedrichs bei der Diskussion der Klimapolitik Deutschlands und der EU unterstützt. Sven Harmeling hat erhebliche Vorarbeiten zum Thema Anpassung an den Klimawandel, Stefan Rostock zur Rolle der Zivilgesellschaft geleistet. Das Kapitel zum Klimaschutz-Index ist mit Unterstützung von Jan Burck entstanden. Manfred Treber hat insbesondere zu unserer Diskussion von CCS wichtige Beiträge geliefert. Gerold Kier hat in gewohnter Umsicht das Manuskript gegengelesen und uns nicht zuletzt durch Bearbeitung der Grafiken und immer wieder wertvolle Kommentare geholfen. Anja Köhne, Tilman Santarius, Kristina Steenbock, Hendrik Vygen, Cornelia Heydenreich und Kristin Gerber danken wir für wichtige Diskussionen, dem gesamten *Germanwatch*-Team und der Redaktion von *natur+kosmos* für Unterstützung, Rat und Entlastung während der Arbeit an diesem Buch. Bernd Gottwald vom Verlag danken wir für manche unvermutete Debatten und die vertrauensvolle Kooperation. Mögliche Fehler gehen allein auf das Konto der Autoren.

Mehr, als wir hier andeuten können, hat das Buch profitiert von dem fruchtbaren Austausch und der langjährigen Zusammenarbeit etwa mit Robin Avram, Gerhard Berz, Walter Blum, Gerd Billen, Klaus Breyer, Ignacio Campino, Matthias Duwe, Michael Zammit Cutajar, Erhard Eppler, Raul Estrada, Chris Flavin, Sebastian Gallehr, Joachim Ganse, Carl-Otto Gensch, Sven Giegold, Hartmut Graßl, Kathrin Graulich, Rainer Grießhammer, Helmuth Groscurth, Regine Günther, Kathrin Gutmann, Armin Haas, Jörg Haas, Bill Hare, Peter Hennicke, Axel Hesse, Gunther Hilliges, Ingrid Hoven, Peter Höppe, Carlo Jaeger, Eberhard Jochem, Patrick Graichen, Reinhard Hermle, Ulrich Kelber, Peter Liese, Manfred Linz, Reinhard Loske, Thomas Loster, Gerd Lottsiepen, Jürgen Maier, Dirk Messner, Paul Metz, Jennifer Morgan, Edda Müller, Sunita Narain, Dustin Neuneyer, Victor Orindi, Hermann Ott, Dietlinde Quack, Stefan Rahmstorf, Athena Ronquillo, Peter Rottach, Karsten Sach, Hans Joachim Schellnhuber, Hans-Christian Schönwiese, Matthias Seiche, Udo Simonis, Stephan Singer, Klaus Töpfer, Cornelia Quennet-Thielen, Barbara Unmüßig, Delia Villagrasa, Bernhard Walter, Ernst Ulrich von Weizsäcker, Frank Wettlauffer, Nicole Wilke, Angelika Zahrnt.

Danken möchten wir ganz besonders unseren Partnerinnen und Partnern sowie unseren Kindern. Sie haben unsere Arbeit an diesem Buch nicht nur geduldig in Kauf genommen, sondern aktiv unterstützt.

natur+kosmos

Das Monatsmagazin natur+kosmos bietet spannende Wissensgeschichten und Reportagen aus aller Welt und neue und faszinierende Blicke auf Tiere, Pflanzen, Landschaften und Kulturen. Atemberaubende Bildstrecken wechseln sich ab mit informativen Analysen. Die Zeitschrift spannt den Bogen über alle Bereiche unseres Lebens – von innovativen Entwicklungen bei der Energieversorgung, zeitgemäßem Bauen oder neuesten Erkenntnissen der sanften Medizin bis hin zu Ernährungsfragen. Darüber hinaus stellt natur+kosmos Menschen vor, die ihrer Zeit voraus sind und neue Ideen umsetzen – in Porträts, Essays und Interviews.

Das «Projekt Zukunft» ist fester Bestandteil des Magazins. Unter diesem Label stellt natur+kosmos jeden Monat ein herausragendes Projekt vor, das exemplarisch verdeutlicht, wie ökologische, ökonomische und soziale Kriterien gleichermaßen erfüllt werden können: Wie das Auto der Zukunft aussehen könnte oder wie ein Bio-Energiedorf aus Kuhmist Strom und Wärme macht und so unabhängig von Kohle, Öl und Atomkraft wird. Und wer weiß schon, dass Bio-Kakao aus Nicaragua in einer bekannten Schokolade steckt oder alle bunten Stifte einer berühmten Firma in Brasilien wachsen und mit dem FSC-Siegel geadelt sind. Über 20 Institutionen vom Deutschen Naturschutzring und dem WWF über das Öko- und das Wuppertal Institut bis zum Bundesministerium für wirtschaftliche Zusammenarbeit sind Partner des «Projekt Zukunft».

natur+kosmos hat sich besonders dem Thema Nachhaltigkeit verschrieben und macht dies durch die Unterzeile «nachhaltig faszinierend» auf dem Cover deutlich. Das Magazin vereint die Zeitschriften «natur», 1980 von Horst Stern gegründet, und «kosmos», die seit über 100 Jahren Wissenschafts- und Naturthemen kenntnisreich vermittelt.

Unter www.natur.de bietet die Redaktion tagesaktuelle Meldungen, eine Fotodatenbank, in die jeder seine besten Naturfotos platzieren kann, Essays, Töne, Filme rund um die Themen Natur, Umwelt und nachhaltiger Lebensstil.

Leserservice: Tel. 08105 / 260153.